博雅撷英·杨立华作品集

思诚与见独之间

中国哲学论集

杨立华 著

The Collected Papers

on

Chinese

*Philosophy*

北京大学出版社

PEKING UNIVERSITY PRESS

**图书在版编目（CIP）数据**

思诚与见独之间：中国哲学论集 / 杨立华著. —北京：北京大学出版社，2022.5

（博雅撷英·杨立华作品集）

ISBN 978-7-301-31926-0

Ⅰ.①思… Ⅱ.①杨… Ⅲ.①哲学－中国－文集 Ⅳ.①B2-53

中国版本图书馆 CIP 数据核字（2022）第 060716 号

| 书　　　名 | 思诚与见独之间：中国哲学论集 |
| --- | --- |
| | SICHENG YU JIANDU ZHIJIAN: ZHONGGUO ZHEXUE LUNJI |
| 著作责任者 | 杨立华 著 |
| 责 任 编 辑 | 田　炜 |
| 标 准 书 号 | ISBN 978-7-301-31926-0 |
| 出 版 发 行 | 北京大学出版社 |
| 地　　　址 | 北京市海淀区成府路 205 号　100871 |
| 网　　　址 | http://www.pup.cn　新浪微博 @ 北京大学出版社 |
| 电 子 邮 箱 | 编辑部 wsz@pup.cn　总编室 zpup@pup.cn |
| 电　　　话 | 邮购部 010-62752015　发行部 010-62750672 |
| | 编辑部 010-62750577 |
| 印 刷 者 | 北京中科印刷有限公司 |
| 经 销 者 | 新华书店 |
| | 880 毫米 ×1230 毫米　A5　13.375 印张　310 千字 |
| | 2022 年 5 月第 1 版　2023 年 11 月第 2 次印刷 |
| 定　　　价 | 88.00 元 |

# 目　录

序　　　　　　　　　　　　　　　　　　　　　　　　　　　1

**论宋学禁欲取向的根源及其在思想史上的结果**
　　——从韩、李异同说起　　　　　　　　　　　　　　1
　　一、救赎与觉世　　　　　　　　　　　　　　　　　　2
　　二、思想组合的有限性及其禁欲的归趣　　　　　　　　12
　　三、结　语　　　　　　　　　　　　　　　　　　　　26

**方法的"幻相"**　　　　　　　　　　　　　　　　　　　28
　　一、方法的"缘起性空"　　　　　　　　　　　　　　29
　　二、实证研究的前提和边界　　　　　　　　　　　　　31
　　三、实证研究与游戏心态　　　　　　　　　　　　　　37
　　四、纯学术与经世致用　　　　　　　　　　　　　　　39
　　五、"持之有故，言之成理"　　　　　　　　　　　　43
　　六、作为资源的传统　　　　　　　　　　　　　　　　45
　　七、最后的荆棘　　　　　　　　　　　　　　　　　　47

**物境之开敞：以无为用，或天地之心**　　　　　　　　　50
　　一、域，作为敞开的物境　　　　　　　　　　　　　　52

二、天地之心，作为敞开者　　　　　　58

三、以无为用，使万物得以敞开　　　　61

玄学之外的可能：魏晋思想研究中的玄学话语　　68

施特劳斯的底色　　　　　　　　　　　　85

一、施特劳斯与海德格尔　　　　　　　85

二、历史与虚无主义　　　　　　　　　94

三、学者还是思想家　　　　　　　　　109

四、三种诠释学路向及其可能的后果　　113

读中译《存在与时间》札记　　　　　　　123

一、细节上的质疑　　　　　　　　　　124

二、理解性的讨论　　　　　　　　　　137

论张载哲学中的感与性　　　　　　　　　142

一、物与感　　　　　　　　　　　　　142

二、感与通　　　　　　　　　　　　　146

三、感与性　　　　　　　　　　　　　150

四、圣人用感　　　　　　　　　　　　156

五、余　论　　　　　　　　　　　　　158

《人物志》与魏晋思想的政治哲学基础　　　160

**苏轼人性论辨证**　174

　　一、辨孟与斥荀　174

　　二、相忌与相爱　177

　　三、道义与真存　180


**卦序与时义：程颐对王弼释《易》体例的超越**　186

　　一、卦　才　187

　　二、卦序与时义　193

　　三、结　论　201


**郭象的政治哲学**　204

　　一、明王之功　204

　　二、圣人之德　207

　　三、不治之治　211

　　四、无为之迹与仁义之迹　223

　　五、反冥我极与反冥物极　232

　　六、小　结　235


**"本无"与"释无"：郭象本体论中的有无之辨**　238

　　一、《崇有论》辨正　240

　　二、释　无　246

　　三、从本无到释无　251

**气化与死生：朱子视野中的关洛分歧**     257

     一、关洛分歧的历史梳理     258

     二、"清虚一大"与道器之辨     260

     三、生死观之歧异     263

     四、气化与死生     268

**体用与阴阳：朱子《太极图说解》的本体论建构**     273

     一、太极之体用     273

     二、体用与阴阳     278

     三、仁义之体用阴阳     281

     四、太极动静     286

**价值与秩序：从孟子出发的思考**     289

     一、"义，人路也"     289

     二、"物之不齐，物之情也"     291

     三、"权，然后知轻重"     292

     四、"治地莫善于助"     295

     五、"天下有达尊三"     299

     六、"闻诛一夫纣矣，未闻弑君也"     301

**天理的内涵：朱子天理观的再思考**     304

     一、格物观与"理"的涵摄范围     304

     二、能然、必然、当然与自然     307

     三、所当然与所以然     309

四、抽象的所当然与具体的所当然　　312

五、理是具体的所当然　　315

## 朱子理气动静思想再探讨　　319

一、从程颐对张载的批评说起　　319

二、理生气与理必"有"气　　322

三、理"有"动静　　326

## 敬、慕之间：儒家论"孝"的心性基础　　331

一、《论语》《孟子》论孝之异　　331

二、大孝与达孝　　336

三、对敬、慕的哲学阐释　　338

## 《周易本义》中的卦变说　　342

一、程子的卦变说　　343

二、朱子的卦变说　　345

三、卦变与先天卦序图　　348

四、卦变与《卦变图》　　351

## 物化与所待：《齐物论》末章的哲学阐释　　354

一、梦觉与死生　　354

二、"梦为鱼而没于渊"　　356

三、"不知"之知　　357

四、何谓"必有分矣"　　359

五、"物化"的哲学含义　　　　　　　361

六、化与待　　　　　　　363


**所以与必然：朱子天理观的再思考**　　　　365

一、天运有差　　　　　　　366

二、不　齐　　　　　　　369

三、所以与所以然　　　　　　　370

四、当然与自然　　　　　　　372

五、不容已与必然　　　　　　　375

六、主　宰　　　　　　　378

七、理、神与一　　　　　　　380

八、结　语　　　　　　　384


**隐显与有无：再论张载哲学中的虚气问题**　　　386

一、张载哲学中的有、无概念　　　　　　　387

二、虚、气循环的文本根据　　　　　　　392

三、清虚一大及相关问题　　　　　　　397


**道体、性命、独体：当代中国思想展开中的相为与相与**　　401

一、目的与变化　　　　　　　401

二、宇宙与生命　　　　　　　408

三、命物之化者　　　　　　　411

# 序

整理自己过去的文章，常会有陌生感。记忆的片段在字里行间闪回，仿佛面对的仍是一篇篇尚待完成的作品。这种持续的未完成感，使每一项工作的暂时结束都指向新的问题的敞开。

收入这本文集中的论文，时间跨度整整二十年。文集以"思诚与见独之间"为题，标示出我过往主要的研究领域，同时也意味着不同的致思的道路。用儒家和道家这样固化的标签来把握中国哲学的历史展开，往往会错失哲学洞见的内在理致。作为生生之本和价值之源的道体在中国哲学的各个阶段有不同的呈显，其中诚体（思、孟）和独体（庄子）的完整揭示是最具奠基性的。相较而言，诚体更具肯定的倾向。肯定即否定与否定即肯定，并不是无意义的同义反复，而是思想建构的不同方向。王弼的"无"（对独体的否定性的指称）之所以会消解为郭象的自生和独化，根源于无法克服的哲学问题："刻雕众形"的独体没有内在的差异性，是如何通过否定性的赋予给出具体存有的本质的呢？以在石头上雕像为例。独体的否定性作用就像一把凿子，所有的形象都由这凿子锤刻出来，但各种形象的质性却不在凿子里。具体形象的质性只能是自生和自尔的。郭象解决了王弼的问题，但同时也取消了统一的、普遍的实体。如何将道体的同一与万有的差异贯通起来，直到两宋道学中理本体的揭示，才找到了深切著明的解决办法。

中国古代哲学的当代阐释，总是以文本的深入解读为基础的。而文本解读的深度则在相当程度上取决于系统性思考的能力。不同时代的文本和生活世界的隔断，部分地遮挡了我们透见思的连续性和普遍性的视线。诚实于自己的时代的、有内在一贯性的思想努力，是触及历史性精神展开的哲学内核的基本前提。对我而言，理解最高实体在中国哲学史上不同时代的揭示，是一直以来研究和思考的重心。其中，尝试对天理概念的哲学内涵做具体地、精当地把握，是持续的困顿，也是经久的动力。

本书还收入了我仅有的两篇涉及西方思想的文章，它们是一段阅读和思考的经历留下的痕迹。1999年秋，我决心离开道教研究领域。在莫名的兴奋和茫然中，我又一次捧起了《存在与时间》。我至今还清楚地记得那个秋夜的心境——一扇屡扣不应的门在吱呀声中开了一道窄缝儿。回头看去，那可能只是一种错觉。但它成就了我学术道路上另一段值得回味的曲折。那段"迷途"安放了我当时不肯安分的激情，也沉淀出一系列生涩的作品。

文集中的论文依写作时间先后呈现，不以主题归类、分篇。所选文章都是学术期刊或辑刊上公开发表过的。除个别字词的勘正，皆保留最初发表时的原貌。我写字一向慢，遣词命句素费斟酌。文章写成后很少修改。今天看来，过往的研究和讨论很多地方有欠成熟、有待深化。其中一些在我后来的写作中找到了更透彻的表述和解答。有些则仍在思索和探求当中。作为学术生涯的一次阶段性的总结，我还是让它们保持原来的笨拙形态。每一次竭尽全力的尝试背后，都有我最初走进哲学的本心。

2021 年 2 月 26 日

# 论宋学禁欲取向的根源及其在思想史上的结果

## ——从韩、李异同说起

陈寅恪先生曾云:"佛教经典言:'佛为一大事因缘出现于世'。中国自秦以后,迄于今日,其思想之演变历程,至繁至久。要之,只为一大事因缘,即新儒学之产生及其传衍而已。"(《中国哲学史》审查报告三)宋学①的产生,正如陈先生所言,实为中国思想史上影响至深、波及至广的思想运动,其流风余韵,至今不绝。关于宋学产生的原因,前人虽多有论及,然其具体论述,往往只是片段的见解,而未成系统完整的研究。本文试

---

① 关于"宋学"与"理学"的区别,参见邓广铭《略谈宋学》一文(《邓广铭治史丛稿》,北京:北京大学出版社,1997 年)。陈寅恪先生所说的"新儒学",当与邓广铭先生所说的"宋学"所指相同,都是指广义的宋代儒学复兴运动,而非美国主流汉学界习用的"新儒学"概念(Neo-Confucianism),如狄百瑞教授和陈荣捷教授在使用"新儒学"这一概念时,就主要是用来指称朱理学。从 20 世纪 80 年代以来,已有部分美国学者开始自觉地放弃"新儒学"的用法,而试图用"道学"来替代,其中最主要的代表是田浩教授(Tillman),他认为"新儒学"这一概念无法表征宋代儒学复兴运动复杂而多歧的特性,有关讨论,参见田浩:《儒学研究的一个新指向:新儒学与道学之间差异的检讨》(A New Direction in Confucian Scholarship: Approaches to Examining the differences between Neo-Confucianism and Tao-hsüe, *Philosophy East and West*, Vol.42. No.3 [Jul., 1992], pp.455-474 )。

图采取某种个人化的视界，对此问题做一完整贯穿的研究，当然，这一研究并不能提供任何确定无疑的"答案"，它所能带来的，毋宁说是对各种相关现象之间复杂勾联的重构。

## 一、救赎与觉世

以韩愈为宋学的远源，这已经是中国思想史研究界的通识，而钱穆先生在《中国近三百年学术史》中的论断"治宋学者必始于唐，而以昌黎韩氏为之率"，更是被广泛地征引。关于韩愈在思想史上的地位，历来论者皆不能超出陈寅恪先生《论韩愈》一文讨论的内容，兹将陈先生的论断引证于下：

> 古今论韩愈者众矣，誉之者固多，而讥之者亦不少。讥之者之言，则昌黎所谓"蚍蜉撼大树，可笑不自量"者，不待赘辩，即誉之者亦未中肯綮。今出新意，仿僧徒诠释佛经之体，分为六门，以证明昌黎在唐代文化史上之特殊地位。……一曰：建立道统，证明传授之渊源；……二曰：直指人伦，扫除章句之繁琐；……三曰：排斥佛老，匡救政俗之弊害；……四曰：呵诋释迦，申明夷夏之大防；……五曰：改进文体，广收宣传之效用；……六曰：奖掖后进，期望学说之流传；……

韩愈在思想史上的地位，经此阐发，遂彰明显露，若无遗义。

然陈先生所论，条分缕析，务求分明，而于各要素间的关联，则似未尝留意。上述六门所谈的思想要素，在韩愈思想中如何彼此融通、互为因果而成一自足的统系，尚须深论。韩愈以儒学道统为标榜，其背后有无更深层的动因？这恐怕是一个前人未曾考虑过的问题。从韩愈的成长背景看，我们根本找不到他后来服膺儒学的根由①。据李翱《行状》云："公讳愈，字退之，昌黎某人。生三岁父殁，养于兄会舍，及长读书，能记他生之所习，年二十五上进士第。"从中我们似可断言，在韩愈的学术渊源中，并没有特殊的儒学背景。而且，通过《原道》《师说》《子产不毁乡校颂》等文，我们也可以从侧面了解到，在韩愈所处的中唐时期，儒学的传承已基本上斩绝了。我们一般提到韩愈的道统说时，总以为那只是一种有目的、有意识的虚构，是为了排诋佛老而对佛家祖统说的仿效。而事实上，道统说虽有其虚构的一面，但也并非全无真实的历史情形相照应，按《原道》云：

> 周道衰，孔子没，火于秦，黄老于汉，佛于晋、魏、梁、隋之间。其言道德仁义者，不入于杨，则入于墨；不入于老，则入于佛。入于彼，必出于此。入者主之，出者奴之；入者附之，出者污之。噫！后之人其欲闻仁义道德之说，孰从而听之？老者曰：孔子，吾师之弟子也。佛者曰：孔子，吾师之弟子也。为孔子者，习闻其说，乐其诞而自小也，亦曰：吾师亦尝师之云尔。不惟举之于其口，而又笔之

---

① 相反，韩愈幼年时生活于新禅宗的发祥地——韶州，成长于新禅宗学说浓厚的环境气氛中，应难免于这种宗教气氛的影响。(参见陈寅恪：《论韩愈》，《陈寅恪先生论文集》，台北：三人行出版社，1974 年)

于其书。噫！后之人虽欲闻仁义道德之说，其孰从而求之？①

这段文字可以说是韩愈道统说的核心内容，屡见征引。然其中尚有值得留意之处：其一，在那个时代，自觉地意识到自己是儒者的人已经寥寥无几；其二，即使偶尔有人自认为儒者，也往往并不明了儒之所以为儒的确切意涵。换言之，儒学已经从根本上丧失了凝聚自己身份认同的根据。在这样的背景下，韩愈对儒学的提倡就不能不有其更深层次的原因。

韩愈对儒学是不是有真诚的信仰，是颇值得怀疑的，柳宗元《天说》中载有韩愈的一段议论，可以证实我们的疑心并非无中生有：

韩愈谓柳子曰："若知天之说乎？吾为子言天之说。今夫人有疾痛、倦辱、饥寒甚者，因仰而呼天曰：'残民者昌，佑民者殃！'又仰而呼天曰：'何为使至此极戾也！'若是者，举不能知天。夫果蓏、饮食既坏，虫生之；人之血气败逆壅底，为痈疡、疣赘、瘘痔，虫生之；木朽而蝎中，草腐而萤飞，是岂不以坏而后出耶？物坏，虫由之生；元气阴阳之坏，人由之生。虫之生而物益坏，食啮之，攻穴之，虫之祸物也滋甚。其有能去之者，有功于物者也；繁而息之者，物之仇也。人之坏元气阴阳也亦滋甚：垦原田，伐山林，凿泉

① 韩愈：《韩昌黎文集校注》，马其昶校注，上海：上海古籍出版社，1986年，第14页。

以井饮，窾墓以送死，而又穴为偃溲，筑为墙垣、城郭、台榭、观游，疏为川渎、沟洫、陂池，燧木以燔，革金以熔，陶甄琢磨，悴然使天地万物不得其情，幸幸冲冲，攻残败挠而未尝息。其为祸元气阴阳也，不甚于虫之所为乎？吾意有能残斯人使日薄岁削，祸元气阴阳者滋少，是则有功于天地者也；繁而息之者，天地之仇也。"[①]

这一段言论，几乎可以看作"天地不仁，以万物为刍狗"的注脚。这里的"天"，完全没有道德的意涵，甚至可以说是完全反道德的。以韩、柳之间的关系看，这一段"有激"之言，应当不是韩愈一时的突发奇想，而是真实地道出了韩愈思想的底蕴。

　　既然韩愈对儒学并无不可动摇的笃诚信仰，那他为什么又要以儒学为标榜？或者说，他对儒学的提倡服务于何种更深层次的动机呢？要弄清这一点，我们不能不回到韩愈本人的身份上来寻求答案。读韩愈的《行状》，我们会有一个强烈的印象：韩自始至终是一个忠直的官吏，对国家的治理有着深切的关怀。他在《原道》中所说的"古之所谓正心而诚意者，将以有为也"，实际上道出了他提倡正心诚意之学的真实意图。这样一来，如何在政俗两面恢复和建立合理的秩序，便自然而然地成为他关注的核心。在他看来，对这种合理秩序威胁最大的，无疑要算佛道信仰

---

　　① 柳宗元：《柳宗元全集》，曹明纲标点，上海：上海古籍出版社，1997年，第133页。

所带来的宗教迷狂①，用陈寅恪先生的话来说，也就是"排斥佛老，匡救政俗之弊害"。这种试图在政俗两面摆脱宗教迷狂的侵蚀，重建理性秩序的努力，颇类似于韦伯所说的"除魅"②。要达到这一目的，韩愈在当时的思想资源中，就不能不以儒学为皈依。而孟子辟杨诎墨的历史想象，则更成为他个人历史定位的依据。儒学的衰微，在韩愈看来，既是佛老侵蚀的结果，又是佛老得以为患的原因。因此，重振儒学便成为当务之急。而从当时儒学的一般情形看，儒学复兴的首要工作当然是重塑儒学的身份认同，即确立儒之所以为儒的根据，而这一目的，韩愈是通过"建立道统，证明传授之渊源"③来达到的。由此可见，韩愈对儒学的提倡更多的是采取一种工具性的立场，这也可以用来解释何以韩愈并不格外地关注儒学自身的理论建设。

---

① 韩愈对佛道二教的批评可以参考下列文章：《原道》《谏迎佛骨表》《故太学博士李君墓志铭》（《韩昌黎文集校注》，上海：上海古籍出版社，1986年）。佛道二教对士人生活的影响，在当时是极为广泛和深入的，在与韩、柳关系密切的人当中，便有很多沉迷此道的，参见柳宗元《与崔饶州论石钟乳》《答周君巢饵药久寿书》《与李睦州论服气书》（《柳宗元全集》，上海：上海古籍出版社，1997年）。

② 参见马克斯·韦伯：《学术与政治》，冯克利译，北京：生活·读书·新知三联书店，1998年。这里用"除魅"一词，与后面我们要引入的"禁欲取向"等说法，都只能看作一种理解的方便，而不能简单地等同于韦伯的用法。

③ 陈寅恪先生所述其他数条，也可以在这一线索中得一贯穿的理解。"呵诋释迦，申明夷夏之大防"，从根本上说，也是服务于上述"除魅"的目的，华夷之辨在对待外来思想时，始终是凝聚固有思想文化身份认同的有效手段，佛教东渐，最早受到威胁的显然是道教，因此我们可以看到，道教徒在相当早的时候便提到了华夷之辨的问题，如顾欢的《夷夏论》。师道的确立，则是为了重建儒学的教育系统，从根本上防止佛老思想的侵蚀。而"直指人伦，扫除章句之繁琐"与"改进文体，广收宣传之效用"二条，则是古文运动的基本倾向，是韩愈用来发扬道统的工具。

在继续下面的讨论之前，我们还有必要先概略地讨论一个与此相关的问题：试图在政俗两面摆脱宗教迷狂的努力，何以在中唐时期开始成为某种切实的需要。佛道信仰中的宗教迷狂因素对世俗生活的影响，从佛教传入和道教产生时即已存在，但佛道二教固有的拒世倾向，使得它们与世俗生活之间仍有着无法混同的界线。唐代禅宗的兴盛以及新禅宗的入世转向①，使得这一界线被打破，而世俗生活与宗教生活开始混同。在这种情况下，从世俗生活中去除宗教迷狂的浸染，也就成了一种切近的需要，特别是对于一个以治理国家为核心关注的士大夫而言，这种需要自然会更加强烈。

韩愈在儒学理论建设上所持的立场，也围绕上述目的展开。这首先体现在他的圣人观中。对圣人历史作用的神化，是韩愈圣人观的突出特点：

> 古之时，人之害多矣。有圣人者立，然后教之以相生养之道。为之君，为之师，驱其虫蛇禽兽而处之中土。寒，然后为之衣，饥，然后为之食；木处而颠，土处而病也，然后为之宫室。为之工，以赡其器用；为之贾，以通其有无；为之医药，以济其夭死；为之葬埋祭祀，以长其恩爱；为之礼，以次其先后；为之乐，以宣其壹郁；为之政，以率其怠倦；为之刑，以锄其强梗。相欺也，为之符玺、斗斛、权衡

---

① 参见余英时：《中国近世宗教伦理与商人精神》，《士与中国文化》，上海：上海人民出版社，1987年。

以信之；相夺也，为之城郭、甲兵以守之。害至而为之备，
患生而为之防。……如古之无圣人，人之类灭久矣。①

在这里，圣人的历史作用被强调到了一个令人生疑的地步，这与
同样是古文运动中坚的柳宗元的思想相去甚远（柳宗元著名的《封
建论》中有"封建非圣人意也，势也"的论断）。韩柳之间交往
甚密，且彼此钦重，柳宗元的《封建论》是当时极有影响的政论
文章，韩愈应当读过。然而，他在柳入情入理的分析中，却没有
得到丝毫的启发。这不免令人诧异，但同时也更发人深思。韩愈
对圣人的神化显然有某种"神道设教"的目的。但这种"神道设教"
的具体意义，则尚须进一步分析。在上面一段材料中，圣人的地
位颇类似于"救赎宗教"中的救世主，当人类面临灾异时（"古
之时，人之害多矣"），圣人起到了救世主的作用（"教之以相
生养之道"），如果不是圣人的拯救，人类早已灭亡了。

　　韩愈既然要突出圣人神道设教的功能，也就理所当然不会采
取性善论的立场。芸芸众生是否性善并不重要，他们只要在圣人
的统治下"畏威而寡罪"（《原性》）就可以了。其实，生而性
恶的众生的存在，对于"救赎"性质的儒学而言是不可或缺的。
既然如此，韩愈为何又不简单地采取性恶的立场，而是一定要坚
持"性善恶混"的理论呢？首先，生而性善的圣人在其理论构架
中是必需的，只有生而性善的圣人，才能承担拯救众生的责任，
从而使人类免遭灭绝的命运；其次，由于生而性善的人并非代有

---

① 《韩昌黎文集校注》，第15—16页。

其人，总需要有可以教化的中等材质的人在圣人未出现的时候，承担延续人类的职责；最后，生而性恶的众生，是圣人拯救的对象，在其理论架构中，也不可或缺。这样一来，"上之性，就学而愈明，下之性，畏威而寡罪；是故上者可教，而下者可制"，一种以圣人救世为核心的儒学世界图景也就完整地建立起来了。韩愈对个人道德的提升并不关注，因为既然"其品则孔子谓不移"（即人的本性无法改变），一种适用于所有人的道德修养手段也就没什么必要了。所以，尽管他注意到了《大学》的八条目，但对诚意正心以下的修德进学方法，却全不在意。而他对正心诚意的强调，也只是着眼于它的功用，"然则，古之所谓正心诚意者，将以有为也"（《原道》）。在韩愈的心目中，圣人与芸芸众生之间的距离是无法弥合的（《伯夷颂》）。

韩愈一方面要在政俗两面去除佛老的弊害，重建一种合理性的秩序；另一方面，又要强调圣人神道设教的功能，因此不能不借重鬼神之说（《原鬼》），这就使得他的理论架构中的基本取向无法贯彻始终。

而他对佛教的斥逐，也只能诉诸国家的刑政手段（"人其人，火其书，庐其居"，《原道》）。在佛教影响已深的中唐时期，这样的解决方式，显然难以付诸实际；而且，就算这些刑政措施真的得到了朝廷的支持，恐怕也无法从根本上解决问题[1]。

---

[1] 欧阳修对韩愈的解决方案颇为不满，他在《本论》中说："然则礼义者，胜佛之本也"；又说："今尧舜三代之政，其说尚传，其具皆在。诚能讲而修之，行之以勤而浸之以渐，使民皆乐而趣焉，则充行乎天下，而佛无所施矣。《传》曰：'物莫能两大'，自然之势也。奚必曰'火其书'而'庐其居'哉！"

与韩愈同时稍后的李翱[①]，同样有感于佛教对政俗两面的浸染，而强调儒道的振兴，但他的思想取向却跟韩愈有着根本的不同。与韩愈更关注佛老对国家经济的蠹害不同[②]，李翱更多地看到了佛教对日常礼仪的影响。《李文公文集》卷四《去佛斋》云：

> 佛法之染流于中国也，六百余年矣。始于汉，浸淫于魏、晋、宋之间，而烂漫于梁，萧氏遵奉之，以及于兹。盖后，汉氏无辨而排之者，遂使夷狄之术行于中华，故吉凶之礼谬乱，其不尽为戎礼也无几矣。

关注佛教对礼仪的破坏，试图恢复旧有的礼法，是李翱面对的主要问题。而要想重建固有的礼法，除了制定或恢复与佛教的仪则不同的行为规范以外，还必须为这些行为规范找到一种可以从根本上区别于佛教的人生态度，而这就不能不诉诸"君臣、父子、夫妇、兄弟、朋友，而养之以道德仁义"。这样一来，在韩愈的思想系统中并不重要的修身进德，在李翱这里却成了一个基本的出发点。

儒家伦理在日常生活层面的重塑，不能不导致对个人道德提

---

① 哲学史上常将李翱说成韩愈的学生，这恐怕是受了《四库全书总目提要》的影响："翱为韩愈之侄婿，故其学皆出于愈。"这实际上是一个极大的误解。按《李文公文集》卷十六《祭吏部韩侍郎文》云："贞元十二，兄在汴州，我游自徐，始得见交，视我无能，待予以友，讲文析道，为益之厚，二十九年，不知其久。"从这一段描述看，韩李之间虽有"讲文析道"的交往，但却并没有明确的师承关系。而李翱的思想发展虽与韩愈不无关系，但基本上出于自悟，按《复性书》云："道之极于剥也必复，吾岂复之时邪？"李翱自视为道的承继者和复兴者，并没有特别提到韩愈对他的影响。

② 《原道》云："农之家一，而食粟之家六；工之家一，而用器之家六；贾之家一，而资焉之家六；奈之何民不穷且盗也！"主要着眼于经济上的原因。

升的强调。这无疑包含两个层面：其一，必须为所有人的修身进德提供理论上的依据；其二，必须提供具体可行的修身进德的方法。而这无疑是李翱《复性书》的核心内容。于是，一种与韩愈为"神道设教"的目的而构建的功能化圣人观不同的圣人形象出现了，这一圣人的想象提供的主要是一种伦理的榜样，圣人不再是人类的拯救者（"教之以相生养之道"，《原道》），而是某种道德理念的化身，是世俗秩序和伦理生活的先觉者（"圣人者，人之先觉者也"，《复性书》）①。圣人与凡夫之间的距离不再是不可逾越的，"百姓者，岂其无性者邪？百姓之性与圣人之性弗差也"（《复性书》）。既然人性无不善，那么，只要通过恰当的修养，每一个人都有在道德上完善自己的可能性，而具体的方法就是"复性"，就是《大学》的"致知在格物"。《复性书》云：

> 物者，万物也；格者，来也，至也。物至之时，其心昭昭然明辨焉，而不应于物者，是致知也，是知之至也。知至故意诚，意诚故心正，心正故身修，身修而家齐，家齐而国治，国治而天下平，此所以能参天地者也。

这一段文字，几乎已将宋代理学的基本问题和框架完整地勾勒出

---

① 韩李圣人观的差别颇近似于韦伯的两种先知类型的差别。韩愈心目中的圣人比较接近于韦伯所说的提供"伦理型预言"的先知，这种先知强调人们对他的服从；而李翱的圣人想象，则更接近于韦伯所说的提供"模范型预言"的先知，这种先知是通过自己的以身作则，为他人指点出宗教的救赎之道。参见马克斯·韦伯：《宗教社会学》，康乐、简惠美译，台北：学生书局，1990 年。

来了。

韩李的差异至少给我们带来了如下提示：首先，任何具体的社会结构变迁（及其相伴而来的经验现象）带给不同思考者的问题可能相同，但也可能完全不同，这也就意味着当我们使用"时代课题"或"时代精神"之类未经批判（界定）的概念时，要有足够的警觉；其次，任何一个思考者，其思想系统的具体形态往往是多种因素的复杂作用的结果，而其中，究竟哪种因素起到了核心的作用，需视具体的情况来确定；再次，对于一个具体的问题，如日常生活中的宗教迷狂，在一个特定的时代，面对一个资源既定的思想传统，尽管围绕这一问题的具体的思想组合可能是无限多样的，但在这无限多样的具体组合中，基本的架构却只有有限的几种，这一点尤为重要，它将是我们下面诸多讨论的基础。

## 二、思想组合的有限性及其禁欲的归趣

在分析韩、李异同时，我们对构成其思想系统的各要素之间的关系做了一个贯穿的解释，并得出一个结论：韩、李的思想都围绕着一个核心的要素展开，而这一核心要素就是如何在政俗两面摆脱宗教迷狂的影响。当然，对于同样的问题，韩、李关注的侧重点还是有所不同的。正是出于在政俗两面"除魅"的实际需要，韩、李在可能的思想资源中，不能不以儒学为标榜。而在所有复兴儒学的努力中，重塑儒学的身份认同或重新确立儒之所以为儒的根据，无疑是问题的关键所在。实际上，"除魅"的需要与重塑儒学身份认同的努力是互为表里的。

围绕着同一问题，韩李在不同的思想路径上进行的理论尝试虽然并没有取得实质性的结果，然而，他们（特别是韩愈）感受和表达问题的方式，以及理论建构的尝试，却成为宋学最为切近的资源，从而深刻地形塑了宋学的"基本性格"。

北宋立国以后，对隋唐以来的制度颇多变革。这些制度上的改变所引发的社会结构的变迁以及相应的经验事实的变化，究竟在何种程度影响了思想史的演进，以此为重心展开论述，显然不是本文所能承担的。制度上的变革并不总能"反映"在思想的建设中。制度的变革及其相应的经验事实的改变，能否体现在思想的建设中，至少还受到如下两个条件的制约：其一，这一制度变革是否能在既有的思想和知识系统中得到恰当的解释，如果能够获得恰当的解释，则相应的思想构建显然并非必要；其二，这些变革即使超逸出了既有的思想和知识系统的范围，它能否带来思想上的变化，也取决于既有的话语资源能否描述相应的经验现象，以及这些变化是否处在既有的思想和知识的"兴趣"之中。具体到宋学的兴起，我们似乎并没有看到宋学的产生与宋初的制度变革有什么显见的关联。相反，宋学的主题似乎仍在延续中唐儒学复兴时面临的问题。如何在政俗两面摆脱宗教迷狂仍是士绅阶层最为关注的关乎国家命运的大课题①。

---

① 北宋政治上的宗教迷狂比起唐代来说，实在有过之而无不及。大臣们引诱皇帝留意外丹黄白之术（见《宋史·陈抟传》），或诱导皇帝来作封禅巡狩的勾当（参见《国史大纲》），而帝王则或引道士参与宫廷政变（太宗之夺权与道士不无关系，参见邓广铭《宋太祖太宗皇位授受问题辨析》一文），或与臣子合谋造作天书祥瑞（参见任继愈《中国道教史》）。

　　深层次的"除魅"的需要，一旦找到了它学理化的表达——重塑儒学的身份认同，这种表达自身便开始独立为一种目的。因此，在那个时代，正如我们看到的，重振儒学已经成为知识阶层最富号召力的旗号。按《宋史》卷一百五十七《选举志》云："仁宗时，士之服儒术者不可胜数。"重塑儒学身份认同的努力在此时也开始变得越来越具体。这首先表现在，一个有自觉意识的儒学群体——"宋学群体"业已形成；其次，思想资源上的自觉开始变得格外强烈，试图在先秦儒学里调动所有可资利用的资源，建立一个新的儒家学统。这一变化在思想史上的表征便是：注释儒家经典蔚为风潮，而注解经书不肯墨守成见，务求独出新义。在这一点上，宋代的经学确实可以被看作汉代经学的反动 ①。关于宋代经学的特点，钱大昕的论述较为全面，他说："当宋盛时，谈经者墨守注疏，有记诵而无心得。有志之士若欧阳氏、二苏氏、王氏、二程氏，各出以新意解经，蕲以矫学究专己守残之陋。"宋代经学之所以形成这样的风尚，除了上述原因外，还有两点值得注意：其一，早期宋学群体中的绝大多数人都出于自学，这使得他们可以完全不受所谓"家法"的限制，又由于他们没有长期规范和专门的训练，以往经注中的一整套系统完整的知识，对于他们来说既不必要，同时也变得不可理解，所以他们对经典的注解，只能诉诸自己心中的义理；其二，"道统说"为独创新义提供了一种方便的工具，因为既然孟子以下的儒者全都没有真正地把握道，他们的注疏也就不值一

①　邓广铭：《略谈宋学》，《邓广铭治史丛稿》，北京：北京大学出版社，1997年。

提，这使得自创新义不仅有了正当的理由，而且成了唯一可行的方向。

我们上一节的讨论中，曾经提到：围绕一个特定的问题，在资源既定的情况下，思想组合的基本样式往往只有几种，而各种样式所能结合的思想要素也并非无限多样。在宋代，"除魅"和重塑儒学身份认同这两个互为表里的动机所能结合的思想元素可概述如下：

### 1. 排诋佛老

排诋佛老是在俗世生活中摆脱宗教迷狂的最终目的，同时也是儒学借以立身的根据，特别是在儒学还没完整地建立起自己的学统之前，批判敌对者同时也就是在建构自身。

### 2. 推尊圣人

对儒家圣人的推崇有两种形态：一种是将圣人描述成人类的救赎者或拯救者，与此相应的人性论往往不主性善，因为无可改变的恶的存在，是圣人发挥救赎功能的条件，而且，普通人与圣人之间的差距是无法弥合的；另一种是将圣人描述成人类德性的典范，与此相应的人性论常常强调性善，圣人作为德性的范本，是人类道德修养的最高追求，普通人通过一定的修养方式，可以成为圣人。对于前者而言，圣人的作用是以刑政的手段抑恶扬善，以达到国家的治理，这样的儒学，更像是一种救赎宗教，而在这样的思想形态里，对圣人的尊崇本身就是儒之所以为儒的根据；对于后者，圣人的作用是引导人们在日常生活中自觉地恪守伦理秩序，在这种思想形态中，儒之所以为儒的根据就在于建立在一种根本的生活态度之上的一整套世俗伦理。

### 3. 以道为标榜

儒学要重建身份认同，不能不寻找一个既易于把握又具有较大的包容性和灵活性的理念作为标志，而在既有的思想传统中，道无疑是最好的选择①。由于上述目的，此时各个学派所提倡的道，总是有较强的排他性，既要与佛老的道形成区别，又要排斥其他的学统，只有这样，才能有效维护自家学说的正统性。

### 4. 正统异端之辨

这一点与上条相关，将别的学派斥为异端，实际上也就是确立自己的正统地位的过程。

### 5. 以一种根本性的伦理精神形塑普通人的日常生活

这一要素并不是每一种思想形态都必需的。对于强调圣人的救赎功能的理论建构而言，重要的是圣人的教化功能，只要使恶者"威畏而寡罪"就可以了，不需要让每个人都在心里接受一种根本性的伦理精神。

上述这些基本的思想要素，又往往会与这样一些思想倾向结合在一起：（一）一多之辨，追求整齐同一，排斥多样性；（二）道术之辨，对道的极端强调，否定技术的重要性；（三）崇道抑文，对文的表达内容及形式加以限制。

当某种显著的社会结构的变迁超出了既有知识框架的解释能力时，它便有了转变为某种学理化表达的可能。而具体的转化过程，则与当时的思想资源以及学术的一般趣味有关。这一转化的

---

① 这与佛法传入以后，作为一种系统庞杂的民间宗教的道教(现代意义上的"道教"概念出现得相当晚)也要以"道"为标榜一样。

最终完成，则不能不归因于某个个体思想家的创造性阐发。此种学理化的表达一经成型，便会获得脱离原有的社会变迁基础的独立性，在相当长的时间内成为知识阶层关注的核心。而在这一时期内的所有思想表达，都不能不笼罩在受其规定的视野之下。围绕着这一经过了学理化表达的问题，既有思想资源中的一些要素被结合在一起。具体的组合虽然是无限多样的，它受到思想者的个人视域、生存背景和学术传承等因素的制约；但其基本形态却只有极为有限的几种。这几种基本形态，将各种具体的思想组合汇聚在其周围，从而形成思想或学术的流派。这是一个方面。

另一方面，尽管基本的思想形态在本质上无法归一，但它们既然都围绕着一个大致相同的"核心问题"，在这一"核心问题"理论上可能结合的各种思想要素中，便总有为所有的基本形态所共有的因素。这些共有的因素随着思想史的演进，渐渐成为知识界的"一般共识"。这些"一般共识"往往会达成某种内在逻辑的一致性，而这些具有内在一致性的"共识"，便构成了知识阶层真理性判断的基准。

要完成在政俗两面摆脱宗教迷狂和重建儒学身份认同这两个互为表里的任务，各种基本的理论形态所指向的实践的方向虽有种种微细的不同，但究其实质，则不外乎两种：一种是诉诸刑政的措施，如韩愈提倡的"人其人，火其书，庐其居"；另一种则是在世俗生活层面，以一种根本性的伦理精神形塑普通人的日常生活。宋代儒者普遍认识到从刑政手段上禁绝佛老的影响既难奏效，又无法从根本上解决问题。所以，如何重建由一种根本性的伦理精神贯注的生活方式，以及如何通过有效的修养手段使人们自觉地遵循由这一根本的伦理精神统贯起来的道德秩序，便成为北宋儒者最为核心的关注。

与这样一种基本倾向有关，具有救赎功能的圣人形象在宋代儒学发展中，不得不最终让位于作为伦理生活典范的圣人形象。而与此相连的人性论，必须考虑到如何为普通人效法圣人提供理论上的依据和操作上的方便，因此，性善论也越来越多地为人们接受。由某种根本性的伦理精神统贯起来的生活秩序，不能不导致对道德的突出强调，而善恶二分的道德景观在一个极端关注道德评价的社会里，常常是其理论选择的最终归宿。诚如韦伯所说："经验的现实世界（基于宗教性要求而形成的）与视此世界为一有意义之整体的概念之间的冲突，导致了人的内在生活态度及其与外在世界之关系上、最强烈的紧张性。"[①] 要想以一种根本性的伦理精神将生活世界整合为一个统一有序的意义世界，就不能不将生活世界本身的复杂和多样括除在外，而这种复杂和多样体现在具体的生活中，首先表现为人的欲求的多样化。由此又引生出几个相关的思想倾向：（一）追求同一，排斥多样化；（二）强调形而上的道和理，压制人的感官欲望；（三）对技术的排斥。

在此，我们似乎可以得出一个更具普遍意义的结论：在围绕着某一核心问题的理论组合的几种基本形态中，总有一种最"稳定"的形态，将成为诸多理论取向的最后归趣。正如我们前面分

---

① 马克斯·韦伯：《宗教社会学》，第78—79页。

析的那样，对于宋学而言，这一"稳态结构"大体应具有如下一些特征：（一）强调日常生活的道德秩序；（二）强调在日常的道德秩序中提升个人的道德水准；（三）极端关注道德评价，倾向于善恶二分的道德景观；（四）在人性论上持性善的立场；（五）排斥多样化；（六）压制感官欲望；（七）排斥技术；（八）强调统一的道，并试图在此基础上为日常的道德秩序提供形上的依据①；（九）排斥佛老②。这些特征已具有某种内在逻辑的一致性，可以组合为一个完整统一的理论构架。具备这些特征的"稳态结构"，在其他几种并列的理论形态中，最初也许并不处于核心的地位，但随着思想史的演进，便仿佛钟摆最终总要停在某一相对稳定的位置，这种"稳态结构"会最终取得独尊的地位。

如果以此来衡量宋仁宗庆历前后兴起的各派学统的理论构架，我们将会发现，洛学最后的异军突起并非偶然。下面的概略分析，将充分表明这一点。

新学。在北宋的主要思想流派中，王安石开创的新学传统无疑占据着十分显要的地位。然而这一学派在王安石之后很快便衰

---

① 这一点十分重要，因为在佛道二教的理论中，日常的生活方式是有其形上的依据的。而先秦以来的儒学传统，主要是在既有的礼法传统中解释日常生活的伦理原则，并无任何形而上的诉求。宋学的建构，既然要在一种根本性的伦理精神下整合日常的道德秩序，就必须为这种伦理生活提供不同于佛道思想的形上理据。宋初《易》学的兴起，显然与此种关注有关。

② 学术界习惯上常常将北宋儒学的兴起看作三教合一的产物。实际上，在宋学兴起之初，儒学主要是在批评佛老的过程中建立自己的身份认同的。这时倡导三教合一的，主要是佛老之徒。

落了。关于新学衰落的原因，很多人以为是政治原因所致①，然而，实际情况恐怕并非如此。

对于王安石的思想学说，我们亦可仿陈寅恪先生《论韩愈》一文体例，分四门述之：（一）以儒学立身，而不主道统，不斥佛老，使儒学无以区别于外道②；（二）强调修身，而不主性善，使进德无自足之理据③；（三）主张一本之道，而杂于术法，无首尾一贯之条理④；（四）不守陋儒家法，解经自出新义，

---

① 邓广铭先生在《王安石在北宋儒家学派中的地位》一文中即说："对于北宋政权之灭亡，应负主要罪责的君相，是宋徽宗和蔡京。在他们胡作非为，置国家命运、民族前途于不顾的同时，他们却一直打着一个推行王安石的新法的幌子。于是，到北宋覆亡之后，一般人不予认真辨析，便也以为亡国之祸当真是由新法招致，遂致新法的名声扫地，而王安石及其一派的学术著作和思想议论，也随之而无人敢于公然地加以继承，而所谓的'荆公新学'便从此日益式微了。我们可否这样设想：假如王安石不曾参预大政，不曾变法改制，他的那些学术思想见解，在他生前虽未必能那样风行于一时，到他的身后，却必定还要被治经术的儒家们长久传承的。"（《邓广铭治史丛稿》）这显然是将新学的衰落归于政治上的原因。

② 王安石对待佛老的态度，从以下数条材料中，可以略见。《郡斋读书志》云："介甫平生最喜《老子》，故解释最所致意"；又《续通鉴长编》载："安石云：'……臣观佛书乃与经合，盖理如此，则虽相去远，其合犹符节也。'"在新儒学建立之初，排斥佛老正是重建自身身份认同的关键，此时取调和态度，可谓不合时宜。

③ 王安石颇重修身。《宋元学案·荆公新学略》载其《王霸论》云："以仁义礼信修其身而移之政，则天下莫不化之也"；其《原性》云："性不可以善恶言也"。

④ 王安石在《涟水军淳化院经藏记》中说："道之不一久矣。人善其所见，以为教于天下而传之后世。后世学者或徇乎身之所然，或诱乎世之所趋，或得乎心之所好，于是圣人之大体分裂而为八九。"王安石虽重道，然而对于如何以这一至高的本体统贯术法，却并无具体的考虑，这也就是后来魏了翁所说："荆公尝以道揆自居，而不晓道与法不可离……道而不施于法，亦不见其为道！荆公以法不豫道，故其新法，皆商君之法，而非帝王之道。"（《周礼折衷》）

然而无统一的眼光，故往往随文生义，无自成统系之思想①。上述数条，可以彰显出王安石思想的内在紧张。这些思想要素本身便无法构成内在逻辑的一致性，同时，又没有其核心的关注点，在当时新儒学②理论初建的背景下，这样的理论架构，显然是不合时宜的。从这个角度看，后来新学思想的衰落，其实并非偶然③。

蜀学。蜀学是北宋学统中十分重要的一支，其中尤以三苏的学术思想最具影响。三苏的思想特点，我们可以概述如下：

（一）排斥佛老，倡导儒学。三苏以儒学道统自任，但他们对道统谱系的理解，与伊洛传统相去甚远，苏轼在《六一居士集叙》一文中将道统定为：孔、孟、韩（愈）、欧阳（修）和苏氏。与此相关，三苏自认为其学说的根源出自孟子，苏辙在论及自家学说的渊源时说："何敢自附于孟子？然其所以泛观天下之异说，三代以来兴亡治乱之际，而皎然其有以折之者，盖其学出于孟子而不可诬也。"在对待佛老的态度上，三苏大体上持排诋的态度，苏轼《中和胜相院记》云："吾游四方，见辄反覆折困之，度其所从遁，而逆闭其途……吾之于僧，慢侮不信如此。"然而，三苏对佛老的排斥并不彻底，常持一种暧昧调和的态度。他们虽然认

---

① 对于王安石解经的特点，吕荣阳的评价最中肯綮："王介甫解经，皆随文生义，更无含蓄。学者读之，更无可以消详处，更无可以致思量处。"王安石注经固出于己意，然既不能以系统的思想来统贯所解经义，也就不易为习经者掌握。

② 这里的新儒学并非程朱理学，而是指北宋广泛的儒学复兴运动。

③ 据《宋元学案·荆公新学略》载："神宗问：'王安石之学何如'，明道对曰：'安石博学多闻则有之，守约则未也'。"这一点确实说到了要害处。

为佛教"弃家毁服"(同前)、"蔑君臣、废父子"[①],以为佛徒所论,"予于儒书已得之",但同时又认为佛老之道"非一人之私说也,自有天地而有是道",因而其中有"不去而无害于世"者。在个人的生活态度上,苏氏父子更沉迷于佛老之中[②],朱子批评他们"晚醉佛老之糟粕"[③],并非全无根据。这样的态度,显然无法承担儒学重建时期摆脱宗教迷狂和重塑儒学身份认同的任务。

(二)推尊圣人,崇尚礼乐政刑。苏氏父子在道统上,自认为是承接了韩愈。这固然有主观想象的成分,但二者之间也确实存在着某种思想上的亲和性。在圣人观上,苏氏父子与韩愈颇为一致,即都强调圣人的"救赎"功能,只不过苏氏并不像韩愈那样极端。苏洵在《易论》中说:"生民之初,无贵贱,无尊卑,无长幼,不耕而不饥,不蚕而不寒,故其民逸。民之苦劳而乐逸也,若水之走下,而圣人者,独为之君臣而使天下贵役贱,为之父子而使天下尊役卑,为之兄弟而使天下长役幼,蚕而后衣,耕而后食,率天下而劳之。一圣人之力,固非足以胜天下之民之众,而其所以能夺其乐而易之以其所苦,而天下之民亦遂肯弃逸而即劳,欣然戴之以为君师而遵蹈其法制者,礼则使然也……此圣人用其机权,以持天下之心,而济其道于不穷也。"这里的圣人以及圣人提倡的礼法,从本质上讲,都不是道德性的,而是工

---

① 苏辙:《历代论·梁武帝》,《栾城后集》卷十,《苏辙集》,陈宏天、高秀芳点校,北京:中华书局,1990年。

② 东坡晚年嗜佛,其与佛印的交往举世皆知。苏氏兄弟又好炼养服食之事。

③ 朱熹:《答程允夫》,《朱熹集》卷四十一,尹波点校,成都:四川教育出版社,1996年。

具性的。礼乐刑政都是为了国家治理而设的工具①。而这也就是朱子所说的"早拾苏张之余绪"②。与这一非道德性的圣人观相合，苏氏在人性论上也强调不以善恶来划分，如苏轼云"性之不能以有夫善恶"③，这与韩愈的思想不无相似之处。

（三）不强调日常的道德涵养。苏氏对圣人及圣人之道的推尊，主要是持一种功能性的立场，圣人既不是日常伦理生活的范本，也不是某种道德性的"道"的先觉者。因此，也就无须日常的修身进德工夫。我们在前面曾经讨论过，如果不能以一种根本性的伦理精神形塑普通人的日常生活，也就不能建立一种从根本上区别于佛老的儒家独有的生活方式，这在儒学的理论建设上，显然是不完备的。

（四）以道为最高范畴，而认为道并无道德属性④。这样一来，形而上的道也就不能为日常生活的伦理原则提供直接的论证。

由上述讨论我们可以看出，苏氏父子的学说确是自成统系的，这一点与王安石思想的庞杂支离颇为不同。然而这样一个颇成系统的思想流派，因其理论内在的局限性，并不能很好地承担重塑儒学身份认同的历史使命，它最后从宋代的主流思想界消隐，实有其必然的根由。

---

① 苏辙明确指出："礼者，器也。"（《历代论·王衍》，《栾城后集》卷九）

② 《答程允夫》，《朱熹集》卷四十一。

③ 苏轼：《扬雄论》，《苏轼文集》卷四，孔凡礼点校，北京：中华书局，1986年，第111页。

④ 苏辙说："夫道，非清非浊，非高非下，非去非来，非善非恶。"（《老子解》）

洛学。以北宋五子为核心的洛学传统，在整个北宋时期，并不占据思想的主流地位。而且在庆历前后兴起的诸家学统中，洛学受到的政治打击实际上是最多的①。但这并没有影响洛学的兴起，其背后的原因，不能不引人深思。伊洛之学，特别是其中的程朱理学，历来研究甚多，无须详论，只略举大旨，以为讨论之便：（一）严拒佛老，以祛除宗教迷狂；（二）发明道统，以凝聚儒学身份认同；（三）以道为根，体贴天理，为日常伦理生活建立形上理据；（四）标举性善，强调修身，形塑儒学独有的生活方式；（五）推尊圣人，以之为伦理生活的范本、修身进德的目标；（六）克禁人欲，排斥多样化的个体取向，建立整齐有序的伦理生活②。

如果将洛学与我们前面通过演绎法推导出的、围绕在政俗两面摆脱宗教迷狂和重塑儒学身份认同这一核心问题的几种理论形态相对照，我们便会发现，洛学最接近于我们所说的"稳态结构"。这一情况使得洛学的一些基本原则渐渐成为一般思想界的普遍共识，这种普遍共识深刻地影响着宋代儒学的总体取向，也从根本上决定了最终"真理"判准的构成，当这种普遍共识成为一切思想表达的潜在前提时，程朱理学便顺理成章地成了被普遍接受的"真理"。上面我们详细讨论了北宋儒者围绕着"除魅"和重建儒学身份认同这两个互为表里的动机，所进行的各种理论建构的尝试。这一核心问题是宋学产生过程中的根本动力，并且

---

① 伊川生时，即曾被人指控，说他"非毁朝政"，结果是"有旨追毁出身以来文字，其所著书，令监司觉察"（《伊川先生年谱》）。

② 参见陈来：《宋明理学》，沈阳：辽宁教育出版社，1991年，第27—32页。

在相当程度上规定了宋学发展的一般取向。

除此之外，另外一个对形塑宋学基本取向产生重要影响的因素便是宋代士人异于前代的生存际遇[①]。柳诒徵先生曾指出："宋仁宗时，始有朋党之议。"[②]宋代的朋党，已初具现代政党的规模，欧阳修《朋党论》云："臣闻朋党之说，自古有之，惟幸人君辨其君子小人而已。大凡君子与君子以同道为朋；小人与小人以同利为朋，此自然之理也。然臣谓小人无朋，惟君子则有之。……故为人君者，但当退小人之伪朋，用君子之真朋。"这段文字中，有如下数点值得注意：其一，朋党需有相对一致的施政方针；其二，此种一致的政见背后应有相近的思想取向为依据；其三，要形成真正意义上的朋党，必定会有某种区别于他人的群体；其四，朋党之间，必以善恶为标谤，一方面可以用来作为号召，另一方面则能有效地打击敌对的集团。这样的倾向使得道德评价上的善恶二分渐趋极端，同时也使得强调善恶二分的道德评价以及能为这种道德评价提供形上论证的理论形态更容易被人接受。这一情形在宋代的具体表现就是，与洛学有亲和关系的元祐党人格外地强调君子小人之别，而与元祐党人敌对的集团在回击他们的时候，使用的也正是同一种逻辑。这使得善恶二分的原则逐渐成为士人普遍接受的信念，以至到了南宋，这种观念已

---

① 魏晋南北朝时，士人主要的生存方式是依靠宗族的势力，随着隋唐以降宗族势力的普遍衰落，士人的存在方式不能不发生根本性的转变，这也就是宋代朋党的兴起。

② 关于宋代的朋党与汉代的党人及唐代的牛李党争的不同，参见柳诒徵：《中国文化史》第十九章"政党政治"，北京：中国大百科全书出版社，1988年。

具有不容置疑的正确性,如宋高宗即曾对秦桧说:"朝廷惟要辨君子小人,君子小人既辨,则治道无不成矣。"[1]

上面的种种分析向我们表明,在宋学的各家流派中,程朱理学被最终接纳,只是一个时间的问题。有些学者认为,理学在南宋的兴起是由于南渡造成的。实际的情况可能正好相反,如果不是女真入侵带来的功利主义倾向的抬头(出于收复失地和整顿朝廷的实际需要),洛学定为一尊的时间也许会更早一些,而不会出现南宋初期复杂而多歧的道学景观[2]。

## 三、结 语

关于宋明理学产生的问题,严格说起来,应该以这样的方式来表达:宋学是如何产生的?在宋学的几个主要流派中,程朱理学何以会异军突起,最终被接纳为官方的意识形态?在前面的讨论中,我们详细分析了韩愈开启的儒学复兴运动的核心关注——如何在政俗两面摆脱宗教迷狂和重建儒学身份认同,以及这一关注在理论上产生的种种结果。

如果说我们前面的分析使人产生了这样的印象:宋学的产生与理学的兴起被说成了某种必然的过程,那无疑是表达上的困境所带来的结果。事实上,如果不是韩愈个人的敏锐,使得某种时代问题找到了富有生长力的理论表达方式,如果不是二程和朱子

---

[1]  李心传:《建炎以来系年要录》,130.2100,《丛书集成》本。

[2]  关于南宋初期的道学状况,参见田浩:《功利主义儒家——陈亮对朱熹的挑战》,姜长苏译,南京:江苏人民出版社,1996年。

在理论建构上作出的努力和贡献，思想的演进会不会沿着另外的可能途径进行，是一个几乎无法回答的问题。然而，可以肯定的是，一种具体的思想表达出现以后，在思想资源相对稳定的情况下（即没有异质性的思想文化介入），其可能的影响似乎总是朝向某一特定的方向，如我们上面看到的那样。当然，这一具有最大可能性的取向能否最终展开为思想史上的实际结果，则尚需诸多因素的耦合。

（本文原载《中国哲学史》2000 年第 2 期）

# 方法的"幻相"

一切有为法，如梦幻泡影；

如露亦如电，应作如是观。

——《金刚经》

专家没有灵魂，纵欲者没有心肝；这个废物幻想着它自己已达到了前所未有的文明程度。

——马克斯·韦伯

方法的讨论对于我们来说意味着什么？是既有的方法已经无法承担现有的研究任务，还是它不再能提供将学术引向深入的可能性？进一步地，学术研究的深入开展是否仅仅是方法论的问题？或者说，在学术生活中，我们还缺乏哪些必要的品质？以及在目前的状况下，我们个体生存的哪些方面是既有的学术无法面对和安置的？所有这些，似乎并不仅仅是方法的讨论所能承担的。在这种意义上，方法的讨论只是一个方便的切入点，我们可以从中引出对上述问题的进一步思考。

然而，在展开讨论之前，我们又必须首先面对一个多少显得有些唐突的问题，即什么是方法？方法是不是一种单一的、均质的、完整的现象？或者，换言之，方法有没有"我相"？如果有，那么它的"自性"何在？如果没有，那么它统合了哪些使之成为可能的因素？在对与此相关的方方面面的问题作出起码的梳理和澄清之前，方法的讨论几乎总会以最终演变为捕风捉影的意气之争来收场，它带来的实际结果也总是貌似公正开明的"道并行而不相悖"，而参与讨论的各方也依然故步自封、我行我素，讨论前后并无丝毫的改观。交流如果无助于达成起码的共识，反而更增添了许多"我""慢"之类的病征，那也就失却交流的本意了。本文无论是写作的方式还是处理的问题，都只能看作一种试图将问题引向深入的尝试和努力。

## 一、方法的"缘起性空"

方法之所以成为可能，在于有其针对的对象。易言之，方法要获得它起码的意义，就总得指向某一个或明确或含混的问题。一个人可以标榜自己是在"为学术而学术"，但如果他固执地认为自己是在"为方法而方法"，就有些不可理喻了。问题一旦呈现出来，方法也就自然而然进入视野。比如，如果眼下的问题是要杀人，便可以有很多种方法，我们可以选择不同的工具和手段，既可以真刀明枪，又可以暗箭伤人，还可以借刀杀人，甚至"以理杀人"。

从上面的例子看，方法除了与问题有关外，显然还与工具有关。众多有助于解决问题的工具，构成了一个与此问题相关的工具库，我们可以将其称为资源。工具之成为工具，显然与使用者对它的命名有关，比如虽然同样是斧子，但我们是用它来砍木材，还是用它来做防身的武器，它作为工具的意义是完全不同的。事实上，我们的每一个具体的行为，都意味着对手边事物的一种具体而微的命名，此种命名的行为是无限多样的，但它仍有一个有效的边界。而这一边界也就构成了有效的命名行为的一般规范，如我们对斧子的工具意义的命名可以是无限多样的，但却并非全无限制。很显然，我们并不能将斧子命名为交通工具。当然，这一边界并非千人一面、一成不变的，它取决于每一个命名者具体且个殊的知识状况和生存状况。

　　除上面两个基本的要素外，方法还与一个评价的系统有关。既然方法总是指向问题的，解决同一问题的不同方法也便有了好坏之分。对方法的评价涉及的因素比较复杂，但它至少与下面两个方面有关：其一，它与问题本身有关，还是以上面举的杀人为例，是出于决斗而杀人，还是为了复仇而杀人，或者因为两军对垒而杀人，针对这些各有侧重的问题，不同的方法会获得不同的评价；其二，它与既有的时尚和趣味有关，在一个武士精神浓厚的传统中，惨烈和英勇的死亡会受到较多的尊重，而在一个文人的传统中，此种行为却可能被视为野蛮的表现。

　　到底什么算是方法呢？很显然，方法不能等同于问题，否则世上就不会有无法解决的问题；同样，方法也不是工具，因为用刀杀人是方法，而刀本身却并不成其为方法；方法更不能等同于对方法的评价。我们常常在谈论这样那样的方法，可较起真儿来，让我们具体地指出何者为方法，其结果却只能是：觅方法"了不可得"。方法是各种更为基本的要素假合而成的，只具有假名的意义。方法只是一种方便，用来指称问题、工具以及使用者等诸多因素构成的复杂关系。如果错误地把方法看作一种单一、孤立和完整的现象，而无视其背后掩盖着的诸多要素及其复杂关系，就无异于以幻化为实相了。

## 二、实证研究的前提和边界

传统研究在整个 20 世纪的成长历史，可以被视为实证精神取得合法地位并进而超越其有效范围被滥用为普适性原则的历史。此种实证精神的根柢在于乾嘉传统与近世科学精神的结合。

实证研究首先是一种特殊的提问方式，它把所有问题的表述都化约为："什么是历史上真实的情形"，或者，"在历史上究竟发生了些什么"？历史"真相"是否存在，以及，即使真的有所谓历史"真相"，我们的研究工具的固有限制，是否从根本上决定了我们注定与这些"自在之物"无缘？此类思考，已经像一切"普及"的思想一样，经过晾晒脱水而成为格言式的思想碎片，在人们的内心深处潜移默化。而另一方面，在实际的研究中，以"事实上""实际上"之类的词语起承转合的行文方式，却又成为人们习焉不察的写作惯习，并从根柢里透露出实证精神的深刻影响。简单地否定我们求得历史真相的可能性，与不加反省地将探求历史真相作为学术工作的全部，这两种倾向都深刻地呈示出当下学术界批判精神的丧失。批判从来不是简单地破坏和否定，而是一种约束和限制。它的目标是指向那些僭越的力量，那些超越其有效范围而滥用权威的力量，而界定的结果不是消灭它们，而是让它们在其有效的范围内更好地发挥作用。

作为一种特殊的提问方式，实证研究显然有其潜在的前提和预设。这些前提和预设，至少可以分析如下：其一，有所谓历史"真相"，而且这一"真相"是唯一的；其二，我们的研究工具有足够的效力，足以让这一"真相"朗现出来。这两个前提几乎总是在未加反省和批判之前就已经被理所当然地接受下来。此种情形在具体的学术研究中体现为对材料的信仰甚至崇拜，人们似乎总以为只要材料足够丰富，就可以完整地把握住历史的全部真相。结果，每一次新材料的发现，总能给学术界带来泡沫般的繁荣，带来各种各样学术的狂欢。此种倾向中隐藏着的问题并不难发现，我们只要回顾一下我们的当代史，就会明白，材料的极大丰富，并不意味着真相的朗现和呈露。我们了解最少的，往往正是当下正在发生的一切。这显然并不是因为我们无法看到"全部资料"。首先，"全部资料"本身就是一个未经批判的虚构；其次，虽然更多地接触关于同一事件的不同描述，会丰富我们对该事件的了解，但此种效力仍有一个限度，即材料的极大丰富并不会无穷尽地增进我们对某一事件的认识；最后，各种资料的来源都有其固有的立场，要想在这些相互抵牾的资料中"辨认"出所谓真相，仍需要某种出于个人立场的构造。

即使我们可以全无障碍地接受实证研究既有的前提和预设，我们也仍有必要对下面这个问题作一点起码的讨论：通过实证研究，我们在理论上可以得到哪些确定不移的知识？以历史研究为例。首先，如果载记完备，我们可以确定一些最为基本的事实，或者说"原子式"的事实，例如某人卒于某年，在某年某地发生了一场战争等。这些"原子式"的事实，与某些自明之理相连，可以产生出一些与此相关的确定性的知识，如既然某人卒于某年，而人死后不能复生，所以，我们可以确定他不可能知道这一年以后的所有事件，也可以确知他不可能为此后发生的事件承担直接的责任。然而，这种确定性总是否定性的，即通过这个事实，我们只能确定哪些情形不可能发生，而无法确认这个事实必然引生的结果。如果历史研究只是以确定这些基本的事实为目的，那么，我们的历史写作就只能如《春秋》那样，将一条条基本事实罗列起来，而且，还要做得比《春秋》更彻底些，因为《春秋》的记载中已经包含价值判断，并在这种价值判断之下隐含了某一基本事实与其他事实的联系，如说"某某弑君"，"弑"这个词就表明了某某作为臣子的身份。很显然，"原子式"的事实无法构成意义，意义是在事实与事实之间的关系中建立的。而一旦涉及事实与事实之间的关系，实证方法就已经失去了其既有的纯粹性。将不同的事实联系在一起，会产生截然不同的意义。如果我们将秦桧杀害岳飞作为一个基本事实，随着我们将不同的事实与此一事件联系起来，该事件将呈显出迥然不同的意义。我们关联的是岳飞作为抗金将领这一事实，还是将其与当时将领相对独立的节制权对南宋偏安朝廷的威胁联系起来，这一事件的性质是全然异样的。事实间联系的无限多样的可能性，使得我们完全可以就某一个孤立的事实构造出意义迥异的事实系列。而且，只要我们试图在某一基本事实之外建立起与其他事实之间的联系，我们就已经在实证研究的方法和目标之外附加了一些别的东西（如价值判断），而这些附加的东西则为建构起来的关系确定了基本的底色和基调。我们所谓的实证性的历史研究，从来都未曾将自己严格限制在对"原子式"的事实的确认上，而总是在尝试建构事实之间各种各样可能的关联。在这种意义上，实证研究一直承担着某些"超负荷"的任务。这当然并不简单地意味着在此种意义上的实证研究便完全失去了它的有效性，但是至少我们应该看到其中蕴藏着的危险。如果我们对此全无警觉，而是固执地认为我们是在一种无偏见的超然立场上使用实证研究的手段，甚至进而以为，只有这样才是所谓的"纯学术"，那么，这种潜在的危险就极有可能转变成真正的危害了。

既然学术研究总是不可避免地要探寻事实之间的关联，那也就意味着我们总要在实证研究的有效界限之外对它进行过度的使用，或者我们总是在实证方法之上又附加了别的方法，那么，为什么我们又总是倾向于将我们的研究方法化约为一种实证的姿态呢？而且，为什么即使是已经认识到了实证研究的限度的人，也往往无法超越对实证精神的诉求呢？这里隐含着一个简单的根由，即事实或者真相作为学术研究的正当性的来源，具有某种自明性。也就是说，当我们的研究被认为揭示了某一事实或真相时，我们的研究也就获得了最大的有效性和正当性。相反，批评或反驳他人的研究时，最有效的方式无疑是指出对方的研究违背或歪曲了事实真相。这里，事实仿佛成了人生存和思考的前提，在一切考虑中占据了最为优先的地位。然而，只要我们稍加思考，我们便会对这种自明性和优先性心存疑虑。在我们曾经的历史中，事实曾经"朗现"在生活中吗？在事实的光辉缺失的日子里，我们真的就生活在无尽无边的暗夜中了吗？"事实上"，我们难道不是一向都生活在这样那样的谎言之中吗？而指引我们行动的，难道不一直是我们"认为"或"相信"的所谓的"事实"吗？在存在的暗幕上，我们的疑问和挣扎偶然碰撞出的些许微光，竟成了指引我们前行的"真理"。既然唯一的事实或真相从来都不曾朗现，甚或是否存在这样一个唯一的真相还始终是一个未知数，那么，"事实"或"真相"岂不是与"上帝"的悬设一样虚幻？不加反省地接受事实或真相的预设，实质上也就意味着对事实或真相的信仰和崇拜，而以此为根基的学术研究因而也就变成了以这种信仰和崇拜为核心的宗教。而且，如同众多历史上出现过的宗教一样，学者成了垄断祭典和教义解释权的祭司，向大众宣谕着"事实"和"真相"的教化。在这个意义上，学者对学术研究中的"事实"的强调，实际上具有了某种权力策略的意味——"事实"和"真相"是正确判断的唯一来源，而获得"事实"和"真相"的途径则掌握在一个受过长期专门训练的人群手中。

于是，在我们眼前出现了一个悖谬的景象："真相"是一个超越的神，环绕在它周围的是不计其数的僭位的偶像；"真相"同时又是一个真正意义上的黑洞，它巨大的引力使得没有任何光亮能从中逃逸而出，任何企图窥见它哪怕是最虚幻的影像的努力，都将只是徒劳。唯一的希望是：当我们用血肉之躯撞向它时，借着碰撞产生的刹那的微光，我们照见了所有僭位的偶像作为凡俗的被造物的本质。也就是说，作为一个"真相"的信徒，只有当我们用自己的生命来献祭的时候，我们才有可能获得这位超越的尊神的"恩宠"而最终得救。只有在这种意义上，实证研究才有了某种终极的意味：我们的实证研究并不只是为了在"真相"周围再添加另一个僭位的泥塑金身，而是在一种不懈地追问和质疑中，在自身对"真相"的献祭中，击碎围在"真相"四周的各种装扮而成的神的幻相。这个意义上的实证研究不仅与我们的个体自由直接相联，甚至可以说是构成个体自由的一种实存的形式。而相反，一旦我们开始自以为发现了某种终极的"真相"时，我们也就已经沦为众多僭位的偶像中的一位了，而我们虔诚的献祭也因而蜕变成为对神的冒渎。这样的姿态，表面上看是要将人神圣化为超越的神尊，从而提升人的尊严，实际上却是通过消解作为永恒的质疑者和追问者的人的使命，消解了人的自由。此时，作为一种知识生产的实证研究与它所生产的知识之间构成了一种简单的否定关系，即知识的出现总是意味着生产活动的终结和"死亡"，因而也就意味着知识生产主体的终结和"死亡"。

作为一种特定的知识生产方式或者知识生产的一个特定阶段，实证研究无论如何都是不可或缺的。然而，我们必须在一种新的意义上理解实证研究，才有可能使其保有健康的生命力。在这种意义上，实证精神是批判性的，这种批判精神既指向批判对象，同时又指向自身。一项具体的实证研究，总是意味着对某种既有知识的限制和否定，而它在限制和否定的过程中提供的新知识，则成为新的批判和质疑的起点，并最终指向对自身的否定。在对待实证研究的问题上，我们必须对下述两种倾向保持警觉：一种是我们上面谈过的人僭位为神的倾向；另一种则是因悲观而放弃对学术的执着的倾向，在这里，放任替代了进取，游戏替代了审慎，人背弃了自己的使命，从而沦为一种纯被动的、物化的存在。上述两种倾向，在根本上与知识品格的堕落紧密相连、互为因果。

## 三、实证研究与游戏心态

正如我们前面提到过的，实证精神的普适化和唯一化在学术研究中的具体表现是：一方面，一切研究的进路都被化约为某种特定的实证研究；另一方面，实证研究的标准被扩大为衡量一切研究的共通的标准。这种倾向与我们当下所处的特定的历史背景和社会状况（如20世纪80年代以来，政治色彩在各个领域的全面褪色以及经济变革中功利主义取向的恶性膨胀）相互作用，就形成了一种被称之为"纯学术"的特殊的学术形态。这种学术形态又助长和催生了一种对学术工作的特定理解，即将学术工作归结为某种个人的兴趣和爱好。由此，学术成了一种拥有相对稳定的爱好者群体的游戏。作为一种游戏，学术研究除了自身的"胜负"之外，也就不需要承担任何其他的责任，也无须面对任何与"胜负"无关的问题。与此相关地，一方面，学术成了天下的"公器"，可以不分国界、不分种族，无论是谁，只要有兴趣都可以玩；而另一方面，如一切风行世界的游戏一样，看似无关紧要的游戏里，却总是凝结着"民族大义"。具体到传统研究领域，我们历史悠久的国学研究，早已受到日本和欧美的汉学传统的正面冲击，以至于时至今日，如果还有谁敢于轻易地相信我们的研究水准比日本和欧美的汉学界水平高的话，要么是由于他过于天真，要么就是由于他过分强烈的民族情感在作怪。这种情况便仿佛十几年前，当国人发现由中国人最早发明的围棋，在其故土的发展远远落后于日本的时候，那种羞愤交加的复杂心态。这样的心态带来了两个相关的倾向，其一是全没来由的过度自信，认为我们的国学研究还在独步天下，这种倾向的一个具体表现就是，在面对海外的汉学研究时，我们会在对方细小的知识性错误中找寻安慰；其二则是急于与海外的研究一较高下，其结果是，不仅在研究的质量上，大量仿效汉学的研究开始出现（有时这种仿真的效果无论在问题意识上还是在处理的技巧上都能达到逼真的程度，从表面上看，学术似乎真的有了进步和改观），而且在研究的范围和数量上，我们也在疲于奔命地与欧美和日本的研究竞赛。这无疑是一种游戏心态的最为直接的表现，游戏的胜负关系着参与者的自尊心，在这个意义上，传统研究像足球和围棋一样，其间的胜负得失，都成了维护我们脆弱的民族自尊心的"砝码"。

很显然，兴趣和爱好并不是引导我们走向学术的唯一原因，也不是学术研究得以延续的主要根据。逼迫我们走向学术的动力，更多的是我们面临的生存困境。一种向问题和生存开放的学术研究是无暇顾及胜负的，这样的学术研究迫着我们踉跄前行。这样的学术所具有的内在张力，使得我们在令人眼花缭乱的"学术超市"中，可以始终保持自己的关切，我们对其他研究方式和领域的注目，绝不会左右自己的脚步，而只会丰富我们对自己的问题和处境的理解。我们没有必要在面对别人的研究时丧失了自己的平常心，一切的知识成果都可以给我们的处境和问题带来方便，当我们以平常心对待它们时，它们才可能成为我们的滋养。

## 四、纯学术与经世致用

任何一个从事传统学术研究（或者所有不提供直接工具价值的研究）的人，似乎都无可回避地要面对这样的困惑：学术研究除了自身的追求以外，是否还有别的意义？由这个问题引生出了对待学术的两种根本态度：一者是所谓纯学术的态度，即为学术而学术，学术除自身之外，别无指向；另一者则是所谓经世致用的态度，即认为学术要服务于某种现世的目的，学术应该或必须提供某种具体的功用。这两种态度构成了某种非此即彼的关系，而每一个以学术为业的人，都似乎要有意无意地在二者之间作出抉择。难道在这两种选择之外，就真的没有其他的可能了吗？显然，在对上面两种态度作出起码的检讨之前，我们无法给出任何有意义的回答。

纯学术，或者说为学术而学术，作为一种姿态之所以成为可能，有哪些必要的条件呢？首先，需要有从事此种纯学术工作的主体，而从事一种独立于其他目的之外的学术工作的人，其自身应该具有某种自足的独立性；其次，存在着一个所谓纯学术的知识领域，即这个领域与其他领域无关，或者至少没有直接的关联。就后者而言，这样一种纯学术的知识领域存在吗？我们以最为"悬虚"的哲学为例，它自身可以构成一个与其他领域无关的知识领域吗？哲学与其他知识领域之间的关联是众所周知的，毋庸赘言，同时，作为一个知识领域的哲学，什么时候曾经与政治、权力等这些具体的实践领域摆脱过干系？什么时候曾经与人的德行和品格这些道德领域"了无牵挂"？我们甚至可以在最市侩的灵魂深处、最庸俗的意图背后辨认出哲学的印记。而就前者而言，我们要追问的是：作为学术主体的学者具备这种自足的独立性吗？从外在的生存条件说，有哪一个学者不是隶属于这样那样的机构？有哪一个学者不是陷身于自己无可如何的生存境遇之中？从内在的立场看，又有哪一个人能超然于各种具体的立场和价值取向之外？对于一个从精神到肉体都未摆脱依附地位的人来说，他所标榜的纯学术又会是怎样一种"纯"学术呢？在学者通过独立的、无所依傍的学术追求建构起自己独立的人格之前（在这种意义上，学术已不仅仅是指向自身的了），纯学术的追求，不过是奴隶的精神胜利而已。退一步说，即使我们有可能为学术而学术，但当我们将自身的印记（所有的价值取向、立场）从具体的知识生产中抹去的时候，在实际上也就意味着我们将全部的个人品质从知识生产中抽离出来了。而通过这种抽离了个人品质的知识生产产生出来的知识，将不再有起码的自制力和免疫力，它可以毫无障碍地在作为上帝的使者与作为魔鬼的帮凶之间"变脸"。学术在得到了它梦寐以求的"清纯"的同时，却又陷入了"人尽可夫"的危险。在这种意义上，学术研究，特别是人文学科的研究，就不能不建立在某种基本的品格之上，而这种基本的品格则不可避免地打上了研究者自身的烙印，甚至可以看作研究者个人品格的凝聚和映射。当然，这绝不是一个单向的过程，一种有品格的学术研究，最终也将给研究者本人带来深刻的影响。

如果我们放弃为学术而学术的立场，那是不是意味着我们就必定要采取经世致用的姿态呢？事实上，这样一种学术上的急功近利所隐含的危险，只会更大。如果学术研究（特别是一些较少工具性的学科）总是直接地指向现实，以回应当下的现实为目的，那么，至少会带来下面几种潜在的危险：其一，学术成了某种即时性的反应，健康的理论生活所必备的审慎精神和反省能力，将丧失殆尽；其二，既然一切只是为了切于实用，过多的积累无疑成了累赘，而此种积累对于学术的深入开展，无疑是至关重要的；其三，由于现实的即时性和多变性，使得以应对现实为其主要目的的研究者，不能不对其本已颇为有限的理论资源加以过度地利用，而且利用的方式往往只是采取常识化和简单化的手段——对现实的经验进行"粗加工"，这样做既增大了理论本身的负面作用，又消化和消解了现实经验带来的紧张，从而使现实经验不再可能成为思想和理论建设的起点；其四，对思想资源和现实经验的简单化、常识化的操作，使得无论是思想资源还是现实经验中本来具有的多样的可能性，都变成了研究者个人经验的简单重复，这样既伤害了原本可能的学术成长，也使得对研究者自身的丰富被减少到最低。当研究者以这样的态度面对学术研究时，他在相当程度上，就已经等于背弃了他作为一个学者的职责，并从根本上丧失了学术的尊严。而更为有害的是，当他以这样的态度对现实发言的时候，他的常识性的平庸见解在他学者身份的辉耀下，获得了某种特权，这种特权则为这些平庸见解的传播和更为滥俗的复制提供了方便。当然，作为公共知识分子的学术研究者可以本着自己的良知对现实问题表达意见，但他必须将这种表达与审慎的学术工作区分开来，同时清醒地意识到此时的身份与作为审慎的研究者的身份的不同。

经过上面的讨论，我们可以清楚地看到，超越上述两种非此即彼的态度已不是一个可能性的问题，而是一个学术成长得以健康和深入地进行的必要条件。当然，具体的超越方式显然不是唯一的，每一个以学术为业的人都可以探索出自己的姿态，但无论如何，这些具体的姿态中都会有如下一些共同的基点：其一，学术研究与研究者之间，并不构成单向度的创造者与被造者的关系，而是相互含摄、相互作用的关系，在这种互动中，每一项具体的学术研究都打上了研究者个人风格的烙印，而与此同时，每一个研究者也在学术研究中丰富和改变着自身；其二，学术研究作为从事研究者的个体实践，构成了研究者建构自身的重要方式，也构成他安置个体自由的重要方式，在这种意义上，学术对于研究者而言，也就意味着某种终极意义上的苦行，而通过这种苦行，人获得了既有别于上帝又有别于一般被造物的独有的尊严；其三，学术研究通过不断地限制和否定既有的知识，成为新的批判的起点，为人的心智解放提供可能；其四，一切学术研究最终都不可避免地指向当下，但这种关涉并不是简单地以当下为自己的核心问题，而是通过开放各种异质性的资源，开掘各种陌生的可能性，从而最终丰富我们对于当下的理解。建立在这些共同点上的新的姿态，使得学术获得了新的意义，即无论就其实质还是最终指向说，学术都是实践性的。

# 五、"持之有故，言之成理"

实证研究的特殊形态还与一种特定的评价标准有关，这种评价标准可以概括为一句话："持之有故，言之成理。"从表面上看，这句话似乎解决了实证研究的评价问题，但细加思索，我们便会发现，这一看似清晰明确的结论背后掩盖的恰恰是实证研究根底里的混乱。"持之有故，言之成理"的实质在于：由于"事实"或"真相"的注定缺席，使得实证研究在没有可资比较的参照系的情况下，失去了方向。面对一项研究时，我们并没有有效的手段来评判它的内容和结论，只能从它的技术性层面来评判：即它的材料是否周详，它对材料的运用是否恰当，它的论证是否合乎逻辑。而这种评判在具体的运用中，又往往超越它合法的限度：技术层面的失败被等同为结论的失败。这种僭越在它的反命题中表现得尤为明显，即技术上的圆熟也就意味着结论的正确。这样一来，"持之有故，言之成理"就不再像表面看上去那样简单，其中已经隐含了某些潜在的预设，即我们相信技术上的正确必然带来结论的正确。于是，这里便产生出了一个我们可以称之为"技术神义论"的问题，即我们常常可以看到技术上完整无缺但结论却荒谬无比的研究（如纳粹的人种理论）。之所以会产生这样的结果，并不难理解。因为材料本身并不能替我们说话，我们总要通过某种特定的"拷问"方式让材料呈现出对我们有利的色调，而任何一种特定的提问方式都有其固定的倾向（而且常常是某种价值倾向），同时材料本身又具有无限多样的可塑性，我们完全可以用相同的材料得出截然相反的结果。其实，即使是实验科学，通过对实验数据的分析得出的理论，无论这种分析的过程多么无懈可击，这种理论的有效性仍然要用根据其理论要求设计出来的实验来验证。

退一步说，即使我们相信分析过程的完美可以保证分析结果的正确，以"持之有故，言之成理"为唯一的评价标准仍不无问题。因为，材料本身（特别是历史资料）并无指涉功能，或者说材料除了材料自身的内容外，往往并没有一个明确的对象和目标，而分析本身也并不必然能够赋予材料某种指涉功能。因此，一项"持之有故，言之成理"的研究，极有可能形成某种封闭的循环，即研究的结果所完成的只不过是自身的指涉。

近十年来，我们已经开始注意到研究首先是向问题开放的，问题意识本身是衡量一项研究的重要判准。问题本身以及提问的方式，甚至比分析的过程和结果还重要。然而，我们如何判断某个问题或某种提问方式的价值的高下呢？当我们说某个问题"很有意思"的时候，我们有没有想过，我们这么说有什么道理呢？我们对某个问题是否有价值的判断，完全可能出自某种个人化的原因，如一个我们长期关注的领域的新问题（或我们关注的问题的一种新的提问角度），对于我们而言就显得格外有吸引力。这里面有没有一些可以公度的标准呢？这里，我想试着提出两个标准：其一，一个问题或一种提问方式是否有价值，首先取决于这种提问方式是不是为进一步的质疑和追问提供了可能，或者说，这种提问方式是否为纵深的探索提供了起点。一种糟糕的提问方式总是将进一步提问的可能性消解，当然，它往往也会带来一个相关的问题域，但它引出的所有问题却总是像摊大饼一样平平地摊开，所有问题都被安置在同一个层次上；而一种有价值的提问方式，则总能引出更多深层次的追问。其二，一种有价值的提问方式应该向我们个体的生存开放。这种提问，总在某种程度上凝聚着我们的内在紧张和焦虑，总在某种程度上照应着我们生存的时代（当然，这里所说的显然有别于"现实意义"之类的"垃圾"标准）。这种提问姿态中，总是隐含着通向实践的可能。

## 六、作为资源的传统

"传统与现代"在 20 世纪的中国，是一个极富张力的话题。而且，无论我们怎样在理智上相信传统与现代具有不可分割的血脉联系，我们都不能不承认这样一个事实：我们正面对着传统与现代的巨大断裂。显然，梳理各种相关的讨论，不是本文所能承担的。我们这里只在如何面对传统研究这个问题上，触及这一话题，即传统研究对于现代社会而言，是否还有什么实际的意义？换言之，从事传统研究工作能够为这个社会提供什么样的"产品"？对于这个问题，大致不外乎两种态度，一种是认为传统研究并无实际的意义，充其量不过是人们茶余饭后的谈资；另一种则是简单地认可传统研究，至于它究竟有什么意义，便含糊其词、语焉不详。关于这个问题有很多貌似精致的说法，表面上看起来好像很有道理，但如细加推敲，便会露出破绽。最常见的说法是所谓的"以古为鉴"。这话本身并不算错，只是没什么意义，因为它并不能告诉我们：（一）什么是古；（二）古与今的关系；（三）作为一个完整的生活整体的古代，我们用它来"鉴"什么。另一种与此相关的说法是"古为今用""去其糟粕、取其精华",这种似是而非的说法尤为有害。因为作为一个生活整体的古代,其思想特质、行为模式以及制度考虑是相互勾联的,我们不能单纯地从中割取某一个方面为我所用,当我们这样做时,我们割取来的不过是戴着古代面具出现的某种现代事物或观念的伪装而已。另外,即使我们能够割取古代的某一个方面来为我所用,我们用来判断何为糟粕、何为精华的标准无疑仍根源于现代的观念,这样的方式不过是现代的另一种意义上的重复而已。上述这些精致的废话带给我们的不过是些虚幻的安慰,并不能丰富我们对于古与今、传统与现代之间关系的思考。

在各种取向互异的对待传统的态度中,我们可以依稀地辨认出一个共同点,那就是没有人会否认传统意味着某种资源。问题的关键在于,如何理解这种资源,以及这种资源在何种意义上是可资利用或参照的。在我看来,作为资源的传统之所以重要,在于其中包含着无数不为我们所知的丰富的可能性,包含着异质的思想和生活的可能性。单是认识到这些异质的可能性的存在,就足以让我们省觉到我们自身所处时代的相对和有限,从而给我们的心智带来巨大的解放。当然,对这种可能性的认识如果只停留在抽象的层次上,那么它所带来的解放的意义就十分有限,同时,这种解放也难免流于形式,成为不带来任何实质结果的空欢喜。正是在这个意义上,扎实深入的传统研究才必不可少。传统作为一种巨大的、丰富的资源,处于潜在和封闭的状态,传统自身无法开放和朗现。而扎实深入的传统研究则正是一个开放和发掘资源的过程。在这个意义上,传统是一块锈迹斑斑的古镜,在我们打磨它之前，它已经不再能照见任何东西；而在打磨之后，我们的切磋琢磨之功的审慎程度，决定了它鉴物时清晰的程度，我们工作的深入与否，决定了它将成为一个光可鉴人的"宝镜"，还是一个歪斜扭曲的"哈哈镜"，甚至是一堆全无用处的垃圾。也就是说，我们要想真正地做到以古鉴今，首先要做的工作恰恰是以今化古，即我们对传统所施加的切磋琢磨之功，正是在现代的光照下进行的。古和今的映照不是单向的，而是两面相对的镜子，在彼此的映照中，生发出无限丰富的意义。在这个意义上，传统研究绝不仅仅是一种知性的探索，而是一种真实的生活。在传统与现代的巨大断裂中，现代变成了酷烈的正午阳光照射下的沙漠，而传统则成了暗夜中坚硬无比的冰山，我们在现代的焦渴中，寻找着水源，然而，我们在面对冰山时一无所有，只有生命和体温，我们用体温，用毕生的"同情"和"体贴"才能融化出一点源头活水。而这也正是作为一种真实生活的传统研究—— 一种现代意义上的"苦行"的巨大意义。

## 七、最后的荆棘

为什么任何一个时代都需要有人坐下来沉思？这个问题在一个经验法则肆行的时代里，显得尤为尖锐。

思考意味着什么？即使我们不借用现代语言哲学的既有成果，我们也能知道，思考总是意味着在词与物之间建立和发现新的关系。任何内在于某一个文明传统的人，都从根本上丧失了挣脱对词的依赖而直接与物建立联系的能力。词的这种中介作用，既意味着一种揭示，同时也构成了某种遮蔽。而且，任何一个词在指涉某个对象时，也在赋予这个对象以某种意义。然而单独的事物并不构成意义，只有在某物与他物的关系中，才有所谓意义。这样一来，任何一个词与它所指涉的对象之间，就不可能是一一对应的关系，它总是牵扯到了其他的对象。于是，这里就出现了两个关系序列：一个是词的关系序列，另一个是物的关系序列。在一种理想的状况下，这是两个平行的序列。然而，实际的情况却并非如此。在一个高度发达的文明中，由于传统长期积淀的结果，词的关系序列构成了一个相对自足的完整的系统，它完全有可能摆脱，而且实际上也总是在摆脱对于物的关系序列的依附。也就是说，在现实的语境下，词与物之间关系的断裂总是不可避免。只是在一个良性的状况下，这种断裂只是局部而非全面的。思考者通过不断地在语词与经验对象之间建立关系，从而维持或赋予语词以新的活力，最终使整个文明保持鲜活的生命力。然而，当一种文明面临生存际遇的巨大变革时，词与物的全面断裂便不再是一种潜在的可能，而是一种真实的危险。在这种情形下，这个文明要么断裂成为碎片，最终走向毁灭；要么重新整合，获得新生。

词与物之间构成了某种类似于土壤与植被的关系。我们可以将这种关系称为"文化生态"。一个文化生态中植被层次的丰富与否，决定了它究竟会成为一个热带雨林还是一个沙漠地带。在这个意义上，沉思者是树，他们在沉思中尽可能地将根须深入泥土，将枝叶展向天空，他们的存在护持着一方水土；而机敏者则是蔓草和野花，在树木的护持下，才有可能始终生意盎然。当一个文化生态中，只剩下机敏浅近者用快餐式的灵感造就的各种各样精巧的小玩意儿时（当然，这些小玩意儿总比那些全无半点生机的巨大的体系化的垃圾要强得多），我们可以预见，在不久的将来，一个真正死寂的沙漠就会出现。

对于我们来说，汉语文化中词与物的全面断裂早已不是一个耸人听闻的预言了。我们早已生活在一个沉思者消亡的时代里了。在这样的境况里，重建汉语文化，也许只是毫无希望的梦想。然而，我们只有执着地挣扎下去。

也许我们的沉思已不能让我们长得足够高大，甚至不能让我们长成一棵真正意义上的树。然而，我们仍然必须沉潜下去。因为，至少我们还可以成为抗拒沙漠的最后的荆棘，虽然丑陋但却顽强的荆棘。

（本文原载《中国哲学史》2000年第3期）

# 物境之开敞：以无为用，或天地之心

> ……根据用；因为它们（在克服）非嵌合中让嵌合从而也让牵系相互归属。
>
> ——海德格尔《阿那克西曼德之箴言》①

王弼在一千七百多年前的古代世界里的所思，在何种意义上还关涉着我们？以至于我们还在不断地透过他遗留下来的残篇②，希图重现他所思及的一切？而当我们试图切中和把握他的所思时，我们是想让他的思想世界以未经扰动的原初样貌朗现在我们的视界里吗？这样一种企图难道不是将它放置到了我们视界所不及的彼岸了吗？在上述疑问尚未得到澄清之际，便迈上一条如此杳远的思的旅程，是否过于促迫？或者，在沙上筑基，竟已成为思想的现代命运？

仅仅悬空地滞留在疑问和反思的开端，或许只是对疑问和反

---

① 引自马丁·海德格尔：《林中路》，孙周兴译，上海：上海译文出版社，1997年。

② 这里并不意味着王弼留给我们的只是断简残篇，而是指对于一切真正的思想者而言，他所留下的，都注定只是残篇。残篇是思想者的足印，依稀地指示出他曾经走过的那条思想的路。

思的挥霍。而背负着疑虑的行进，则将通过自身形成尺度，切实地度量着我们达至目标的距离。

充满疑虑地走近我们试图理解和把握的对象，意味着接受这样一种思想的自律：避免思想成为对所思对象的肆意干扰。而这在具体的思想原则上就是悬搁所有可能带来扰乱的在先的观念、所有我们世界中自明的观念。唯其如此，思想才可能由猎取变为守望，由破坏性的占有转变为耐心地重建关联。[①] 而这也就意味着我们不仅要悬搁全部既有的研究成果，而且要悬搁在根本上组建着我们对世界的理解的哲学观念（或世界图像）。[②]

然而，在经过了这样的悬搁以后，我们的探索和思考又建基于何处呢？我们是不是同时也丧失了走向他者的根据和可能呢？我们能够信任常识吗？难道看似素朴和未经扰动的常识不是早已被各种哲学观念的片段浸染了吗？或者，我们可以期许对一个异时代思想者的神秘的契入？

---

①　这两种姿态的区别在于：前者以各种或隐或显的思想的暴力实现自身的复制，在所有的对象上印下自己的模子；而后者则在耐心地看顾中，由自身走向他者。

②　这样的悬搁显然有别于单纯的否定。我们将在一个陌生的路径上与此前的既有成果相遇。至于形塑和组建着我们看待世界的方式的世界图像，我们在此不得不以海德格尔的思考为起点："在世界成为图像之处，存在者整体被确定为那种东西，人对这种东西作了准备，相应地，人因此把这种东西带到自身面前并在自身面前拥有这种东西，从而在一种决定性意义上要把它摆到自身面前来。所以，从本质上看来，世界图像并非意指一幅关于世界的图像，而是指世界被把握为图像了。这时，存在者整体便以下述方式被看待，即：仅就存在者被具有表象和制造作用的人摆置而言，存在者才是存在着的。"马丁·海德格尔：《世界图像的时代》，参见《林中路》，第86页。世界图像意味着一种特殊的物的摆置方式，在未经检讨之前，我们不能将这一观念移植到一个异时代的思想者那里。

在这里，悬搁被理解为一种勇气和决心。一切未经过清晰的沉思的观念，都将在这一勇气和决心面前接受审视。[1] 在这种意义上，与其说悬搁为我们的思想和探索准备了更为畅通的道路，毋宁说它将我们时时迫入无路的前行当中。在无可凭依之处，我们所能做的只是：在具体的思的行进中悬搁；在悬搁中走向更为澄明的思。

## 一、域，作为敞开的物境

要想与王弼的所思建立关联，我们不得不首先澄清他的思考所涉及的领域，即尝试去弄清他曾经在哪些事相上致思？对他思及的事相限界的先行勾划，意味着将他的思还原为一种历史性的"看"[2]。作为一种历史性的"看"，他的"看"的方式与"看"的边界扭结在一起。换言之，我们只有清楚地知道他在"看"什么，才能知道他"看"到了什么，以及他用来"看"的方式。而只有在我们区划出王弼的"看"与我们的"看"的不同时，我们与他的所思建立关联的尝试才算建立在了一个可靠的基础之上。

---

[1]    悬搁意味着在看似无可动摇处撼动、在撼动中更深地植根。

[2]    历史性的"看"可以约略地等同于一种历史性的"视点"（viewpoint 或 standpoint）。但这样一种化约隐含着巨大的危险。它可能使某种应当悬搁的观念未经悬搁便进入我们的思考。"视点"与"世界图像"一样，是某种特定的主体设定方式和物的摆置方式的结果。当然，对"视点"的悬搁并不就意味着，这一历史性的"看"可以是"无视点"或"超视点"的。任何一种"无视点"或"超视点"的思考，要么是蓄意的欺骗，要么是无知的僭越。堕入这样一种思想的状况，将意味着既丧失了理论的诚实，又丧失了历史的诚实，从而在双重意义上背离了人的立场。

王弼的思的展开方式——注经，决定了我们不得不在某种程度上割裂其本文，以迁就我们的追索的具体展开。这种方式的正当性是有待检讨的。然而这一检讨不应悬空地展开，也不应使我们驻足不前。它只应使我们在具体的追索中更为自律地对待我们试图对其有所追索的对象。

在这里，如下段落将成为我们致思的起点：

> 天下之物，皆以有为生。有之所始，以无为本。（《老子》第四十章，"天下万物生于有，有生于无"注）[①]

> 物生而后畜，畜而后形，形而后成。何由而生？道也。何得而畜？德也。何因而形？物也。何使而成？势也。唯因也，故能无物而不形；唯势也，故能无物而不成。凡物之所以生，功之所以成，皆有所由。有所由焉，则莫不由乎道也。故推而极之，亦至道也。随其所因，故各有称焉。（《老子》第五十一章，"道生之，德畜之，物形之，势成之"注）

> 夫物之所以生，功之所以成，必生乎无形，由乎无名。无形无名者，万物之宗也。不温不凉，不宫不商。听之不可得而闻，视之不可得而彰，体之不可得而知，味之不可得而尝。故其为物也则混成，为象也则无形，为音也则希声，为味也则无呈。故能为品物之宗主，苞通天地，靡使不经也。（《老子指略》）

> 常之为物，不偏不彰，无皦昧之状，温凉之象，故曰

---

[①] 王弼的本文引自《王弼集校释》，楼宇烈校释，北京：中华书局，1980 年。

"知常曰明"也。唯此复，乃能包通万物，无所不容。失此以往，则邪入乎分，则物离其分，故曰不知常则妄作凶也。(《老子》第十六章，"知常曰明，不知常，妄作，凶"注)

无之为物，水火不能害，金石不能残。(《老子》第十六章，"没身不殆"注)

混然不可得而知，而万物由之以成，故曰"混成"也。(《老子》第二十五章，"有物混成，先天地生"注)

夫名以定形，字以称可。言道取于无物而不由也，是混成之中，可言之称最大也。(《老子》第二十五章，"字之曰道"注)

在上引诸段落中，最触目的思的事相是"物"。显然，在王弼那里，"物"有两种不同的指称范围和层次：其一是具体的器物，即"万物由之以成"的万物；其二则是泛指一切可以思及的东西，也就是在"无之为物"和"常之为物"这样的表述中提及的"物"。这两种不同的指涉在王弼的本文中是易于区分的。前者在王弼的思中构成了一种具体的思的事相；后者则泛指一切在思中可以触及的事相，它自然地构成了王弼的所思的限界，然而这一自然的限界却并非澄明的思的结果，相反倒是思的无力所导致的含混的产物①。这样自然的、含混的限界，对王弼的思的界域的澄清构成了一种隐晦的遮蔽。在试图澄清王弼的思的界域这一目标之下，我们不得不暂时将这一层次的"物"搁在一边。

_____

①    在思的澄清中，我们总是先行站在种种未经澄清的观念的地基上面。至深的思将引导我们在立足处深掘。

　　与"物"这一事相相关联的有如下几个系列的思的事相：

　　其一，"物"的生、畜、形、成。生、畜、形、成是使"物"成其为"物"的作用和力量。它们共同构成了"物"的到场、持留和离去。"何由而生？道也。何得而畜？德也。何因而形？物也。何使而成？势也。"在这一表述中，似乎"道""德""物""势"是一个特殊的实体的系列，这个系列的实体具有与具体的物不同的特征，而且比具体的物更为根本。这样的理解具有文法上的正当性，但却从根本上错失了王弼试图传达的东西。这里，王弼试图传达的是：围绕着"物"的到场、持留和离去，都有"由而生""得而畜""因而形""使而成"这四种作用，"道"指称的是"由而生"的作用，"德"指称的是"得而畜"的作用，"物"指称的是"因而形"的作用，"势"指称的是"使而成"的作用。① 其中，"道"是最根本的作用。②

　　其二，"物"的温凉宫商之类的属性。这些属性是上述生、畜、形、成等作用执持的结果。

　　其三，对"物"的"听之""视之""体之""味之"。这里，万物中最为特殊的一类——人，隐含在其中到场了。而"听之""视之""体之""味之"则是在对象化关系中的人的行为。

　　其四，"物"的"名"和"字"（或"称"）。"名也者，定彼者也；称也者，从谓者也。名生乎彼，称出乎我。"这里，"定彼"即"定于彼"，名的根据在于称谓的对象；"从谓"即"从于谓"，

---

　　① 这里，"道生之，德畜之，物形之，势成之"即可约作"道之，德之，物之，形之"，道、德、物、形四者皆当读为动词。

　　② 王弼说："何以得德？由乎道也。"（《老子》第三十八章注）

称的根据在于称谓者。"名号生乎形状，称谓出乎涉求"，这里所说的"形状"能否在常识的意义上来理解？首先，这里的"形状"并不能直接地理解为空间性的外形，而是泛指一切可"视之""听之""体之""味之"的属性。其次，这些可以"表象"的属性，从根本上讲，都是可对象化的，即可成为"彼"的。凡可对象化的、可成为"彼"，才有名；而不可对象化的、不可为"彼"的，则只是"称谓"。因此，道不可名，然而"涉之乎无物而不由"，就只能"称"之为道。这里，"无物而不由"是说一切物皆从此出，即一切可对象化的、可成为"彼"的东西，都根于道。道使对象化成为可能。"称谓出乎涉求"，涉求意指关联着的寻找，在关联着的寻找中，对象化成为可能。然而，既然"称之曰道""谓之曰玄"，这样的称之谓之不是仍有所指涉，仍在指涉着某个"对象"吗？这难道不是使不可对象化的东西对象化了吗？

> 玄者，冥默无有也，始、母之所出也。不可得而名，故不可言同名曰玄。而言同谓之玄者，取于不可得而谓之然也。不可得而谓之然，则不可以定乎一玄而已。若定乎一玄，则是名，则失之远矣。（《老子》第一章，"同谓之玄，玄之又玄"注）①

"玄"是不可用对象化的方式把捉的，是不可对象化或成为"彼"

---

① "则是名，则失之远矣"一句，《王弼集校释》的断句作"则是名则失之远矣"，此处据文义作了改动。

的。"玄"不可以名，"玄"不是名。因此，不能说"同名曰玄"，而只能说"同谓之玄"。而之所以要说"谓之"，是因为连"谓之"在根本上也是不可能的，只是既然必须有所道说，才不得已而"谓之"。既然如此，就不能停留在"玄"这一单层的指涉上。若停留在这一单层的指涉上，那"玄"就又成了名，成了某种对象化的指涉了。而一旦"玄"成了一种名，我们便在根源上误入歧途了。因此，要说"玄之又玄"。

在王弼的思的界域中，除了"物"以及与"物"相关的诸事相外，还有一对触目的事相：有和无。这里，有可约略地等同于前一系列中的"物"，指一切有形有名、一切可对象化的存在者；无则约略同于道，指无形无名、不可对象化的存在。也就是说，有和无这一对思的事相，从根本上讲也是与"物"这一事相相关的。

在清理出王弼的思的具体事相以后，我们可以看到，王弼所思的是物及与物相关的事相。这些杂多的事相，因与物相关这一点而关联起来。这里，似乎物成了承载一切的核心。这样一种理解方式，不是又把某种本应悬搁起来的物的观念引入进来了吗？这一物的观念就是："把物之物性规定为具有诸属性的实体。"① 物作为实体，承载了一切与物相关的事相。在王弼那里，何曾有过这样的观念呢？在他的思想中，物不是诸存在中最为虚幻的一个环节吗？它又怎能作为那样一个根源性的、赋予杂多以统一性的承载者呢？如果思是一种将杂多纳入"一"之中的努力的话，

---

① 参见马丁·海德格尔：《艺术作品的本源》，《林中路》，第7页。其中集中地讨论了三种西方哲学史上通行的物的观念，本文这里引用的是第一种。

那么王弼的思将这些杂多的事相纳入了怎样的"一"呢？或者说，王弼的思是在怎样的"一"中让杂多呈显出来的呢？①

《老子》第二十五章"域中有四大"注云：

> 四大，道、天、地、王也。凡物有称有名，则非其极也。言道则有所由，有所由然后谓之为道，然则道是称中之大也。不若无称之大也。无称不可得而名，故曰域也。道、天、地、王皆在乎无称之内，故曰"域中有四大"者也。

道、天、地、王在此扼要地涵括了所有与物相关的事相。在这一文本里，我们前面述及的诸事相又一次呈现。而此次呈现与前面不同的是，它们是在一个共同的视界里呈现出来的。这一视界在王弼那里就是"域"。域是一个界域，一种视野（可以对应为英文中的 Horizon）。域是一种敞开，在这一敞开中，道、天、地、王得以现身。在这一敞开中，作为杂多的诸事相得以在思的视野中到场。域作为敞开的物境，构成了王弼的思的界域。

## 二、天地之心，作为敞开者

敞开的物境与思处于一种什么样的关联之中？思如何通达这一敞开的物境？思能够将敞开的物境当作对象吗？"无称不可得

---

① 王弼对此有明确的道说，他说"物皆得此一以成"，又说"各以其一，致此清、宁、灵、盈、生、贞"。

而名，故曰域也"，思如何在言说中通达无称者？抑或思本身就是这一敞开者，而且是唯一的敞开者？

那么，何种思才成其为这样一种敞开者呢？

《复》卦《象》辞"复其见天地之心"注云：

> 复者，反本之谓也。天地以本为心者也。凡动息则静，静非对动者也。语息则默，默非对语者也。然则天地虽大，富有万物，雷动风行，运化万变，寂然至无是其本矣。故动息地中，乃天地之心见也。若其以有为心，则异类未获具存矣。

这里所说的天地，是万物中的一种吗？在王弼的本文中，确有这样的用法，如说"天也者，形之名也"①，既然说到形和名，也就是一种具体的物的存在。但在这里，是不能这样来理解的。天地在这里，只是泛泛地勾勒出一个万物现身的场所，其用法如我们常说的"天地之间"，因此，在文中才可以说"天地虽大，富有万物"。这样一来，天地在这段本文里的意思，与上文所说的"域"基本相同，说的都是一种界域或视野。对于这一段本文，牟宗三先生曾有过关键性的提点："复卦一阳在下，象征光明自深处透露，所谓'海底涌红轮'者是也。"②这一关键性的提点使我们省觉到这一界域中的光，正是光使得这一界域成为界域，成

---

① 引自《乾》卦《象》辞注。

② 见牟宗三：《才性与玄理》，台北：学生书局，1980年，第108页。

为一种敞开中的视野。在这一揭示的、敞开的视野里，万物得以现身。这一揭示的、敞开的视野，就是天地之心。

"天地之心"在这里是一种拟人化的用法吗？天地之心与人之心是怎样一种关系呢？

"天地以本为心"，而"寂然至无是其本也"，将这两句话与后面的"若其以有为心"对应起来读，可知王弼想要说的其实就是"天地以无为心"。而"天地以无为心"只有与"动息则静，静非对动也；语息则默，默非对语者"联系起来，方能得到理解。前者所说之"动""静"无论如何不能简单地理解为物理学意义上的运动和静止的关系①。在王弼的本文里，动静应该被恰当地理解为"有为"和"无为"。动息则静，有为归于无为；语息则默，有言归于无言。无为使有为成为可能，无言使有言成为可能。有言有为，就是"以有为心"，就是人之心；而无言无为，就是"以无为心"，就是天地之心。无言非不言，而是不可言；无为非不为，而是无可为。

不可言意味着什么？意味着既不可"名"，也不可"称"。而"名生乎彼，称出乎我"，在名称之外，也就意味着既不落在"彼"的一端，也不落在"我"的一端，是完全非对象化的，而且是对象化之所以可能的根源。天地之心是最源初的敞开。②这一敞开

---

① 物理学意义上的运动和静止是几何学意义上的空间观的产物。而这一几何学意义上的空间观对于中国古代思想而言，基本上异质性的。

② 在这里，我们遇到了海德格尔用以克服笛卡尔"我思"的作为整体的"此在之在世"（Being-in-the-world）。参见海德格尔：《存在与时间》，陈嘉映、王庆节译，北京：生活·读书·新知三联书店，1999 年。

不是主体（我）向着对象（彼）的敞开。主体意义上的"我"是由这一源初的敞开分判而来的。此种分判一经发生，随着作为主体的"我"的出现，万物即由向着天地之心摆置，转为向着个体意义上的"我"摆置。在这一转向中，万物本身也被扭曲了，成为"我"的万物。人开始进入自己的洞穴。而反本之复，就意味着重新走出洞穴，回到源初的敞开。回到源初的敞开，将使万物从扭曲中解脱出来。然而对源初未分判的敞开的回归，是不是意味着要消解所有处于分判和对象化中的万物呢？这里，反本是植根的意思。将"动息地中"与《复》卦一阳在下的卦象结合起来看，则"动息地中"不是指动"灭息"于地中，而是指动"隐伏萌生"于地中。动在根源处萌生，天地之心由此而开敞（"天地之心见"）。

## 三、以无为用，使万物得以敞开

界域或敞开的视野是不是一种空间性的场所、一种永恒存在的供万物现身的舞台呢？在王弼的思中，有足够的线索让我们展开这一追问吗？

在敞开（即"域"）中，天、地、人（王）因道而相遇，这一相遇使敞开者得以敞开。而这一相遇是如何可能的呢？"动息地中，乃天地之心见也"，《复》卦的卦象是由《坤》卦之六爻皆阴而进至一阳来复，六爻皆阴意味着至深的遮蔽，而"动息地中"则意味着此一至深的遮蔽最根源的敞开和揭示，因此说"天地之心见"。在遮蔽的深渊中，某种根源性的动使得敞开者得以开敞。

这一根源性的动是什么？又是谁在动呢？

在这样的段落中，我们试图寻找可以展开进一步追问的线索：

> 德者，得也。常得而无丧，利而无害，故以德为名焉。何以得德？由乎道也。何以尽德？以无为用。以无为用，则莫不载也。（《老子》第三十八章注）

> 木、埴、壁所以成三者，而皆以无为用也。言无者，有之所以为利，皆赖无以为用也。（《老子》第十一章"埏埴以为器"注）

> 高以下为基，贵以贱为本，有以无为用，此其反也。（《老子》第四十章"反者道之动"注）

> 夫执一家之量者，不能全家；执一国之量者，不能成国；穷力举重，不能为用。（《老子》第四章"道冲而用之或不盈"注）

近代以来，在几乎所有的哲学史阐发中，"用"都在体用的对举中被范畴化了。将中国哲学当成一种概念化的思考方式，其正当性何在？难道概念化的思考方式不是柏拉图以来的古希腊传统所独有的吗？将中国哲学"提升"为一种概念化的思考方式，是不是意味着某种文化身份的自我沦丧呢？①具体到此处的讨论，范

---

① 对此种方式的批评，参见牟宗三：《中国哲学的特质》第一讲，上海：上海古籍出版社，1997年。

畴化的方式在一种表面性的提升中，错失了对"用"的原本的根源性的把握。

暂时撇开其上下文不谈，我们在此单就"用"本身作一番考量。物之物性何在？物何以成其为物？举一个手边现成的例子——书，书是为了某种需要而存在的，我们为了各种阅读的需要而拥有书：为了消磨时间，为了寻求真理，为了积累知识，为了谋求名利，为了……我们还可以无限地列举下去，但最终总可以归结到一点，为了用。在用中，或者向着用，书获得了成其为书的本质。围绕着用，书有其不同的物的存在状态：在书店或出版商那里还未有所归属的书，是可用的；正在手中阅读的书，是在用的；摆在书架上还没读的书，是待用的；读过了不想再读的书，是不用的；扔掉不要的书，是无用的。在用和无用构成了两个极端，前者是物性之充满，后者是物性之缺失。在用中，或者向着用，物获得了成其为物的本质。这里，我们是不是将人造物和自然物混同了呢？纯粹的自然物（假设有这种纯粹的自然物并且这种自然物还对人构成某种意义的话），如一棵深山中的树、一颗遥远天际的孤星，也是在用中或者向着用获得其本质的吗？一棵深山中的树，意味着可用的，如果我们想到了筹划中的某件家具；意味着在用的，如果我们考虑到它的光合作用参与着大气的更新。一颗遥远天际的孤星，意味着在用的，如果我们考虑到它正装点着我们的夜空；意味着可用的，如果我们考虑到它在某个迷失的夜晚会为我们指点回家的路。还有尚未命名的物体呢？尚未命名的物体意味着我们尚不知如何去用。一切可对象化的东西（可成为"彼"的东西），都是在用中或向着用成其本质的。

　　然而，我们这样的思与王弼的思有什么关联呢？

　　事实上，不仅在上引诸段落中，"用"才在王弼的思里有其突显的地位，"用"还贯穿王弼的思的所有事相：首先是物（已详论于上）。其次是对物的生之、畜之、形之、成之。某物之成就，先要有用此物的需要，而此种用的需要根源于更为根本的道，因此说"道生之"，道是所有具体的需要的来由（"何由而生？道也"）；此种需要要得到满足，必须先知道具体需要什么，从而知道究竟想要得到什么（"何得而畜？德也"）；此种需要之满足，不止一种可能，如饥而思饱，各种可能的食物均可充饥，不必一定要珍馐美味，又如我们要敲开一样东西，一切坚硬厚重的东西都可以用，不必一定要锤子，重要的是取其切近方便，因①手边之物而用之（"何因而形？物也"）；而需要之满足，即是成，这一满足是由需要之具体所需与获得之具体可得之间的距离规定的，是在这一距离的克服中完成的（"何使而成？势也"）。再次是"听之""视之""体之""味之"等对象化关系中的人的行为。这些行为总是在具体的用中的行为。最后是有和无。"有以无为用"，用贯穿和关联着有无。

　　所有的"用"都是恰当的吗？如何才是恰当的、合乎道的"用"呢？答曰：以无为用。而什么是以无为用呢？

　　上引《老子》第三十八章注中，第一句话就很令人费解："德者，得也。常得而无丧，利而无害，故以德为名焉。"在以往的

---

　　①　《老子》第四十一章"夷道若纇"注："大夷之道，因物之性，不执平以割物。"这里，"平"意指标准、准绳，"执平以割物"是指一定要达到某一刻意的标准，这样做，就不是"因"了。因即因任。

注释中，这句话被解释为"经常能把'德'保持住而不丧失，则有利而无害"①。这一解释是颇成问题的。首先，"得而无丧"与"利而无害"对文，这个"得"不可转换为"德"。这里"得"就是获得，而"利"就是有利。其次，"得"既是获得，那么什么东西能"经常"获得而不丧失呢？其实，将"常"理解为"经常"也是不无问题的。在王弼的本文中，"常"是有其明确意义的。《老子》第十六章注云："常之为物，不偏不彰，无皎昧之状，温凉之象。"这里，"常得而无丧"的"常"应理解为"常之为物"之常。然而，即使如此理解，于文义上仍有滞碍难通之处。此句之断句如改为"常，得而无丧，利而无害，故以德为名焉"，则文义俱通。"常"即是"不偏不彰"，颇类似于儒家之"中庸"，而以德名"常"，就好像说"中庸之为德"一样。"何以得德？由乎道也。何以尽德？以无为用。""常"根源于道，而"常"之实现，在于"以无为用"。

"穷力举重，不能为用。"如以锤子锤打东西，当然是要锤子重些效果才好，然而如果锤子重到了要勉力才提得起来的地步，就反而不能发挥锤子的作用了。因此，"用"要以适手为度。"常"就是适手性。而"以无为用"，首先就是适手之用。在适手之用中，物之物性、用具之有用性达到了完足。在适手之用中，使用者与用具浑然一体。用具在其有用性之充极中隐身于无。在这种充极性的隐身中，使用者与用具切身地相遇了。

在用中，或者说向着用，天、地、天地之间的万物以及人（王）敞开、相遇。相遇即敞开。在这里，我们可以看到，敞开不是空

---

① 王弼:《王弼集校释》, 楼宇烈校释, 北京: 中华书局, 1980 年, 第 95 页注一。

间性的，相反，空间性倒是以敞开和相遇为根基的。空间性植根于从可用转为在用的过程中某种必须不断地去除的东西①。

"用"扭结起了人与万物的相遇。在这一相遇中，既不是万物向着作为主体的人摆置，也不是人向着用具存在，而是共同向着"用"本身摆置，向着由"以无为用"而开敞的"天地之心"摆置。万物与人在这一根源性的敞开之域中相遇。

这样的结论居然能够接受吗？难道自始至终都是人在"用"吗？也许在一个具体的、单纯的场景里，可以让我们更方便地展开这一追索。在一个山中伐木的场景里，伐木者用斧子伐木。这里，有几个环节组建着这一场景：首先进入视野的是"伐木者—斧子—树木"，这一个层次的诸环节是具体可睹的，然而这一具体可睹的环节又是由其他隐身的环节组建的。这些环节至少包括：（一）"伐木者—伐木的需要（如谋生）—伐木的能力（如体力）"；（二）"斧子—斧子的制造者—制造斧子的工具"；（三）"树木—木材的需要者—用木材来做什么（如家具）"。这些隐身的环节还可以再继续展开下去，直到牵扯出整个世界②。从对这个场景的诸环节的分析中，我们诧异地发现即使在如此单纯的一个用的场景里，也隐含地扭结了世界和万物的在场。这一单纯的用的场景的破坏，可以是"伐木者—……—树木"，也可以是"……—斧子—树木"。前者是伐木者召唤斧子，后者是斧

---

① 在这里，我们遇到了海德格尔论及空间性时的重要观念——"去远"。参见海德格尔：《存在与时间》，第122页。

② 世界从来不是永恒不变地供事物在其中运动变化的空间性的场所，而是在"用"的扭结中的具体展开。

子召唤伐木者。是伐木者或斧子在召唤吗？是"用"在召唤。"用"先行于伐木者和斧子的到场。"用"使伐木者与斧子之间的对象化成为可能。在"用"的残缺状态中，伐木者越过"用"，直接在对象化的行为中寻找、制造或研究伐木的工具。正是在这一残缺状态中，对用具的单纯的观照才成为可能。"用"使一切对象化成为可能，而其自身却是非对象化的。

最后，"以无为用"仅仅是适手之用吗？

《老子》第八十章"使民重死而不远徙"注：

> 使民不用，惟身是宝，不贪货赂。故各安其居，重死而不远徙也。

"以无为用"同时也是"惟身是宝，不贪货赂"的素朴之用。

素朴之用是最低限度的用，是作为"用"之扭结的展开的世界回陷于素朴质实之境。然而，有可以确保此种素朴质实之境不最终陷落为荒芜的尺度和保障吗？文明的展开只能与巧伪日多、机心日重相伴而行吗？我们甚至在想象里也无法渴望一种"知止"的文明吗？这种文明可以在爱和节制中展开，让终有一死的人安静和优雅地度过一生。

（本文原载《诠释与重构：汤一介先生75周年华诞暨从教50周年纪念文集》，2001年12月）

# 玄学之外的可能：
# 魏晋思想研究中的玄学话语

## 一

魏晋玄学在整个中国哲学史的建构中，具有十分特殊的地位。20世纪中国哲学史的构建，实际上可以视为中国思想的哲学化历程。在中国发现哲学，[①] 作为在西方中心主义的普世语境中拒绝中国文化的客体地位的一种努力，无论其内在结构中有怎样致命的缺陷，都将在我们这些汉语文化的"遗民"[②] 中引起经久的敬意。在这一努力面前，1992年前后的国学热及其降温后滞留下的影响——希图简单地回到汉语文化固有的语脉中思考，就成了一种单纯得近乎固执的冲动。这一冲动无视整个20世纪文化积累的现实性：已经不再有单纯的汉语语境，西方已经在以这样

---

① 这一努力在冯友兰《中国哲学史》"绪论"中有其明确的表达："哲学本一西洋名词。今欲讲中国哲学史，其主要工作之一，即就中国历史上各种学问中，将其可以西洋所谓哲学名之者，选出而叙述之。"《中国哲学史》，北京：中华书局，1961年，第1页。

② 我们这些现代汉语的言说者与那个成熟的古代汉语世界的关联并非像看上去那样直接，真正实质性的关联仍是有待建立的。

那样的方式组建着我们汉语思想者的"看"，诚实地面对汉语文化中的西方以及作为他者的对象化的西方，将是汉语思想的现代命运的基本面相之一。

然而，中国哲学史的起点是建立在相当粗率的基础上的：在冯友兰先生的两卷本《中国哲学史》出现之前，断代的研究还根本没有充分展开。[①] 这就带来了几个相互关联的问题。首先，中国哲学的历史展开成了某种线性的发展过程，不同时代之间的异质性被降低为连续中的差别[②]，其具体表现是：哲学史的开展围绕着几个贯穿始终的问题[③]，哲学史叙述的就是每个时代中的个体思想者对这些问题的不同回答。其次，此后细致的断代和个案研究都受制于大写的中国哲学史构建出的某种中国哲学固有的质地，在这里，中国哲学被本质化了。也就是说，中国哲学成了某种已经完成了的现成的"物化"存在，我们可以在对象化的考察中认识和把握它的属性。在这个意义上，断代研究和中国哲学史的整体照察之间就成了某种种属关系。[④] 于是，我们看到，这种

---

① 冯友兰一生都在执着于《中国哲学史》的写作，似乎向我们表明：中国哲学史的建立与其说是指向进一步的开展，毋宁说是直接朝向完成的。因此，从诞生之日起，中国哲学史就具有了某种封闭的性格。

② 异质性是对连续性的颠覆，而差别却只有在连续的基础上才成为可能。

③ "吾人观上所述哲学之内容，可见西洋所谓哲学，与中国魏晋人所谓玄学，宋明人所谓道学，及清人所谓义理之学，其所研究之对象，颇可谓约略相当。若参用孟太葛先生之三分法，吾人可将哲学分为宇宙论、人生论及方法论，三部分。"《中国哲学史》，第7页。

④ 只有在这一观念的前提之下，冯友兰的"接着讲"与"照着讲"的分别才可能建立起来。

拒绝汉语文化客体地位的努力，反而在某种程度上促成了这一地位的确立。再次，由于通史的框架式的写作方式，历史的复杂性被约减到了最低的限度。而当唯物史观以"国教"的姿态确立了在人文研究中的统治地位时，历史要素的引入不仅没有扭转这一倾向，反而在所谓经济基础对上层建筑的单向决定中进一步加深并恶化了。

问题还不止于此，冯友兰《中国哲学史》的出现，即使在对中国思想的哲学化方面也没有带来根本性的创建。[①] 甚至宇宙论（Cosmology）和本体论（Ontology）这样关键的区分，也是在汤用彤先生《魏晋玄学论稿》中才被明确引入进来的。[②] 在这里，《魏晋玄学论稿》对此后中国哲学研究的开展，特别是对断代和个案研究，是具有典范意义的。

## 二

然而，断代研究首先是建立在时代的假设之上的。换言之，断代研究之所以可能，在于我们有可能把某个历史上的时间段视

---

① 尽管冯友兰写作的初衷是要超越中西方两种不同的哲学史写作传统的局限："写的哲学史约有两种体裁：一为叙述式的；一为选录式的。西洋人所写之哲学史，多为叙述式的。……中国人所写此类之书几皆为选录式的。……本书试为兼用上述两种方式，或者可得较完善之结果。"《中国哲学史》，第 22 页。

② 在《言意之辨》一文中，汤用彤引入了这一区分："夫玄学者，谓玄远之学。学贵玄远，则略于具体事物而究心抽象原理。论天道则不拘于构成质料（Cosmology），而进探本体存在（Ontology）。"《魏晋玄学论稿》，《汤用彤全集》第四卷，石家庄：河北人民出版社，2000 年，第 22 页。

为有着统一的精神气质的时代。这一预设显然不是自明的。在福柯的《知识考古学》之后，时代的信念即使不是完全不具正当性，至少也是有待反省的。①

值得注意的是，汤用彤《魏晋玄学论稿》正是以对时代的思考为出发点的②：

在讨论魏晋思想的发展以前，首先要申明的是：这儿所谓"魏晋思想"，是就这个时代的"普通思想"或"一般思潮"来说，虽然哲学理论在此中甚关重要，但现在并不打算作专门的探讨；再，我仅仅要来讲明这个"时代思潮"发展的经过，事实上只能提出些大的结论，因为此种结论的前提或考证，牵涉太多，这中间各方面复杂的关系，不是在这短时间内所能说明的，所以只得从略了。

讲到魏晋时代的"普通思想"，它在某些方面可以有跟别的时代相同的地方，但是本文特别注意的不是这些方面，反而却自魏晋时代不同于别的时代的地方着眼，换句话说，即在讲明魏晋时代所以成为魏晋时代的思想。③

① "有所谓'时代精神'的观念，这一观念使我们能够在一个给定的时期的同时或连续的现象间建立起意义的统一体、象征的关联、相似或反映的相互作用，或者使集体意识的统治作为统一和解释的原则出现。"译自 Michel Foucault, *The Archaeology of Knowledge and the Discourse on Language*, New York: Pantheon Books, 第 22 页。

② 汤用彤：《魏晋思想的发展》，《汤用彤全集》第四卷，第 103 页。

③ 冯友兰也有关于时代精神的讨论："一时代有一时代之时代精神，一时代之哲学即其时代精神之结晶也。"《中国哲学史》，第 16 页。

这里，使一个时代成其为该时代的，在于它的"普通思想"或"一般思潮"。而这一"普通思想"或"一般思潮"又需突显"不同于别的时代的地方"。这无疑是一种在连续性的基质上寻找差异的努力。

我们要确立一个时代的专题研究，首先要建构的是一个研究的对象域。对象域的建立，取决于诸多边界条件的确立。首先是构成对象域的历史时段的起点和终点的确定。我们注意到，在既有的中国哲学史的研究中，构成断代研究的时代划分往往与朝代史有关。就魏晋这个个案而言，汉魏之际的转折具有根本的意义。某种断裂的楔入，是有关魏晋这个时代的专题研究得以开展的前提。[①] 其次，在一个封闭性的历史时段里，必须看到藉以区别于其他时段的某种统一的精神气质。这一精神气质也就是汤用彤所说的"普通思想"或"一般思潮"及其得以形成的一致的眼光和方法。换言之，建构出时代内部的一致性特征和某种同质的连续性，是对象域能否成立的关键。

在一个可能的对象域确立以后，一个将诸话语要素关联起来

---

① 这一转折几乎是所有有关魏晋研究的共同前提。在汤用彤那里，这一转折表现为新方法新眼光的出现（"言意之辨"），其结果是释经学原则的变化（"王弼大衍义略释"）以及哲学形态的转变。在唐长孺那里，表现为由清议到清谈的转变，以及由汉代乡举里选到九品中正的转变。唐长孺的相关研究，是在陈寅恪"陶渊明之思想与清谈之关系"的基础上展开的，参见《魏晋南北朝史论丛》，北京：生活·读书·新知三联书店，1955年。思想的转折与制度的变化相契合，形成了某种有趣的互释关系，从而使得这一时代边界的确立更加不容置疑。

的格栅（Grid）① 开始以某种隐蔽的方式发挥作用：决定话题的选取，决定哪些现象可以突显于研究的视野，哪些现象将被屏诸视野之外。

几乎在所有关于魏晋的经典叙述中，我们都可以看到这一格栅的隐秘作用：

> 但是魏晋玄学又不是重复先秦的老庄哲学与《周易》哲学，而是有着以下几个特征：一、以"三玄"为重要研究对象。二、以辩论"有无"问题为中心课题。三、以讨论宇宙的本体之学为其哲学的基本特征。四、以讨论名教与自然的关系问题为其哲学的根本目的。②

在这里，我们注意到这一起过滤作用的格栅，同时也具有自我封闭的效果：格栅与格栅带来的结果将逐渐同一起来。当这一同一过程最终完成的时候，玄学的研究也就完成了。

如果说魏晋玄学的研究在中国哲学史的建构中具有某种典范意义的话，那么，这首先要归因于其对象域的成功建构。然而，这一展开得相当充分的研究领域在今天已经越来越成为窒息新的研究视野的根本性阻力了。本应充满不确定性和危险，从而也充满了创造的自由的思考之路，已经被各种确定性的知识充塞，从而成为安适而乏味的习得之旅。

---

① "格栅"是福柯《知识考古学》中的一个概念。参见 *The Archaeology of Knowledge and the Discourse on Language*，第 42 页。

② 许抗生：《三国两晋玄佛道简论》，济南：齐鲁书社，1991 年，第 1—3 页。

我们还能否在"玄学"之外，找到走近魏晋思想的新的视野呢？这里，"玄学之外"这一提法本身就包含着颠覆的企图，但这里的颠覆并不意味着单纯的否定。颠覆意味着在某种公认的完成之上找寻重新开始的可能。颠覆是对魏晋玄学研究的某种终结可能性的觉察和拒绝。①

三

玄学话语的建构取决于某个起单向过滤作用的格栅的建立。这里，我们有必要考虑如下几个问题：其一，这一格栅的来源；其二，使其作用得到充分发挥需要克服哪些阻力，以及最后是如何克服的。

上引关于魏晋玄学的代表性叙述向我们表明：使玄学成为可能的细化格栅源出于对王弼思想的框架化表述。事实上，魏晋玄学几乎就是王弼化的魏晋思想。这一点，我们也可以从汤用彤《魏晋玄学论稿》的构成中，清楚地看到：构成《魏晋玄学论稿》的八篇文章中，有四篇是王弼的专题研究，而另外四篇论文，也基本上建立在对王弼的研究之上。王弼在这个时代何以如此重要？我们知道，《晋书》中甚至没有他单独的传记，《世说新语》中与他有关的内容也只有寥寥的数条。这一类的事实，虽然并不能成为衡量一位思想家的重要性的绝对尺度，但至少可以促

①　魏晋玄学的终结，绝非耸人听闻的夸大。事实上，这一终结的征兆早已显露出来了。有关魏晋的研究不是早已开始重复那些几十年不变的话题、争论不休却又毫无进展的问题了吗？

使我们作如下省思：王弼在魏晋时期的影响是否被不恰当地放大了？而此种不恰当的放大又在何种程度上是我们自己的时代趣味的投射？

在对王弼的突显中，他的思想的核心问题、基本概念和言说方式成了化约那个时代原本更复杂也更丰富的思想史图景的方便的工具：王弼的问题意识被简单地等同为时代的问题意识，魏晋时期思想史的展开根本上取决于不同的思想家对这些时代问题的不同回答。显然，这一突显本身是在中国发现哲学这一基本诉求的结果。

然而，以框架化的王弼思想整理和叙述魏晋时代的思想开展，并不是全无障碍的。玄学话语在 20 世纪的建构过程，实际上是一个吸纳和排斥各种异质性的思想资源的过程。在这个过程中，原有的框架化格栅也在经历一系列调整、一系列细化和补充。

从构成障碍的方面把握这一思想史叙述模式，将使我们更直接地看到它的边界。

首先是对对象域的进一步规定。一个依据朝代史划分的单纯的历史时段，并不足以支撑一个有效的对象域的建构。细化格栅必须能够在给该对象域提供进一步规定的过程中，使之成为一个内在连续的场域。落实到魏晋玄学的研究中，就是要找到并发现魏晋士人行为和思考的一般性气质。在这里，"魏晋风度"这个笼统的概念发挥了巨大的作用。这个概念将很多不同层面的东西混杂在一起，并赋予它们某种均质的表象。"魏晋风度"模糊地指向一个由特定的行为方式、思考方式、言说方式以及叙事方式混合而成的复合体。另一个使用得同样广泛但含义较为确定的概念是

"清谈"。在这两个彼此关联的概念下，魏晋时代获得了内在的连续性。然而，这一连续性是有待检讨的。

就"清谈"而言，需要首先指出的是：在魏晋时期，清谈并不是普遍的风尚，而是有其地域性的。对于这一点，唐长孺先生曾有论断：

> 综合上面所说，褚褒所谓"北人学问渊综广博"乃指大河以北流行的汉儒经说传注；孙盛所谓"南人学问清通简要"乃指大河以南流行的玄学。……魏晋期间所谓南人学问只能指以洛阳为中心的河南；其时江南自荆州学派星散之后还是继承汉儒传统，全未受什么影响，而与河北的经学传注之学相近。①

这一地域性的时风与汉代人物品题的风气的关系，早已是魏晋玄学研究中的常识。然而，一般论者之所以强调魏晋清谈与汉末清议的关联，其实际目的，倒在于最终指出两者间的差异。两者的差异既体现在一般话题的内容上，也体现在实际的社会功用上。从话题上说，"清谈内容涉及主要是究天人之际的玄学义理。这时的谈风，主要谈'玄'，或称'玄谈'。清谈和玄谈的意义是相等的。清和虚、玄的意思相同，当时人们以'清通'形容对玄学理义的领会。由于清谈已不再以臧否人物和评论政治为主，因

---

① 唐长孺：《读〈抱朴子〉推论南北学风的异同》，《魏晋南北朝史论丛》，第363—364页。

此，清谈便不再称做'清议'"①。从社会功用上说，汉代清议对应的选举制度为乡举里选，而魏晋时期的选举制度为九品中正。前者选举的关键在于地方，因评价者与被评价者往往为乡里近习，故品评往往着落在较为具体的层面；而后者选举权归于中央，中正官既为朝廷委派，往往只能依某种抽象的原则为权衡的标准，所以即使与人物评价有关的话题，也主要是讨论一般性的原则。② 强调清谈与清议的区别之所以重要，在于为魏晋玄学寻找适当的载体。通过忽略新风气的地域性，通过强调作为新风气主干的清谈与汉末清议的外在区别以及它自身内在的一致性，一种均一的时代气质就被成功地构建起来了。

将清谈与玄谈简单地等同起来，进而认为清谈的内容就是玄学义理，其实是很成问题的。唐长孺在《清谈与清议》一文中指出：

> 到了晋代，玄学业已盛行，但纪载上所见的清谈一辞，还不是专指虚玄之谈。……葛洪是西晋时人，他所说的清谈没有一条可当作玄谈解释。……关于清谈的意义，当时人并

① 孔繁：《魏晋玄谈》，沈阳：辽宁教育出版社，1991年，第44页。

② 《晋书》卷四十七《傅咸传》云："正始中任何晏以选举，内外之众职，各得其才，粲然之美，于斯可观。"现存有关何晏的史料中并没有关于他品评人物的记载，这也正从侧面道出了实情：何晏的选举得人只不过是他素常讨论的一般原则的运用而已。清谈很少谈及时人，这恐怕也与那个时代"天下多故、名士少有全者"的状况有关。阮籍"未尝评论时事、臧否人物"，很可能是那个时候的一般风尚。而晋文王之所以说阮籍至慎，恐怕是因为一般人虽然极少评论时人，但于古人，仍不免有所臧否，而阮籍却是连古人也不去评价的。他的文集中那些激烈地反对名教的文字如《达庄论》和《大人先生传》，"当在正始之后所作，……显系阮籍后期的作品"（许抗生：《三国两晋玄佛道简论》，第64页），应该是他生前未曾示人的。

没有与虚玄之谈等同起来，所以斥责虚玄如范宁等虽然竭力攻击老庄之学以至何王等玄学家，却从来没有斥责清谈，正因为清谈的涵义即使在南朝末期也还包含清议在内，至少根据传统是作这样了解的。[①]

我们的确需要通过清谈与清议的区别来规定清谈的内涵，但前提是必须尊重历史的本来脉络。从字面上看，似乎"清谈"与"清议"的区别主要在于"谈"与"议"的不同，然而实际上，表面上相同的"清"字背后恰恰掩盖着二者最本质的差别。"清议"之"清"是有着极强的道德含义的，清议即公正无偏的评价，这里的"清"强调的既是利益无涉，又是与公义相连的个人品质；而"清谈"之"清"则较少道德意味，清谈不过是闲谈，这一"清"字强调的是与实际事务的疏离。我们只要翻一翻《世语新语·言语》篇，就可以发现那里面的主要内容根本不是什么玄学义理，而主要是一些聪明人的相互调侃。清谈中有时的确会有庄重的内容，但这些庄重的话题显然不是什么主流，而且通常只在极少数几个人之间展开。

即使在最高层次的交往中，谈论所谓玄学义理的情况也并不多见。《世说新语·言语》篇中有一则比较典型的清谈事例，可为佐证：

诸名士共至洛水戏，还，乐令问王夷甫曰："今日戏，乐乎？"王曰："裴仆射善谈名理，混混有雅致；张茂先论《史》、

---

① 唐长孺：《魏晋南北朝史论丛》，第292—297页。

《汉》，靡靡可听；我与王安丰说延陵、子房，亦超超玄著。[①]

这里清楚地记述了名士们相聚清谈的具体内容。其中没有一项可以被等同为所谓的玄学义理。

清谈是魏晋风度的骨干，换言之，清谈作为那个时代的一般风尚，为我们将魏晋这个历史时段表象为一个有着某种统一气质的时代提供了可能。但这一统一的表象，并不能为魏晋思想的玄学化带来充分的保障。换言之，以清谈为中介，将魏晋思想的主体视为"以'三玄'为重要研究对象""以辩论'有无'问题为中心课题""以讨论名教与自然的关系问题为其哲学的根本目的"的玄学思想，是不无疑问的。而如果一定要用玄学这一思想史叙述模式贯穿魏晋思想的各个侧面，就必须经过对思想史本来脉络的切断、扭转、移置和嫁接。为了维持最基本的连续性，常常要采用不同叙述策略。有时是仅仅突出和强调问题的连续性：比如对于裴頠，只需强调他对有无问题的关注，就简单地将其纳入玄学的视野当中，而完全忽略了玄学范式的其他方面，完全忽略了裴頠既不以《老》《庄》为关注的对象，也不以《老》《庄》为其基本资源的儒学背景；又如对于欧阳建，只是强调他的"言不尽意论"与魏晋玄学中言意之辨的关联，而完全忽略了他对言意问题的回答，其实在根本上是其"北人学问"的表现。欧阳建"世为冀方右族"，其家世承习的学术传统应当属于"大河以北流行的汉儒经说传注"。因此欧阳建对"言不尽意论"的驳斥，正是

---

① 徐震堮：《世说新语校笺》，北京：中华书局，1984 年，第 46 页。

旧学对新学的反弹。当问题的连续性并不像表面看上去那样明显时，魏晋风度这一含糊其词的概念的中介作用就发挥出来了：比如对于无论如何也绕不过去的阮籍和嵇康，阮籍有关于《老》《庄》的文章，而嵇康则讨论过自然与名教的关系，多多少少与玄学范式有些关联，而二者行为方式上清虚旷达的一面更与玄学虚玄的特质达成了某种想当然的一致性，至于作为嵇康思想骨干的那些话题——声无哀乐、养生和难宅无吉凶与玄学的叙述框架的不相容，也在这种抽象的一致性下顺理成章地得到了安置。在用漠不相关的眼光将一切裂缝、突起和歧出的枝节统统抹平之后，魏晋思想的平面地图就终于绘制完成了。

　　如果我们严格地按照玄学的范式来衡量，那么在魏晋玄学的谱系里真正可以立足的大概就只有王弼和郭象了。而嵇康和阮籍这样作为时代标榜的人物，却反而只能以残缺和变形的方式，勉强地得到一个含糊的位置。由此，我们不能不从根本上质疑：究竟是什么赋予了玄学话语以这样的力量，以致我们始终被笼罩在其特定的真理叙述之下，完全失去了超越其细化格栅、重新探索思想史本来脉络的欲望？

　　这里，甚至对王弼的把握也是以一种特定的哲学想象为前提的。在这一把握中，王弼的《老子注》被首先看作其个人思想的载体，而不是对一种经典文本的注释。[①] 在我们对哲学史叙述的一般理解中，还没有恰当地处理注释的方式。

---

　　① 　与此不同，瓦格纳（Rudolf G. Wagner）的王弼研究则首先将王弼视为一个注释者。参见 Rudolf G. Wagner, *The Craft of a Chinese Commentator: Wang Bi on the Laozi*, Albany: State University of New York Press，2000。

# 四

时代的内在连续性的成功构建，使得外在差异性的确立成为可能。这种外在差异性就是汤用彤所说的"魏晋时代不同于别的时代的地方""魏晋时代所以成为魏晋时代的思想"。这里对差异的表述仍是语焉不详的。我们不能不进一步追问：时代的差异与连续处于怎样的关联中？

如果我们接受了玄学话语的前提——思想史的展开根源于连续性基质上差异的建立，那么，似乎自明的连续性就理应成为首先要检讨和反省的东西。对这一连续性的内容的不同把握，将根本上决定我们对差异点的寻找和确定。如果像冯友兰那样将"哲学分为宇宙论、人生论和方法论"三部分，那么，这一连续性就成了贯穿所有不同世代的相同问题。于是，哲学史写作就成了对这些相同问题的不同回答的罗列，而对于那些不曾正面面对这些问题或者未能提出可以区别于其他时代的回答的时代，哲学也就缺席了。在这样的哲学史写作中，有些时代是可以没有哲学的，典型的如朴学盛行的清代。这样的方式，最大限度地忽略了思想的形式要素——提问方式、提问向度以及思想的表达方式。与冯氏的大哲学史写作不同，汤用彤在谈及魏晋时代"在某些方面可以有跟别的时代相同的地方"时，其更具体的指向是汉代儒学的经说传注，[1] 以及仍居统治地位的儒家伦理。在这样的连续性基

---

[1] 唐长孺进一步指出了在魏晋时代汉代旧学风仍占统治地位的地域，参见《魏晋南北朝史论丛》。

质上，差异的重点自然而然就落在了与两汉经学不同的新学风以及与儒家伦理相背离那些特出的行为上。这里包含着两种不同的连续与差异的关系：对于前者，连续与差异处于对峙中，差异是对前一个历史环节的扬弃；对于后者，连续构成了底层的长时段的不变基质，而差异则只是表层的短时运动而已。新学风意味着新的真理话语的建立——新的话语对象的出现以及新的话语策略的运作。而这一新的真理话语也在根基上决定了时代的趣味和判断力，决定了哪些行为样式能够成为这个时代的风尚。

实际上，真理话语的突变已经从根本上改变了时代与时代的关系——连续中的差异变调为异质和断裂。想要在不同的时代间找到连续的要素是毫不困难的，但相同的要素却因被重置在不同的结构里而获得了迥然不同的意义。这一点，落实在魏晋思想研究中，就是如何具体地理解汉魏之际的转变。汤用彤对此论断说：

> 汉魏之际，中华学术大变。然经术之变为玄谈，非若风雨之骤至，乃渐靡使之然。经术之变，上接今古文学之争。……王弼之《易》注出，而儒家之形上学之新义乃成。新义之生，源于汉代经学之早生歧异。远有今古学之争，而近则有荆州章句之后定。①

这里，魏晋新学风的产生，被回溯到了汉代学术内部的歧裂。然而，汤先生同时又认为："新学术之兴起，虽因于时风环境，然

---

① 汤用彤：《王弼之〈周易〉〈论语〉新义》，《魏晋玄学论稿》，《汤用彤全集》第四卷，第72—73页。

无新眼光新方法，则亦只有支离片段之言论，而不能有组织完备之新学。故学术新时代之托始，恒依赖新方法之发现。"① 显然，汉代经学内部的歧裂之所以能导致魏晋玄学的产生，归根到底仍取决于新的真理话语——"新方法"的确立。在这里，我们看到，在汤先生对魏晋思想的玄学化叙述的背后有两种取向不同的冲动：一方面，要维护作为对象域的魏晋玄学的底线边界，必须强调它与此前世代的区别；另一方面，要为变化找寻原因，又只能在此前的历史脉络中寻找，因此要强调它与此前世代某些思想要素的连续。这两种取向不同的冲动，也就最终造成了在建构时代的外在差异时那种被长期以来熟视无睹的语焉不详。

## 五

前面对既有的魏晋思想研究中的玄学话语的建构及其隐秘作用的分析，为我们思考"玄学之外"的问题提供了基础。"玄学之外"绝不意味着研究对象的改变，换言之，我们并不是要在玄学研究的范围之外作任何平面的拓展，或将目光放在各种各样琐屑的、无关紧要的细节上。相反，"玄学之外"正是要在玄学范式关注的对象上挣脱玄学话语的束缚，从而更深入地把握魏晋思想的内在逻辑和历史脉络。

具体说来，我们的努力将在如下两个方面进行：一方面，在玄学话语努力建构起来的魏晋时代思想内在连续的表象上，我们看到

---

① 汤用彤：《言意之辨》，《魏晋玄学论稿》，《汤用彤全集》第四卷，第22页。

了一种根本性的断裂；[①]另一方面，我们将摆脱所有关于魏晋时代与先秦、两汉思想的各种连续或差别的论述，将魏晋思想看作一个发生在更遥远世代的根本性转降的环节，这种根本性的转降在汉魏之际被特定的历史情境和机缘放大为思想史上的一个突起。[②]

　　显然，"玄学之外"至今只是一个尚待展开的尝试向度。然而，正因为它是一条未完成的道路，它也才有可能在一种朝向古代思想的研究中最低限度地安置自由思考的愿望和激情。

（本文原载《中国哲学与易学：朱伯崑先生八十寿庆

纪念文集》，2004年4月）

---

[①]　对于这一魏晋思想内在的断裂，我曾在一篇文章有过具体的论述："在完成了对魏晋风度中的药和酒的分析之后，我们开始清楚地意识到一向所说的魏晋风度中其实包含着两种性格迥异的在世样式。这两种在世样式表面上的相似造成的混淆，使得魏晋风度这一指涉不明的笼统说法将魏晋这个时代的时代精神表述为某种单一和连续的精神气质。其中潜藏着的断裂以及这一断裂的意义被完全忽略了。经过前面的讨论，魏晋风度变成了一个没有单一内容的名相，它笼统地指向一个时空的场所、一个舞台。在这舞台的灯光下，有两群神态迥异的人。前者沉浸在外观的喜悦中，容止安静优雅，表情里透出静观的智慧。后者在目睹毁灭的巨大痛苦中，举动张扬放旷，在酒的沉醉以及乐的唤醒中经历重生。前者的话语主要是哲学的，在静观中，万物历然显现；在沉思中，语词秩然来集。后者的话语主要是诗的，在万物的幻灭中，诗意驻留于绝望；在大乐的和谐中，语词重生于自由。"显然，这些论述还远远非充分的。然而，在这样一篇导论性文章里，我们也只能暂时止步了。参见拙文《在世的眩晕：重提魏晋风度中的药与酒》，见《郭象〈庄子注〉研究》，北京：北京大学出版社，2010年。

[②]　对于这一转降，《在世的眩晕：重提魏晋风度中的药与酒》一文中有这样的论述："与将魏晋这个时代的时代特征视为相对于从前世代的一次断裂不同，我更愿意将其视为某个早已发生的更根本的变迁的延续。而这个时代之所以独特在于它将这变迁最极端，同时也最清晰地展现了出来。而这一变迁的实质是什么呢？在对药和酒的讨论中，我们看到了由个体化原则支撑的外观世界与乐的陶醉中的唤醒之间的巨大断裂。个体化原则提供尺度和界限，是礼的原则。这样一来，我们便可以指出这一变迁的实质：礼和乐的分离。这一分离在孔子生活的时代已经发生了。"

# 施特劳斯的底色

尽管列奥·施特劳斯的思想对于汉语学界的实质意义还有待考察，但这个名字所引生的广泛影响却已清晰可见。年初出版的《自然权利与历史》以及甘阳为"列奥·施特劳斯政治哲学选刊"撰写的导言[①]，可以被看作施特劳斯正在上升的影响的一个阶段性标志。甘阳对施特劳斯的基本理路的梳理和澄清，至少为相关的反思和讨论提供了一个可靠的地基。本文的批评性讨论将在"导言"以及另一篇被广为阅读的文章《施特劳斯的"路标"》[②]的基础上，并围绕它们展开。

## 一、施特劳斯与海德格尔

施特劳斯对海德格尔的理解，可以被看作理解和把握他本人思想的一把钥匙。这一点，在刘小枫的长文《施特劳斯的"路标"》的标题中有着清楚的体现——尽管严格说来这个标题本身并不

---

[①]　列奥·施特劳斯：《自然权利与历史》，彭刚译，北京：生活·读书·新知三联书店，2003年。

[②]　刘小枫：《施特劳斯的"路标"》，《学术思想评论》第六辑，贺照田编，长春：吉林人民出版社，2002年。

成立。①

海德格尔在施特劳斯心目中引起的复杂感受凝缩在下面这句话中：

> 在这一智识困境中，帮助我们的只能是一位伟大的思想家。但这里有个大麻烦：我们时代惟一伟大的思想家是海德格尔。②

这里，如何理解这一复杂的表述成了关键所在。

海德格尔的纳粹问题是一个显见的解释，然而，刘小枫认为问题并不这样简单：

> 将尼采－海德格尔与纳粹政治现象简单地联系起来，进

---

① 在这个标题里，"路标"是对海德格尔晚年自己选编的文集《路标》的借用。在刘小枫看来，《路标》的编选原则是具有"晚年定论"意味的。"可以设想，海德格尔这些论文及其编排顺序，同后来的《路标》文集一样，都经过精心考虑，绝非随意杂凑。"与此相同，在刘小枫看来，施特劳斯的自选文集《柏拉图式的政治哲学研究》无论是文章的选取还是文章的排序都是精心设计的。因此，文章中常以"施特劳斯的'路标'文集"来指称这部文集。然而，《路标》和《林中路》一样，都以文章写作的时间为序，藉以展露海德格尔走过的那条"通向对思想之实事的规定的道路"。在该书的序言中，海德格尔明确指出："本书把我的一些已经公开发表过的文章串在一起，意在让读者对一条道路有所体察。"不仅文章的顺序并无深意，在文章的选取上也并不具有特别的考虑，只是尽量不与其他几部重要文集（如《林中路》《通向语言之途》）中的文章重复而已。刘小枫在这些钩深索隐的方面花了太多的心思，可以看作他的今文经学趣味的表现。"路标"一文的"实事"就这样被淹没在此类"微言大义"和似乎无关宏旨的旁征博引之间。

② 列奥·施特劳斯：《海德格尔式生存主义导言》，《学术思想评论》第六辑，第115页。

而从哲学上贬斥尼采和海德格尔哲学，早已成了学界中流行的政治态度。施特劳斯没有放过尼采－海德格尔与纳粹的关联，却一再表示对学界看待哲学与政治的关系问题的流行态度不以为然。①

的确，至少在表达上，施特劳斯关于尼采－海德格尔与纳粹关系的论述是相当复杂的："在某种意义上，对尼采的任何政治利用都是对其教诲的滥用。不过，他所说的还是被政治人解读了，并带给他们灵感。他对法西斯主义所负责任之少，正如卢梭之于雅各宾主义。然而这也就意味着，他要对法西斯主义负责，其分量之多，一如卢梭之于雅各宾主义。"② 尼采－海德格尔与纳粹的政治实践有关，但具体是什么样的关系还有待进一步澄清。而要使这一复杂的表述获得具体的规定性，就"必须彻底思考哲学与政治的关系"③。而这一彻底思考的结果就是拒绝使哲学成为政治方案。④ 要想使

①　刘小枫：《施特劳斯的"路标"》，《学术思想评论》第六辑，第37页。

②　列奥·施特劳斯：《现代性的三次浪潮》，《学术思想评论》第六辑，第100页。这一论述中并没有提及海德格尔，刘小枫之所以用尼采－海德格尔这样的表达，是因为在《作为严格科学的哲学与政治哲学》一文中，施特劳斯指出："海德格尔的历史哲学具有与马克思和尼采的历史哲学相同的结构：终极洞见正在来临的那个时刻开启了末世论前景。"《学术思想评论》第六辑，第107页。

③　刘小枫：《施特劳斯的"路标"》，《学术思想评论》第六辑，第70页。

④　"施特劳斯声称自己的哲学是研究神学－政治问题（双重'洞穴生存'），通过柏拉图－迈蒙尼德式的哲学写作，施特劳斯辨析置身政治和宗教的真理诉求之间的哲学的本己位置，力图在神学与政治之间维护哲学的自由，而非让哲学要么成了政治方案、要么成了女妖般迷人的歌声。"刘小枫：《施特劳斯的"路标"》，《学术思想评论》第六辑，第83—84页。

哲学不成为政治方案（不被政治家利用来构想政治方案），哲学就只能是"秘传哲学"，哲学的写作也就只能是将"隐微的教诲"隐藏于"俗白的教诲"之中的"隐微写作"。这也就是说，尼采－海德格尔的哲学的内容本身并不是问题所在，真正的问题倒在于他们都把本该秘传的哲学变成俗白的大众哲学了。作为大众哲学的哲学也就成了"主义"，从而有可能成为引导群众性政治实践的意识形态纲领。

如果刘小枫的上述把握没什么大的问题，那么我们将不得不面对的问题就是：这难道不正是对海德格尔思想的发挥吗？在《关于人道主义的书信》一文中，海德格尔这样写道：

> 您问：如何恢复"人道主义"一词的意义。这个问题出于一个意图，就是要保持"人道主人"这个词。而我要问：是否有此必要呢？莫非所有这一类的名称所造成的灾难还不够明显么？人们固然久已不信各种"主义"了。但公共意见的市场却始终要求新的"主义"。人们又总是乐于满足这种需求。即便像"逻辑学"、"伦理学"、"物理学"之类的名称，也是在源始的思想完结的时候才出现的。希腊人在他们的伟大时代里是没有这样一些名称而有所思的。他们甚至没有把思想称为"哲学"。[1]

从这一段论述中可以看出，至少后期的海德格尔对哲学转化为政

---

① 海德格尔：《路标》，孙周兴译，北京：商务印书馆，2000 年，第 369 页。

治行动的危险是有着清醒认识的。[①] 因此，我们必须对"尼采－海德格尔"这一表达式是否如实地反映了施特劳斯的想法有所保留。

接下来的问题是：在彻底地思考了哲学与政治的关系，并得出了一般性的结论之后，我们上面提到的施特劳斯对海德格尔与纳粹关系问题的复杂表述是否就获得了具体的规定性，从而与一般的流俗见解有了根本的不同呢？如果细加思考，我们不难发现，施特劳斯对哲学与政治关系的彻底思考恰恰建立在对"现代性的三次浪潮"的思考之上："自由民主制的理论，还有共产主义的理论，源于现代性之第一、第二浪潮；第三次浪潮的政治涵义已经被证实为法西斯主义。"[②] 很显然，如果不是每一种哲学道路的政治实践后果都非但没有减弱，反而加深了现代性问题，上述哲学与政治关系的一般考量就根本没有可能。实际上，施特劳斯在海德格尔与纳粹的关系上并不是像刘小枫所暗示的那样，有着比学界的一般倾向更为复杂的考虑。如果说在这个问题上施特劳斯有什么与众不同的话，倒恰在于他对海德格尔的政治"失足"近乎固执的执着，而正是这种固执的执着促使他对哲学与政治的关系问题做了彻底的反思。

刘小枫用"尼采－海德格尔"这一表达式将海德格尔纳入施特劳斯所说的现代性的第三次浪潮之中。从上面引证的海德格尔对"主义"的论说中，我们可以看到问题的复杂性。这里涉及海德格尔前后期思想之间所谓的转向问题。尽管海德格尔本人并没

---

① 当然，所谓"后期海德格尔"的说法是否成立还不无疑问。

② 列奥·施特劳斯：《现代性的三次浪潮》，《学术思想评论》第六辑，第101页。

有简单地认可这一转向的说法，<sup>①</sup>但仍有相当多的研究者（包括
海德格尔的学生）将这一转向视为理解他的思想的关键。在海
德格尔的前后期思想之间发生了什么？是根本方向的改变，还
是在原有路向上的成熟和开展？这绝非无足轻重的问题。在施
特劳斯看来，这一转变实质上意味着海德格尔与"生存主义决裂
了"<sup>②</sup>。这一思想的转变与他的政治取向的转变是相对应的。<sup>③</sup>

如果说前期海德格尔的"政治涵义"是纳粹的话，<sup>④</sup>在经历
了与自己的生存主义的决裂以后，海德格尔"彻底地切断了与政
治前瞻的关联"。<sup>⑤</sup>在这里，我们看到，施特劳斯关于哲学与政治
关系的思考仍被笼罩在海德格尔的思想视野之中。陷身于时代的
思想困境之中，施特劳斯仍只能从这个时代唯一伟大的思想家那

---

① "我的演讲《论真理的本质》是在1930年思得的，并且当时就宣讲过，但直
到1943年才得付印。这个演讲对那个从'存在与时间'到'时间与存在'的转向之
思想作了某种洞察。这个转向并非一种对《存在与时间》的观点的改变，不如说，在
此转向中，我所尝试的思想才通达那个维度的地方，而《存在与时间》正是由此维度
而来才被经验的，而且是根据存在之被遗忘状态的基本经验而被经验的。"《路标》，
第385页。

② 施特劳斯：《海德格尔式生存主义导言》，《学术思想评论》第六辑，第125页。

③ "施特劳斯没有说，海德格尔的实存主义哲学如何实质上就是纳粹，也没有
揪住海德格尔以校长身份参政的事情。相反，施特劳斯宁愿强调，经历过1933年的
校长事件，海德格尔的思想发生了重大转变——批判自己早先主张的'实存主义'哲
学，重新勘寻面对时代政治困境的哲学基础。"刘小枫：《施特劳斯的"路标"》，《学
术思想评论》第六辑，第37—38页。

④ "任何人，只要曾经阅读过他的第一部伟大著作而又不曾只见树木不见森
林，都能看到海德格尔思想和纳粹思想之间在气质和取向上的亲缘关系。"施特劳斯：
《海德格尔式生存主义导言》，《学术思想评论》第六辑，第117页。

⑤ 施特劳斯：《作为严格科学的哲学与政治哲学》，《学术思想评论》第六辑，
第108页。

里寻求帮助。①

　　然而，海德格尔的"麻烦"之处还并非仅此而已。刘小枫的长文中除去哲学与政治的关系这一线索外，还有一个未能充分展开的线索——海德格尔的虚无主义问题。刘小枫在文章中提到："按布鲁姆的解释，施特劳斯反对海德格尔，乃因为海德格尔推进了历史主义，而历史主义其实就是虚无主义。"②这里的问题是，海德格尔在何种意义上是历史主义的，并因而是虚无主义的？刘小枫并没有对此作进一步的讨论，只是匆匆地一笔带过。也许在他看来，这个问题只是从属于他所关注的哲学与政治的关系问题，并且可以被纳入后者中得到解决：

　　　　按海德格尔的说法，纳粹政治现象是虚无主义的结果。……与尼采一样，海德格尔致力克服欧洲虚无主义是真的……然而，海德格尔的虚无主义批判会不会与尼采一样，在与德国虚无主义搏斗时推进了德国虚无主义？……尽管如此，"返回"毕竟是一种哲学的政治行动——从根本上改变哲学与政治的关系。③

首先，在我的阅读范围内，我没有找到海德格尔将纳粹政治现象

──────────

　　① "我对海德格尔朝向的东西领会得越多，就越发现有多少东西仍是我无法企及的。我所能做的最愚蠢的事就是闭眼不看或是干脆拒绝他的著作。"施特劳斯：《海德格尔生存主义导言》，《学术思想评论》第六辑，第116—117页。此处译文在语意上微有未稳，引用时有所调整。

　　② 刘小枫：《施特劳斯的"路标"》，《学术思想评论》第六辑，第26页。

　　③ 同上书，第47—48页。

视为虚无主义的结果的相关论述。我觉得，如此重要的结论是有必要注明出处的。其次，"与尼采一样，海德格尔致力克服欧洲虚无主义是真的"这一表述，至少不会被海德格尔认可："想克服虚无主义，想克服现在在其本质中得到思考的虚无主义，这或许就意味着：人自发地与悬缺着的存在本身作斗争。……想直接对存在本身之悬缺作斗争，这意味着：并不把存在本身作为存在来关注。如此这般所意愿的对虚无主义的克服，或许仅仅是一种向其本质的非本真性——后者伪装了它的本真性——的更恶劣的回退。"[①] 与其说海德格尔是要克服虚无主义，毋宁说他是要克服此种简单地克服虚无主义的意愿。出于行文的需要，关于这一点的更为详细的讨论将留给本文的第二部分。

甘阳也注意到了海德格尔的虚无主义问题，而且他指出了导致海德格尔哲学的虚无主义本质的关键所在：

> 我们现在可以提出一个看法：施特劳斯的《自然正义与历史》虽然全书没有一个字提及海德格尔的名字，也没有提及海德格尔的任何著作，但《自然正义与历史》这个书名似乎正遥遥罩向他从前的老师海德格尔的代表作之书名《存在与时间》。海德格尔这个书名突出了他最基本的思想，即只有从"时间的视野"才能把握或领会"此在"甚至"存在"的意义，但他所谓的"时间"，或他所谓的时间性、历史性，都是指某种突然"爆出"或"绽出"或所谓"自我出离"的"时刻"

---

① 海德格尔：《尼采》，孙周兴译，北京：商务印书馆，2002年，第997—998页。

或"瞬间"。……但在施特劳斯看来，西方现代性的"历史观念"发展到海德格尔的"时间"概念，正是堕入了最彻底的虚无主义，因为如果一切都只是由"命运"决定的无法把握的"绽出时刻"，那么人的一切选择就都只能是"盲目的选择"，人被免除了选择善恶与是非、好坏与对错的责任，因此"我们不可能再作为有责任的存在者而生活"，这表明"虚无主义的不可避免的实践结果就是盲目的蒙昧主义"。①

问题的关键在于海德格尔的时间概念。这一时间概念是西方现代的"历史观念"的顶点，是"存在主义的'历史主义'观念"②的根基。

将海德格尔的时间概念理解为某种突然"爆出"的瞬间，是相当普遍的看法。而且，海德格尔并不是那个时代唯一强调这种突然"爆出"的瞬间的思想家。③这里的问题是：如果海德格尔对时间的思考仅仅是对"眼下瞬间"的洞见和强调，那么他的思想与那个时代同样强调"眼下瞬间"的那些思想家又有何分

---

① 甘阳：《"列奥·施特劳斯政治哲学选刊"导言》，见《自然权利与历史》，第14—15页。

② 同上书，第13页。

③ 海德格尔的传记作者吕迪格尔·萨弗兰斯基指出："海德格尔的对'眼下瞬间'的发现和表彰，是20年代激动不安的好奇者和形而上学试验们的'共同财富'。那些划时代的哲学规划——从恩斯特·布洛赫的'体验到的眼下瞬间的阴暗'，到卡尔·施密特的'决定的眼下瞬间'，从恩斯特·荣格的'突然的惊恐'，到保罗·蒂利希的'Kairos'——他们像海德格尔一样，都涉及这个从基尔凯郭尔那里开始了它的光辉业绩的'眼下瞬间'。"吕迪格尔·萨弗兰斯基：《海德格尔传》，靳希平译，北京：商务印书馆，1999年，第235—236页。

别呢？对海德格尔的时间观念可以作如此简约的理解吗？施特劳斯本人是这样来把握海德格尔的时间观念的吗？

## 二、历史与虚无主义

施特劳斯对于海德格尔的时间观念是这样理解的：

> 海德格尔提到了这样一个答复：无法谈及任何在时间上先于人存在的东西，因为仅当人存在，时间才存在或发生。本真的或原初的时间仅仅存在于或涌现于人之中。宇宙时间、计时仪所度量的时间是第二性的、派生性的；因此，在根本性的哲学思考中，无法诉诸或运用这种时间。①

在这一段论述里，施特劳斯正确地强调了"本真的"或"原初的"时间与宇宙时间、计时仪度量的时间之间的根本区别，并指出了后者的派生性。同时，我们还可以注意到甘阳所突出强调的"爆出"的瞬间在施特劳斯这里并没有显见的重要性。由此，我们得到的初步印象是：甘阳对海德格尔的虚无主义问题的把握思路并非施特劳斯本人的思路。

尽管在对海德格尔的时间观念的理解上有所不同，但上述两种理路之间还是有其共同之处的。我们注意到，在前面引证的那段甘阳的论述中，他将海德格尔的"时间"与"时间性"

---

① 施特劳斯：《海德格尔式生存主义导言》，《学术思想评论》第六辑，第134页。

简单地等同起来。在甘阳看来，海德格尔时间观念的独特之处只在于他对"爆出"的瞬间的强调。施特劳斯则好像完全忽视了海德格尔的"时间性"概念，将后者对时间的思考单纯地把握为本真的时间与非本真的时间的关系。这里我们碰到了一个奇怪的现象：以细致、深入的经典阐释闻名的施特劳斯，在面对海德格尔时似乎完全失去了文本分析的耐心，他对海德格尔的讨论绝少文本引证和分析，而是代之以大而化之的印象式描述。个中原因难以揣测，或者仅仅因为他是海德格尔的学生？①

那么，到底应该怎样来理解"时间性"与"时间"的关系呢？我们首先必须注意到"时间性"与"本真的操心"的关系：

> 时间性绽露为本真的操心的意义。……操心的结构的源

---

① 施特劳斯与海德格尔之间似乎没有什么深入的交往，这与海德格尔马堡时期的弟子如卡尔·洛维特（Karl Löwith）和汉娜·阿伦特（Hannah Arendt）等不同。据施特劳斯自述："我记得 1922 年他给我的印象，当时我是个年轻的哲学博士，第一次听他讲课。……我从海德格尔授课的弗莱堡一路北上……我听过海德格尔对亚里士多德某些篇章的解释。"（《海德格尔式生存主义导言》）海德格尔"1922 年夏季学期讲授《对亚里士多德本体论和逻辑学文选的现象学解释》"，1923 年秋离开弗莱堡前往马堡，1924 年才写出《时间概念》，《存在与时间》中对时间观念的更为深入和完整的讨论更迟至 1927 年才发表，也就是说施特劳斯应该没有与海德格尔当面讨论他的时间观念的机会（参见《海德格尔传》，以及靳希平：《海德格尔早期思想研究》，上海：上海人民出版社，1995 年）。考虑到这一点，施特劳斯对海德格尔时间观念的隔膜就可以理解了。在海德格尔的早期弟子中，对海德格尔思想作过全面阐述的是 Karl Löwith，参见 Martin Heidegger and European Nihilism，New York：Columbia University Press，1995 年。

始统一在于时间性。[1]

操心是此在"在世界中存在"的整体结构的统一。我们知道，《存在与时间》的目的是要把握存在的意义，而这只有向在其存在中对存在的意义有所领会的特殊的存在者——此在进行追问，其前提是对此在在世结构的整体把握。以此为方向，海德格尔做了"犹如剥葱，一一重重剥却，然后得净"[2]式的分析。在分析"在世界中存在"的整体的诸环节之后，海德格尔作了第一个跳跃：将此在的分成环节的整体标志为操心。在完成了这一跳跃之后，海德格尔首先面临的问题是：对此在在世的整体把握是可能的吗？由于只要此在还存在着就始终是悬缺着的死，使得此在总是未完成的，从而是不完整的。为越过这一关节点，海德格尔在所有具有现成在手性质的存在者的终结、完成与此在独有的死之间作了区别——死是此在不再存在的可能性，而这一可能性不是在将来的某个时刻要来临的，而是"刚一降生，人就立刻老得足以去死"[3]。此在的向死而在，其实就是建立在死的可能性之上的存在。向死而在使此在的在世可以被把握为一个整体。作为整体的此在的在世，还需找到其本真的可能性，因为只有在作为本真的整体在世中，我们才能获得把握存在的意义的恰当视野。此在作为一种能在在世，也就是说，此在是作为可能性在世的。作

---

① 海德格尔：《存在与时间》，第 372—373 页。

② 《续高僧传》二十五《昙伦传》，转引自陈寅恪：《禅宗六祖传法偈之分析》，《金明馆丛稿二编》，北京：生活·读书·新知三联书店，2001 年，第 191 页。

③ 海德格尔：《存在与时间》，第 282 页。

为可能性是什么意思？难道是说此在总是在对诸可能性的选择中存在的吗？"在对诸可能性的选择中存在"这样的表达，难道不是说可能性是某种"外在"的东西、此在在选择中去经历"外在"于己的可能性吗？这样的"外在"不是一种全然的虚构吗？而且，万一此在尝试了并穷尽了一切可能性，那此在的能在不就终结了吗？此在不就不再是能在，而沦为一种现成物了吗？然而，海德格尔说，只要此在存在着，他就始终是能在。始终作为能在的此在，只有在一种本真的本己可能性之上存在，而这一本真的本己可能性是只要他还存在着，就无法实现的可能性。这样的本真的本己可能性就是死。本真的向死而在，就是本真的整体能在。至此，作为本真的本己可能性的死才有可能开展出可能性，开展出与可能性相关的自由，也开展出使时间成为可能的将来。由此，上面特别引出的关于"时间性"与"操心"的关系的论述，其实质的含义是时间性就是本真的向死而在。

当甘阳说"只有从'时间的视野'才能把握或领会'此在'甚至'存在'的意义"时，他的确在字面上原原本本地复述了海德格尔在《存在与时间》导言中的相关论述。[①] 然而，我们必须注意到海德格尔的这番论述是对其整个哲学构想的论述。《存在与时间》作为一部未完成的作品，只是这一整体构想的一部分。在这一部分中，海德格尔的全部努力都是在开启时间性这一本真的视野。因此，《存在与时间》关于此在在世的论述不是在时间那儿才获得具体的规定性，而是相反，时间倒是在前此的关于此

---

① 海德格尔：《存在与时间》，第21页。

在在世的分析中才能得到恰当的理解。海德格尔说：

> 时间性可以在种种不同的可能性中以种种不同的方式到
> 〔其〕时〔机〕。①

这句话的中译注指出："Zeitigen 是名词 Zeit[ 时间 ] 的动词形式，
其基本意思为'某某东西的发生、造成（的时机）'，'果实成熟
（的时机）'。本书译为'到其时机'，或简译为'到时'。"② "到
其时机"或"到时"这样的译法至少在中文上有些含糊其辞。
现有的两个英译本对这句话的翻译都差不多："Temporality has
different possibilities and different ways of *temporalizing* itself"③；
以及 "Temporality can *temporalize* itself in various possibilities and
various ways"④。在此，"到时"的具体含义其实就是"时间化自
身"。"时间性是源始的、自在自为的'出离自身'本身。因而我
们把上面描述的将来、曾在、当前等现象称作时间性的绽出。时
间性并非先是一存在者，而后才从自身中走出来；而是：时间性
的本质即是在诸种绽出的统一中到时。……因而，如果表明了此
在的知性所通达的'时间'不是源始的，而毋宁是源自本真的
时间性的，那么，依照〔根据主要事实命名〕这一原则，把现

---

① 海德格尔：《存在与时间》，第 347 页。

② 同上。

③ *Being and Time*，John Macquarrie 和 Edward Robinson 译，SCM Press Ltd.，
1962 年，第 351 页。

④ *Being and Time*，Joan Stambaugh 译，Albany:State University of New York
Press，1996 年，第 281 页。

已崭露的时间性称为源始的时间就是合情合理的了。"① 这里，如果我们像施特劳斯那样通过将"时间性"等同为源始的、本真的时间而忽略"时间性"似乎也并无不妥，然而我们必须注意"依据……"和"把……称为"这样的表达中隐含的东西。"时间性"与"源始的时间"即使是零距离，也仍然不能将"时间性"这一概念抛却，否则将会从根本上错失对海德格尔时间观念的理解。

正是由于对时间性的整体结构及其展开力量的错失，使得甘阳将海德格尔的时间理解为——相续的时间流中的某些特殊的突发性瞬间。这种瞬间的出现，使得"一切都只是'命运'决定的无法把握的'绽出时刻'"，"人被免除了选择善恶与是非、好坏与对错的责任"。海德格尔对此类误解的可能性有着清醒的认识，因此特别提出自己的时间观念与此种误解的区别：

> 并非这样或那样有一条现成的"生命"轨道和路程，而此在则只是靠了诸多阶段的瞬间现实才把它充满；而是：此在的本己存在先就把自己组建为途程，而它便是以这种方式伸展自己的。在此在的存在中已经有着与出生和死亡相关的"之间"。……作为操心，此在就是"之间"。②

这一"之间"（时间性）展开人的从生到死的生命旅程，这一生

---

① 海德格尔：《存在与时间》，第375页。
② 同上书，第424页。

命旅程就是属人的时间，而非人的宇宙时间则是以此为根基的。本真的先行着的决心让本真的向死而在展露出来，人本真地倾听良知的呼唤，正是这一呼唤将人唤向自己的命运，唤向自己命运性的本真的自由。在甘阳的论述里，海德格尔的存在论的最终结果是由命运决定的人，因而是非"能在"；其实恰好相反：恰是本真的向死而在使得此在始终都是能在，本真的向死而在将人带向本己的能自由，从而使选择这回事成为可能。海德格尔的存在论正是要让人从无承担的沉沦在世中返回自身，去承担自己的命运性的自由。

在阅读《存在与时间》的时候，人们总是注意海德格尔对那些负面情绪的突出强调。《海德格尔传》中有这样一段论述："海德格尔没有逐一去检验所有可能的情绪，而是把考察集中于少数几种合乎他的意图的情绪上。从日常的基本情绪中他提取出最有持续性的、均匀的、枯燥乏味的无情无绪。……我们可以把海德格尔的基础存在论，看作企图切断此在逃避之路的奢华的尝试。……它在厌倦与无聊中表现为枯燥乏味，天天如此；在畏惧中则表现为尖利耀眼、惊心动魄。"[1] 与此相类的误解相当普遍。如果可以这样来把握《存在与时间》，那么我们如何对待下面这样的论述呢：

被规定为向死存在的愿有良知也不意味着遁世的决绝，相反却毋宁意味着无所欺幻地投入"行动"的决心。先行的

----

① 吕迪格尔·萨弗兰斯基：《海德格尔传》，第353页。

决心也不是来自某种高飞在生存及其可能性之上的"理想主义"期求，而是源自对此在诸实际的基本可能性的清醒领会。清醒的畏〔把此在〕带到个别化的能在面前，坦然乐乎这种可能性。坦荡之乐与清醒的畏并行不悖。在这坦荡之乐中，此在摆脱了求乐的种种"偶然性"，而忙忙碌碌的好奇首要地是从诸种世事中为自己求乐的。①

畏这种此在本真的情绪，同时也意味着坦荡之乐。坦荡之乐是至深的愉悦，与淫佚沉溺之乐有着根本的不同。这与王阳明论敬畏与洒落一节正可以互释："是洒落生于天理之常存，天理常存生于戒慎恐惧之无间。孰谓'敬畏之增，乃反为洒落之累'耶？惟夫不知洒落为吾心之体，敬畏为洒落之功，岐为二物而分其用心，是以互相牴牾，动多拂戾。"②

在梳理了海德格尔的时间性概念以及相关的情绪分析之后，我们可以进一步讨论海德格尔对历史性和历史的分析，并在此基础上进一步探究历史主义和虚无主义的问题。

海德格尔对历史性的思考是以其时间性分析为根基的：

> 于是对此在的历史性的阐释归根到底表明为只不过是对时间性的更具体的研究。……本真的向死存在，亦即时间性的有终性，是此在历史性的隐蔽的根据。③

---

① 海德格尔：《存在与时间》，第 353 页。

② 《王阳明全集》，上海：上海古籍出版社，1992 年，第 190 页。

③ 海德格尔：《存在与时间》，第 433—437 页。

而以此种历史性为本质的历史的存在，从根本上有别于"存在者层次上的东西"、有别于可以现成在手的存在者的存在。历史的存在在本质上是一种能在。换言之，历史是生活着的。

对于甘阳视之为虚无主义的历史主义①，海德格尔有着远为深入的洞识。在《存在与时间》里，他借助对约克爵士致狄尔泰的书信的引述和分析，显明了他的历史观与约克爵士的思考的亲缘性：

> （约克写道：）"兰克是一个伟大的视象者。消失了的东西对于他不可能变为现实……从兰克的整个方式也就解释了（为什么）历史材料局限于政治事物。只有政治事物是戏剧性的东西。……我认为所谓的历史主义学派只是在同一河床之内的一条侧流，只代表一个贯彻始终的古老对立的一环。这名称有欺人之处。那一学派根本不是历史主义的，而是一种尚古的学派，美学上的虚构。"②

首先我们注意到这里的历史主义学派是指兰克的历史学派，海德格尔是用"历史学"来指称它的；其次，兰克的方式是审美性的虚构，作为一个"视像者"，历史成为审美性的对象，兰克与历史的关系是对象化的；再次，历史主义在约克那里不是一个否定

---

① "我们或许可以补充说，所谓第三阶段的'历史主义'，或施特劳斯所谓的'彻底历史主义'，其最大的代表作自然正是海德格尔的《存在与时间》。"见甘阳："导言"，《自然权利与历史》，第14页。

② 海德格尔：《存在与时间》，第451—452页。

性的概念，而是一个积极的概念，只有这种积极的历史主义才真正地进入了历史。约克具体地论述了这种与历史的关系："于是我乐于静静地与自己对话，乐于与历史精神相往来。这一精神不曾在浮士德的书斋里向他显象，也不曾向大师歌德显象。但它若显象，纵便咄咄逼人，他们也不会惊恐避让。因这种显象亲如手足，比起林边田间的居民，它们与我们的亲缘有一种不同的、更深的意义。"①这种亲缘就是：历史让我们成为它的寓所，历史在我们的在世中历史着。

海德格尔对甘阳称之为历史主义的东西做了透彻的分析：

> 因为存在之悬缺乃是存在之历史，从而是真正地存在着的历史，所以，存在者之为存在者，尤其是在虚无主义之非本质的统治地位的时代里，就落入非历史性的东西中了。这方面的标志乃是历史学的出现。历史学要求成为关于历史的决定性观念。它把历史看作过去之物，并且把过去之物的形成当作一种可通过因果关系来证明的效果联系来说明。如此这般通过叙事和说明而被对象化的过去之物显现于那个当前的视野内，这个当前总在实行着对象化，而且充其量会把自己解释为过去发生事件的产物。②

只有在这种对象化的方式中，人作为过去发生事件的产物才有可

---

① 海德格尔：《存在与时间》，第 453 页。

② 海德格尔：《尼采》，第 1018 页。

能与被当作过去之物的历史疏离开来，也才有了古今之争的可能性。古今之争源于对历史的错失，当此种错失成为居统治地位的遮蔽力量时，现代就来临了。施特劳斯学派所强调的古今之争，在海德格尔那里就成了建立在错觉之上的东西。《庄子》曰："劳神明为一，而不知其同也，谓之朝三"[1]，不亦宜乎？

施特劳斯对于海德格尔的历史哲学下了这样一个断语：

> 海德格尔的历史哲学具有与马克思和尼采的历史哲学相同的结构：终极洞见正在来临的那个时刻开启了末世论前景。[2]

也就是说，海德格尔对历史的思考将带来历史的终结。自黑格尔以来，历史终结的噩梦就笼罩在西方思想的上空。历史的终结意味着，人没有将来了，剩下的只是日历时间的空洞延伸。施特劳斯看到了尼采和马克思的思想背后的末世论景象："那无根基的希望无法销磨这样一个洞见：一切思想原则与行动原则都是历史性的。一切理想都是人类创造性活动的结果……尽管尼采与马克思之间有这种激烈对立，在他们两者看来，最终的顶峰状态都可以用这个事实来刻画特征：标志着机运统治的终结的是：人将首次成为自己命运的主人。"[3]当施特劳斯指出海德格尔同样开启

---

[1]　《庄子·齐物论》，《诸子集成》卷三，上海：上海书店，1986年影印本。

[2]　施特劳斯：《作为严格科学的哲学与政治哲学》，《学术思想评论》第六辑，第107页。

[3]　施特劳斯：《现代性的三次浪潮》，《学术思想评论》第六辑，第99—100页。

了末世论前景的时候，这一前景究竟是与尼采和马克思的构想有同样的本质呢，还是像甘阳所说的那样——"一切所谓的历史、世界、人，都是断裂的、破碎的、残片式的，一切都只不过是个'突然发生'的偶在而已"呢？

这里我们又一次看到了错失海德格尔时间性概念的后果：根本无法理解海德格尔所说的将来。我们在这里不得不再一次引述前面已经特别引出的那句话："本真的向死存在，亦即时间性的有终性，是此在历史性的隐蔽的根据。"历史不具有可现成在手的存在者那样的存在样式，历史与此在一样，在根本上是一种能在。向死而在，换言之，在本己的死的可能性之上的存在，使得此在始终是能在。同样，历史也是向着其终结存在的，然而这一终结不是等在某个将来要到来的时刻上的，而是在这一终结的可能性之上历史才成为可能的。历史的终结不是别的，就是历史从根本上丧失其历史性的可能性，亦即历史成为非历史的可能性。历史的终结归属于历史的本真结构，历史的终结非但没有使人丧失将来，反而开展出了并将不断地开展出人的将来。

在"人将首次成为自己命运的主人"这样的表述中，我们看到了海德格尔毕生与之对抗的主体性哲学的面相。后期海德格尔对《存在与时间》深致不满，然而这绝不意味着对它的基本理路的放弃："人们处处认为，《存在与时间》中的尝试已经进入一条死胡同中了。我们且不去管这种意见罢。实际上，在《存在与时间》这部论著中力图迈出几步的那种思想，直到今天也还没有超出《存在与时间》的范围。但在此期间，也许这种思想更为深入

一些了，深入到它的实事中了。"① 他对《存在与时间》的不满在
于："《存在与时间》……还在准备某种暂先的东西。按照已被
道说出来的东西来看，这种准备工作做得十分笨拙。"② 如果我没
有理解错的话，海德格尔所说的"十分笨拙"在于，他的众多表
述中仍留有主体性哲学的残余。当然，施特劳斯在这一点上看得
十分清楚："因是之故，东方并无主宰意志。仅当我们变得能够
向东方特别是中国学习，我们才能希望超越技术性世界社会；我
们才能希望一个真正的世界社会。……海德格尔是惟一对世界社
会的问题之维略有所知的人。"③ 由此可知，施特劳斯尽管说海德
格尔与尼采和马克思一样开启了末世论前景，但这一前景的实质
一定不是人将成为自己命运的主人。甘阳将海德格尔对天命与人
的关系的思考看得太过简单了。天命是人的被抛境域的展开，但
这一"被抛"不是否定性的，而恰恰是积极的。对于一个西方性
此在而言，这一天命就是西方文明的"共同体的演历、民族的演
历"④。西方民族的历史呼唤着、要求着西方性此在成为它的寓
所。在这里，民族性的此在绝不是在民族性的天命（或历史）面
前无所作为、任其决定的。其间的关联是儒家思想中的道与人的
关联：一方面是，"道也者，不可须臾离也，可离非道也"；⑤ 另

---

① 海德格尔：《路标》，第 405 页。
② 同上书，第 387 页。
③ 施特劳斯：《海德格尔式生存主义导言》，《学术思想评论》第六辑，第 131 页。
④ 海德格尔：《存在与时间》，第 435 页。
⑤ 《中庸》，《四书章句集注》，北京：中华书局，1983 年。

一方面则是，"人能弘道，非道弘人"。①

在澄清了海德格尔的历史思考之后，我们就获得了讨论虚无主义的最低限度的基础。真的如甘阳所说的那样，历史观念的出现导致了虚无主义吗？或者历史观念的出现只是虚无主义的表征，而它们背后还有着更为深刻的思想根源？海德格尔在这方面的深入思考是值得我们认真面对的：

> 现代的主体性形而上学乃是对存在本身的锁闭，存在本身在其真理的悬缺中引发了对这种悬缺的忽略。但人的本质以隐蔽的方式成为归属于存在本身的在其到达中的存在之寓所；这种到达越是本质性地以存在之隐匿为形态得到保存，人的本质就越是被忽略了。面对其本己的与存在本身一起逗留于隐匿中的本质，人变得不可靠了，又经验不到这种不可靠性的来源和本质。②

人的虚无主义处境——人变得不可靠了，正是主体性哲学对存在本身的锁闭的结果。而主体性哲学的完成就是尼采的价值之思。在这个意义上，尼采的形而上学是虚无主义的。然而问题远非如此简单，把虚无主义当作对某一思想的标签式的判词，不但无助于克服虚无主义，反而会障蔽我们对虚无主义的本质的认识。尼采将虚无主义的本质经验为"最高价值的自行贬黜"，也就是说，

---

① 《论语·卫灵公》，《四书章句集注》。

② 海德格尔：《尼采》，第 1011—1012 页。

虚无主义在尼采看来是一种纯粹否定性的从而必须被克服的东西。尼采试图通过对一切价值的重估来完成对虚无主义的克服。然而，一方面，尼采的重估恰恰是"最高价值的自行贬黜"的完成，从而是对尼采经验到的虚无主义的完成；另一方面，在将强力意志作为新的价值设定的地基时，尼采又重新走上通过价值之思最终肯定存在者的形而上学的道路，从而在最深的层面上完成了对存在本身的忘却。因此，在海德格尔看来，尼采与虚无主义的关系就成了：一方面，尼采的形而上学是本真的虚无主义；另一方面，虚无主义的本质对于尼采的思想来说仍是锁闭着的。这里，本真的虚无主义不同于"人们通常以'虚无主义'这个流俗名称所指的东西的那些特征：贬低者和摧毁者、没落和沉沦"①。"因为积极肯定之物与它的对立面共有同一个区域。上升对沉沦、升起对没落、提升对贬低、构造对毁灭，所有这些都作为对立现象在存在者的区域里发挥作用。但是，虚无主义的本质关涉到存在本身，更准确地讲，存在本身关涉到虚无主义的本质，因为存在本身已经进入历史中了，即存在本身在其中一无所有的历史。"②本真的虚无主义是存在隐匿自身的历史。这里隐匿不是单纯的遮蔽，它同时还意味着"澄明""到达""自行抑制""拒绝"和"解蔽"。③作为摧毁者的虚无主义，是虚无主义的非本质的统治，是存在本身被彻底遮蔽的结果。被彻底遮蔽的存在失去了其历史性，存在成为没有历史的了。这里，存在、虚无与历史

---

① 海德格尔：《尼采》，第 994 页。

② 同上书，第 995 页。

③ 同上书，第 1022 页。

命名的是同一个东西。当海德格尔说尼采的形而上学是本真的虚无主义时，其间并不含有贬低的成分。正是尼采对虚无主义的完成，才使得虚无主义的本质在其最高形态中完整地显现出来。与导致作为摧毁者的虚无主义对存在本身的彻底遮蔽相对的，难道是对存在的思考和重提吗？这种思考和重提不是又将存在把握为它所不是的东西了吗？不又将存在把握为存在者了吗？任何沿着这个方向的对虚无主义从而也是对存在的自身隐匿的克服，都是"在一个已经由虚无主义之非本质的统治地位所划定的区域里完成的"①。要想建立与存在的更为澄明的关联，只有彻底放弃形而上学的方式。形而上学终结了。海德格尔最终走向了思与诗的对话。

海德格尔开启了一个后形而上学的时代：无论是施特劳斯、伽达默尔，还是福柯、德里达，都生活在海德格尔身后留下的空白之中。

## 三、学者还是思想家

施特劳斯有一段诚恳的自述，在刘小枫和甘阳的文章中都被有意无意地忽视了：

> 海德格尔把哲人与那些将哲学等同于哲学史的人区分开来。换言之，他把思想家与学者区分开来。我知道自己不过

---

① 海德格尔：《尼采》，第 1017 页。

是个学者。但我还知道，绝大多数自称为哲人者大都是——
充其量是——学者。学者在根本上依赖于伟大思想家的作
品，这些伟大思想家直面问题，不屈从于任何权威。学者
则小心谨慎：循规蹈矩，从不冒失。他不会像伟大思想家
那样，逐渐隐没在逸出我们视线的无法企及的山峰和雾霭
中。然而，伟大的思想家不仅如此决然，而且还比我们警觉
得多：在我们确信为根基之处，他们看到了陷阱。我们学
者活在给施了魔法的圈子里，活得轻快无忧，就像荷马的众
神——这个圈子保护着我们不受伟大思想家所提问题的侵
扰。……我们可以认为以往的伟大思想家已经穷尽了所有可
能的（思想）选择。……但我们不能排除未来会产生其他的
伟大思想家的可能性（比如说在 2200 年的缅甸）——在我
们的图式中无论如何不会提供这样的思想。由于谁我们才会
相信已经发现了人类思想的极限？总之，我们的工作就是思
索我们从伟大思想家们的言说中领会到的那点儿东西。

　　我把这应用到我面对海德格尔这一处境上。[①]

正确地理解这段话，对于我们恰当地看待施特劳斯的所思进而明
确在施特劳斯眼中思想在海德格尔之后的可能位置，都至为关
键。我一直对被刘小枫发挥到了某个极端的字里行间阅读法心存
疑虑（关于这个问题的正面讨论留待本文的最后一节），但在这

---

　　① 　施特劳斯：《海德格尔式生存主义导言》，《学术思想评论》第六辑，第116页。
引用时对原译文有所改动。

里，我倒愿意试着找寻其中的微言大义。德国学者瓦格纳（Rudolf G. Wagner）在他的王弼研究中指出：必须用王弼理解《老子》的方式来理解王弼的《老子注》。[①] 在此，我也将以施特劳斯理解经典的方式来理解施特劳斯的"隐微的教诲"。

首先，施特劳斯在伟大思想家和学者之间划定了不可逾越的界限。而学者在根本上仰赖于伟大思想家的思想。思想家与学者的区别在于：思想家穷深极远，有着学者所无法企及的视野；与此同时，在学者视野所及的范围内，思想家也总能看到那些看似无可怀疑的东西背后的可疑（这意味着根源性的提问能力）。思想家无所顾忌，无畏而又醒觉；学者则是"清明和温良"的。[②] "我把这应用到我面对海德格尔这一处境上"，这表明关于思想家和学者之间关系的思考，实质上是施特劳斯对自己与海德格尔之间关系的思考。施特劳斯明白地指出（这里无须微言），他自己的思考始终在海德格尔的笼罩之下。甘阳和刘小枫似乎都将施特劳斯对苏格拉底从哲人到政治哲人的转变的突出强调看作某种自述性质的东西，这里的潜台词是：施特劳斯在自己身上完成了从哲学的"癫狂"到政治哲学的"清明和温良"的转降，而且这是一种自觉自愿的转降。然而，施特劳斯却说："我知道自己不过是个学者。"施特劳斯知道自己并没有哲学的"癫狂"，也没有根源性的提问能力。他与那些自认为是哲人的学者的区别在于：他并不试图为自己伪装出曾处于哲学的"癫狂"之中（或拥有那种根

---

① Rudolf G. Wagner, *The Craft of a Chinese Commentator: Wang Bi on the Laozi*, Albany: State University of New York Press，2000。

② 施特劳斯:《自然权利与历史》，第 61 页。

源性的提问力量）的样子。

其次，"我们时代唯一伟大的思想家是海德格尔"。我们在海德格尔的笼罩之下。而且问题还不止于此，"我们可以认为以往的伟大思想家已经穷尽了所有可能的（思想）选择"。如果真是这样的话，那么海德格尔就将是最后一个伟大的思想家。施特劳斯的确给伟大思想家在未来的出现留下了一道缝隙，但竟是这样的缝隙：2200 年的缅甸。而且，即使有新的伟大思想出现，这一思想也将绝异于"我们的图式"所能提供的，也就是说绝异于西方式的思想。这意味着，在施特劳斯看来，在海德格尔之后，西方可能不会再有可能（或有必要）有人来占据伟大思想家的位置了。然而，为什么是缅甸？施特劳斯在文章的后面将超越技术性世界社会的希望放在"我们（西方）变得能够向东方特别是中国学习"上面，然而他清醒地意识到，正屈服于西方理性主义的中国，那个曾经是东方的代名词的中国，早已不那么东方了。所以他说缅甸，对于西方来说，缅甸也许要更陌生些，因而也更东方些吧。那为什么又偏偏是 2200 年？也许，在施特劳斯看来，在此后的这两个多世纪的时间里，我们将注定只能生活在海德格尔的统治之中。孟子曰"五百年必有王者兴"①，伟大思想家出现在一个民族的历史性展开中是有其天命的。那么，海德格尔的统治意味着什么呢？我们前面的讨论已经表明：任何一种朝向存在者的思想，任何一种形而上学，都意味着对存在的遗忘；而朝向存在本身的思，又会在对象化的思中将存在把握为存在者。这表

---

① 《孟子·公孙丑下》，《四书章句集注》。

明任何一种既有的思的位置和方向，都将构成对存在本身的更深的遮蔽。同时也就意味着，单纯的思本身（哲学之思）已经不再可能了。在海德格尔看来，只有在思与诗的邻近中开展出来的道路，才能真正有效地走向存在的澄明。海德格尔的统治意味着哲学之思的空缺。施特劳斯并不试图填充这一空缺，而是一任它空缺着。在这个意义上，作为学者的施特劳斯，也就成了形而上学之后的哲学空缺的守护者。

## 四、三种诠释学路向及其可能的后果

施特劳斯在汉语学界能获得今天这样的影响，显然不能仅仅视为甘阳和刘小枫等人个人的问题意识的结果。而简单地诉诸施特劳斯本人的思考的重要性，也将无益于我们更深入地思考汉语学界的施特劳斯现象。这首先是因为我们在判定某种思想是否重要之前，必须面对如下几个问题：如何来衡量一个思想家思想的重要性？一种思想是否可以仅仅因为其思想本身而有其重要性？或者思想的重要性总是有其具体的背景和脉络？等等。然而，也许这种普适性的提问本身就有问题，而我们只能在具体的个案中来理解思想的重要性的来源和根据。这里，个案意味着有生命的和在处境中的。

如果将海德格尔进入中国作为一个个案，我们或许可以得到某些启示性的东西，作为我们借以讨论施特劳斯问题的立脚点。海德格尔的最初引入，可以看作各种简单的诉求共同作用的结果：落实在哲学史研究上，这可能仅仅意味着拓宽研究疆域的要求——某种填补空白的需要；落实在世界观的建构上，则意味着在唯物主义从根本上动摇之后某种可能的看待世界的方式；而对于急欲与世界建立关联的文化中国，则成为某个可能的攀缘点；甚至，仅仅是求知意志的对象。在《存在与时间》的第一个中译本①出版的十几年后，尽管最初的那些简单的诉求依然有效，但海德格尔的重要性却已在这些诉求之外被更为清楚地看到了。三联"现代西方学术文库"中那些不分轩轾的名字，也开始变得层次分明了。这当然与我们对现代西方思想的谱系的熟悉程度有关。然而，当一种思想被引入某个异质性的文化之中时，它在原有语境中的谱系地位可以被简单地平移过来吗？如果借用施特劳斯的分析，那么海德格尔的重要性就在于他最深刻地透见到了陷身其中的处境，并试图在根本上对此处境有所作为。如果海德格尔对我们也有着同样的重要性，那就意味着他的思想所面对的处境有着将我们范围其中的普遍性。在这里，普遍性的真正含义是：在某种意义上，我们与海德格尔共在于同一处境中。这一处境就是以理性主义为特征的现代性及其虚无主义前景。

由此，我对汉语学界的施特劳斯现象的反思就可以转换为这样一个问题：施特劳斯在何种意义上关联着我们的处境。鉴于施特劳斯的自我定位是学者，我更愿意在当下的学术处境中来思考这一关联。我将汉语学界当下的学术处境理解为一种危机，这一危机的表面特征是学术评价尺度的缺失，而其实质则是诠释学基

---

① 马丁·海德格尔：《存在与时间》，陈嘉映、王庆节合译，熊伟校，北京：生活·读书·新知三联书店，1987年。

础的缺失。如果我们追随伽达默尔，以诠释学为精神科学的实质，[①] 那么诠释学基础的危机也就意味着汉语世界的精神科学的根本危机，其结果将是精神科学或人文科学的虚无主义。

至少在国学研究领域，"持之有故，言之成理"是自现代学术开始以来通行至今的评价标准，鉴于整个国学研究是建构在对古典文献的诠释之上的，这一评价标准同时也就意味着根本的解释原则。然而"持之有故、言之成理"居然可以作为解释原则，实在是一件匪夷所思的事情。这句话出自《荀子·非十二子》，是用来批评惠施、邓析、田骈、慎到之流的。其中，"持之有故、言之成理"非但不能简单地用作真理性言说的标准，反而极有可能是与真理相对的意见的特征。[②] 我们注意到，"持之有故、言之成理"只提供了形式上的标准，根本不涉及诠释学基础的问题。这一现象背后有两套相互悖谬的潜台词：一方面，以现代学术面孔出现的国学研究从诞生之时起，其主流倾向指向的就是对传统的背离，因为它服从于整体文化的现代性诉求。在这个意义上，对固有诠释学基础的破坏原是现代学术的题中之意，而这一诠释学基础与古典文献中的实事关联在一起，要想打破它们的统治局面，有什么比一直被这根基压制的"持之有故，言之成理"来得更有效率呢？另一方面，由于"持之有故，言之成理"只具有形式上的意义，并不能为学术研究的正常开展带来起码的共通性基础，所以它的作用的有效发挥仍仰赖于两千年来师弟相承的理解

---

① 参见加达默尔：《真理与方法》，洪汉鼎译，上海：上海译文出版社，1999年。
② 参见《荀子集解》，《诸子集成》卷二，上海：上海书店，1986年影印本。

基础。然而，这一基础在一次次愈演愈烈的文化革新中早近乎荡然无存了。随着生活世界的根本改变（包括器物、制度和观念），我们与埋藏在古典文献里的那个古代世界之间隔着的绝不仅是时间的距离，更多的是理解的鸿沟。我们与自己的根源的关联只剩下沿用至今的汉字了，然而，即使是这样的关联，仍隐含着难以觉察的遮蔽力量：它让我们无视理解的可能性问题，而以为自己仍然可以简单地把握古代文献的原意。这可以通过国学研究的一般引证方式清楚地看到。至今仍在国学研究中居统治地位的实证姿态，是对诠释学基础的缺失的彻底遗忘。

汉语学界对诠释学基础的缺失的觉察，可能源出于对西方思想的译介和研究。因为对于一个患了语言崇拜症的学术界而言，还有什么比语言更大的障碍呢？语言所造成的挫折感轻易地转化为某种根源性的怀疑，这一怀疑的根源性在于它直接指向了诠释的根基。诠释学基础的缺失常常被把握为几个不同层面的质疑的混合物：不同语言之间转译的可能性；以语言为媒介的交流本身的可能性；我们能否完整准确地理解与自己处于不同语境的思想家的思想；文本或文字能否传达思想者的思想；等等。这些不同层面的质疑混合为一个根本的质疑：理解是否可能。由于西学话语在当代中国的核心地位，使得这一对诠释学基础的缺失的洞识迅速成为一般学术话语中的常识。除了少数几个最为传统的学科（如中国古代史）外，这一常识所构成的困扰已经成为学界的基本处境。施特劳斯的引入与这一处境有着莫大的关联，它应该可以为我们对治这一处境提供某种帮助。然而，实际的情况却令人不无忧虑。我们有必要保持适度的距离，从而更清楚地看一看在这一处境中对施特劳斯的简单强调的可能后果。

诠释学基础的缺失在一种颇耐寻味的方向上呈现出了令人难以置信的"积极"意义。在一种匆忙得近乎短视的把握中，诠释学基础的缺失被当作理所当然的东西接受下来，并进而被赋予了某种解缚的意味。在这一方向上，"创造性误读"成了追求的目标。这里，诠释学基础的缺失被当成了根本性的洞见，其潜台词是：既然根本不可能有所谓完全的理解，那么理解就或多或少总是某种误读。因此，与所谓"原教旨主义"的读解态度相区别，这一诠释路向的核心关注不在于是否正确地理解了文本，而在于这样的理解是否具有生产力或创造性。这里的关键不在于"误读"，而在于"创造"。阅读本身是围绕着创造进行的。无可否认，"创造性误读"在目前的处境中有其相当的效用，它部分地缓解了汉语世界的精神科学的全面危机。我们的确可以简单地指出其理论上的盲点：比如它把精神科学的真理与实证科学的真理等同起来，用是否符合来作为理解的标准；① 比如伽达默尔用来支撑理解的可能性的诠释学循环被用来证明误读的合法性——解释者在解释的过程中总带着无法摆脱的个人和时代背景。但这类理论的澄清往往并不能直接引出有效的替代方式。也许，这里重要的并不在于否定这一诠释学路向，而在于指出其可能的危险，从而在有效的范围内保留其积极的内涵。"创造性误读"可以分解出三种可能的意思，从而意味着三种有所区别的姿态：用误读

---

① 参见《存在与时间》第四十四节。当然，海德格尔在讨论真理的问题时，并没有在精神科学与实证科学之间做出区分。我们这里的区分是对伽达默尔的借用。

来激发创造；为创造而误读；让阅读（尽管是误读）成为对创造的某种约制。其中，前两种姿态更代表这一路向的实质。二者都与一种特定的主体位置有关，这一主体位置同时也是众多以现代性为本质的现象的根源。这个主体位置的实质是：世界以及世界中的存在者向着主体摆置。这个主体位置也就是海德格尔在《世界图像的时代》中论及的、从笛卡尔的思执开始的主体的实体地位。[1] 在这样的读解姿态中，往往连起码的尊重都不太可能建立起来，更遑论以建立内在的精神关联为目标的虔敬的态度了。因此，这一姿态的危险直接关乎品质，由此而来的创造往往建立在更根本的破坏之上。

伽达默尔诠释学的引入与"创造性误读"这一路向的出现约略同时。伽达默尔的诠释学是"相互理解的艺术"[2]。而这种理解当然首先旨在获得"同历史流传物的更恰当关系"[3]。伽达默尔的诠释学原则可以归结为：应该比作者本人对自己的理解更好地理解作者。在一段以施特劳斯为对象的自我辩解中，伽达默尔如是说道：

> 据我看来，施特劳斯这里所描绘并与之斗争的历史主义者的形象与我在哲学诠释学的研究中标明为狄尔泰和19世纪历史非理性主义背后的主导观念的完美的启蒙运动的理想相

---

① 参见马丁·海德格：《林中路》，孙周兴译，台北：时报文化，1994 年。

② 伽达默尔：《答〈诠释学和意识形态批判〉》，《理解与解释：诠释学经典文选》，洪汉鼎编，北京：东方出版社，2001 年，第 381 页。

③ 伽达默尔：《诠释学与历史主义》，同上书，第 225 页。

吻合。所谓要借助于现代才能把所有过去都完全揭示出来，这难道不正是一种现代的乌托邦理想？我认为把现代的优势观点应用于一切过去身上并不是历史思维的本质，相反倒标志出一种"幼稚"历史主义的顽固的实证性。历史思维的尊严和真理价值就在于承认不存在什么"现代"，只存在不断更换的未来和过去的视域。说某种表现传统思想的观点是正确的，这决不是固定不变的（也决不可能是固定不变的）。"历史的"理解没有任何特权，无论对今天或明天都没有特权。它本身就被变换着的视域包围并与它一起运动。①

这里，有几点需要注意：第一，伽达默尔并不简单地否定历史主义，只是强调他从约克爵士和海德格尔那里承继来的历史理解与那种"幼稚"历史主义的本质区别；第二，与他的诠释学相关联的历史理解，根除了顽固的实证性；第三，不存在什么"现代"，"现代"只是由未来和过去的视域开展出来的；第四，历史的时间是变换并运动着的视域链。从第三点看，伽达默尔似乎如实地转述了《存在与时间》对时间的把握，然而，通过第四点我们可以看出，他的时间实际上仍是一一相续的现成化的未来和过去，它与流俗的时间的区别只在于：用由未来和过去包围起来的视域替代了瞬间。正是因为这样的时间观念，他试图根除的实证性并没有被根除，只不过被相对化了——其实质仍根源于对象化的符合，因为只有在对象化的符合的意义上，才能得出"说某种表现

---

① 伽达默尔:《诠释学与历史主义》,《理解与解释：诠释学经典文选》,第217页。

传统思想的观点是正确的，这绝不是固定不变的（也绝不可能是固定不变的）"这样的结论。由于历史是由一个个视域相续而成的，诠释就意味着在不同的视域间建立关联——视域融合。在这个意义上，伽达默尔的诠释学仍是"幼稚"的历史主义。由于他的诠释学旨在获得"同历史流传物的更恰当关系"，即同存在者建立关联，因此它并不是朝向存在，也即朝向历史的。伽达默尔的诠释学的真正后果也许在于：它竟是没有后果的。因为它并不导出任何一种有效的诠释学实践，而只是从表面上解决了诠释学基础的危机，而这种表面上的解决不过只是一种变相的掩盖罢了。

如果我们把施特劳斯把握为一种诠释学路向，那么这一路向能够给我们带来些什么？它已经给我们带来了些什么呢？施特劳斯的诠释学"原则"可以表述为："为了更好地理解，我们就必须像作者自己理解的那样理解这位作者。"①然而，施特劳斯对于诠释学"原则"这样的东西是从根本上持怀疑态度的：

> 我的解释学经验不仅非常有限，而且我所拥有的经验让我怀疑一种超越于"形式的"或外在经验的普遍解释学理论是否可能。②

因此，严格说来，"像作者自己理解的那样理解这位作者"既不能被视为一种原则，也不能被看作一种衡量的尺度，而只能看作

---

① 伽达默尔：《诠释学与历史主义》，《理解与解释：诠释学经典文选》，第217页。
② 转引自刘小枫《施特劳斯的"路标"》，《学术思想评论》第六辑，第13页。

一种对待自我的态度——放弃笛卡尔以来的主体特权。伽达默尔对施特劳斯的这一"原则"的批评耐人寻味："我认为他就是低估了一切理解所具有的困难，因为他忽视了我们可以称之为陈述辩证法的东西。……他似乎认为我们有可能理解并非我们所理解的东西而是他人所理解的东西，并且仅仅像这位他人所理解的那样进行理解。他也似乎认为，如果有人说了某些东西，则他'自己'就必然地和适当地理解了。我认为这两者是不相容的。"[①] 伽达默尔并非不知道施特劳斯的这个重要命题："如果某位作者所写的东西表现出连今天的小学生都能一眼看穿的矛盾，那么这种矛盾就是故意造成的，是为着使人能识破。"[②] 如果考虑到这一命题，那么他前面的那些批评至少会再慎重些。那些问题难道不恰是现代学术的一般常识吗？施特劳斯对诠释学基础的问题的沉默为的是让我们识破些什么呢？也许答案只是：诠释学基础的危机根本就是一个假相。这一假相部分地源于这样一种企图，人们总是试图一劳永逸地得到某种普适性的方法；也部分地源于诠释的目的，那是一种将过去掌控在手的欲望，与此目的相关联的是那种试图将过往思想知识化的欲望，一切都是为了方便知识主体的携带，在这里，理解古代最终只是为了更深刻地放弃和背离古代。行文至此，我们不得不转回到施特劳斯在汉语学界已经带来的本不应有的负面影响上来——它几乎就是刘小枫个人的影响。不管是否出于本意，在刘小枫的写作中，"隐微的教诲"与"俗

---

① 伽达默尔：《诠释学与历史主义》，《理解与解释：诠释学经典文选》，第217—218页。

② 同上书，第222页。

白的教诲"这样个案性的诠释手法，被无节制地泛化了，甚至在尼采这样从不隐晦的作者身上也得到了"持之有故，言之成理"的应用。[①] 在这样的应用中，施特劳斯被便携化了。

然而，诠释学基础的危机真的只是一个假相吗？那么使诠释成为可能的基础究竟是什么呢？也许，施特劳斯的回答仍然只能在海德格尔的思考中寻找。诠释学的根基就在于作为能在的历史。只有在一个文明的历史性展开中，理解才成为可能。对于那些已经死去的文明而言，还可能有什么真正的理解可言吗？理解就是在……之中存在着的领会，因此，与理解相关联的诠释就意味着去在……之中，获致内在的精神同一。历史性民族的命运是一种历史的呼唤，呼唤着历史性的此在——那些在其根基处具有在……之中的存在样式的存在者，让他们进入它的内在精神之中，让他们成为它的话语的聆听者、它的价值的承担者、它的品味的欣赏者，让他成为它的声音的传达者。他们可以背过身去拒绝倾听，从而远离自己的根源，成为现代的、更现代的那群人；也可以在倾听中走向那本真的命运性的关联。我相信，在寂寞中与"历史精神相往来"的施特劳斯正是这样一位命运的倾听者。

（本文原载《学术思想评论》第十一辑，2004 年）

---

① 刘小枫似乎也没有分清楚导致隐微写作的两个性质不同从而不能混淆的原因：迫害和哲学性癫狂的危害。由迫害导致的隐微写作，是哲学家"明哲保身"的规避；而由对哲学性癫狂的危害的认识而来的隐微写作，则是哲学家的自我约束和节制。

# 读中译《存在与时间》札记

中译本《存在与时间》的译介和出版，可以视为 20 世纪 80 年代以来汉语学界最为重要的译事：在使得这部堪称 20 世纪最重要的奠基性著作进入汉语视野的同时，也极大地拓展了汉语本身的思考边界。尽管在翻译的品质上，这一译本还有完善的空间。

海德格尔在去世前一周写给某个关于其思想的国际学术研讨会的信中，以这样的话开头："思想者以提问相互致意。"以这一姿态为范例，这篇札记借"挑剔"的阅读向译者致敬，同时提示出进一步修订的必要。①

---

① 这篇校读性的札记是以中译《存在与时间》修订译本以及现有的两种英译本为基础的。参见《存在与时间》修订译本，陈嘉映、王庆节译，北京：生活·读书·新知三联书店，2000 年。两个英译本分别为 *Being and Time*，John Macquarrie 和 Edward Robinson 译，SCM Press Ltd.，1962 年；*Being and Time*，Joan Stambaugh 译，State University of New York Press，1996。三种译本皆译自德文本，细节上常互有异同。本篇札记只关注两个英译本一致而与中译本不同的情况。出于审慎的考虑，每条后皆附相应的德文本 ( 即中译本用作底本的 Max Niemeyer Verlag Tübingen 1979 年版 ) 原文，以备检核。札记所列诸条，多是局部和细节上的校订，并非试图以此否定中译本的价值。

# 一、细节上的质疑

## （一）中译本漏译

1. 第 32 页第 20 行，在"……某种'流派'"和"'现象学'这个词……"这两句话中间，两个英译本都有一个中译本没有的句子：M，"for phenomenology is nothing of either sort, nor can it become so as long as it understands itself"；S，"because phenomenology is neither of these and can never be as long as it understands itself"；译为"因为现象学不是任何这类的东西，而只要它领会了自己，它就不可能成为这类东西"。[*Weil Phänomenologie keines von beiden ist und nie werden kann, solange sie sich selbst versteht*]

2. 第 222 页第 8—10 行，"把这个指引整体、把'为了做'的形形色色的联系同此在从根本上与之牵涉的东西概括在一起，这样的概括毋宁是把此在的源始整体从现象上表达出来"，在"概括在一起"与"这样的概括毋宁是"之间，两个英译本都有一个中译本没有的句子。整句话的英译，"The fact that this referential totality, of the manifold relations of the in-order-to, is *bound up with* that which Da-sein is concerned about, does not signify that an objectively present 'world' of objects is welded together with a subject. Rather ..."；顺着中译的语气，相关的部分译为"这一指引整体——'为了做'的形形色色的联系与此在所关涉的东西密切关联这一事实，并不意味着一个现成的对象'世界'被焊接在一个主体之上，而是……"。[*Die Verklammerung des Verweisungsganzen, der mannigfaltigen Bezüge des "Um-zu",mit*

*dem, worum es dem Dasein geht, bedeutet kein Zusammenschweißen einer vorhandenen "Welt" von Objekten mit einem subjekt*]

3. 第 389 页第 2 行，"……颇有道理的吗"与"无庸争议"之间，两个英文本都有一个中译本没有的句子，"Is not the primary temporal meaning of fear the future, and not at all having-been"；译为"难道怕的源始时间性意义根本不是曾在，而是将来吗"。[*Ist der primäre zeitliche Sinn der Furcht nicht die Zukunft und nichts weniger als die Gewesenheit*]

4. 第 437 页第 10 行，"……当下即是的'此'这回事"与"我们把天命领会为……"之间，两个英译本均有一个中译本没有的句子，"and this handing down we call 'fate'. This is also the ground for destiny"；译为"我们称这一传承为命运。它也是天命的根基"。[*Das in der Entschlossenheit liegende vorlaufende sichüberliefern an das Da des Augenblicks nennen wir Schicksal. In ihm gründet mit das Geschick, worunter wir das Geschehen des Daseins im Mitsein mit Anderen verstehen*]

## （二）中译本误译

1. 第 26 页第 11 行，"这种无根的希腊存在论在中世纪变成固定教材"。两种英译均作，"a fixed body of doctrine"；译为"一套固定的学说"。[*Diese entwurzelte griechische Ontologie wird im Mittelalter zum festen Lehrbestand*]

2. 第 32 页第 15 行，"我们的任务远非先行给定一门学科"。英译，M，"Here one does not have to measure up to the tasks

of some discipline that has been presented beforehand"；S，"It should not at all be our task to satisfy the demands of any established discipline"；二者字句上略有差别，但意思都是"满足任何既有学科的需要都根本不应成为我们的任务"。[*Es soll überhaupt nicht der Aufgabe einer vorgegebenen Disziplin genügt werden*]

3. 第 108 页第 10—11 行，"同时，随上帝这一概念'不言而喻地'连带意指的东西使我们能够从存在论上解释实体性的、无所需求性的组建环节"。英译，M，"At the same time, the 'self-evident' connotation of the concept of God is such as to permit an ontological interpretation for the characteristic of not needing anything—a constitutive item in substantiality"；S，"At the same time, the 'self-evident' connotation of the concept of God makes possible an ontological interpretation of the constitutive factor of substantiality, that of not needing anything"；译为"同时，随上帝这一概念'不言而喻地'连带意指的东西使我们能够从存在论上解释无所需求性这一实体性的组建要素"。[*Zugleich ermöglicht das mit dem Begriff Gott "selbstverständlich" Mitgemeinte eine ontologische Auslegung des konstituiven Momentes der Substanzialität, der Unbedürftigkeit* ]

4. 第 118 页第 16—18 行，"与我们最初对'在之中'的先行描绘相关联，我们把存在在空间之中的一种方式称为'在之中'。此在必须同'在之内'这种存在方式划清界线"。两个英译本基本相同，均为"In connection with our first preliminary sketch of Being-in, we had to contrast Dasein with a way of Being in space which we

call 'insideness'"；译为"与我们对'在之中'的初步描绘相关联，我们必须把此在与我们称之为'在之内'的空间内存在方式区别开来"。[*Im Zusammenhang der ersten Vorzeichnung des In-Seins mußte das Dasein gegen eine Weise des Seins im Raum abgegrenzt werden, die wir die Inwendigkeit nennen*]

5. 第 168 页第 11 行，"这种能在从不作为尚未现成的东西有所期待"。两个英译本基本相同，"which is never something still outstanding as not yet present-at-hand"；译为"这种能在从不是尚未现成的未完成的东西"。Outstanding 有"未完成的"的意思。[*das nie als Noch-nicht-vorhandenes aussteht, aussteht*]

6. 第 185 页第 18 行，"……存在论诠释学的'作为'"。两个英译本均作"existential-hermeneutical"，即"生存论诠释学的'作为'"。[*das existenzial-hermeneutische "Als"*]

7. 第 196 页第 9 行，"共处倒把话语之所云说来说去，为之操劳一番"。两个英译本大致相同，"but being-with-one-another takes place in talking with one another and in heeding what is spoken about"；译为"而是共处在彼此交谈和对所谈的东西的操劳中发生"。[*sondern das Miteinandersein bewegt sich im Miteinanderreden und Besorgen des Geredeten*]

8. 第 234 页第 19—20 行，"我的现成存在，亦即在内在的意义上给定的、形形色色的观念的现成存在，就是现成的变易"。两个英译本意思一样，"My own Being-present-at-hand—that is, the Being-present-at-hand of a multiplicity of representations, which has been given in the inner sense—is a process of change which is present-

at-hand"；译为"我的现成存在，亦即在内感觉中给定的表象的多样性的现成存在，就是现成的变易过程"。"内感觉"，中译《纯粹理性批判》亦译作"内感官"。[1] [*Mein Vorhandensein,das heißt das im inneren Sinn gegebene Vorhandensein einer Mannigfaltigkeit von Vorstellungen, ist vorhandener Wechsel*]

9. 第 244 页倒数第 1—3 行，"这只不过是把盘根错节的成堆问题变为追问存在的问题及其可能的样式问题，变为这些变式的意义的问题。这样才能更醒目地浮现出来"。英译，M，"we have merely allowed the intricate problems of the question of Being and its possible modes, and the question of the meaning of such modifications, to emerge more sharply"；S，"but only lets the maze of problems in the question of being and its possible modes, and meaning of such modifications, emerge more sharply"；译为"只不过是让存在问题及其可能样式以及此类变式的意义问题，让这些令人困惑的问题呈显得更加尖锐"。[*sondern lassen nur die Problemverschlingungen in der Frage nach dem Sein und seinen möglichen Modi und nach dem Sinn solcher Modifikationen schärfer heraustreten*]

10. 第 249 页倒数第 1—3 行，"认识和判断的现实不是分裂成两种存在的方式和两个'层次'吗？把这两种东西拼合在一起不是从不涉及认识的存在方式吗"。两个英译本基本相同，"Is not the reality of knowing and judging sundered into two kinds of being, two 'levels' that can never be pieced together so as to get at the

---

① 参见康德：《纯粹理性批判》，邓晓芒译，北京：人民出版社，2004 年。

kind of being of knowing"；译为"认识和判断的现实不是分裂为两种存在，即无法拼合起来以达到那种属于认识的存在的两个层次吗?" [*Wird die Wirklichkeit des Erkennens und Urteilens nicht in zwei Seinsweisen und "Schichten"auseinandergebrochen, deren Zusammenstückung die Seinsart des Erkennens nie trifft?*]

11. 第 272 页第 18 行，"……此在作为存在者的整体……"。英译，M，"as a whole which is"；译为"存在着的整体"。S，"as an existing whole"；译为"生存着的整体"。[*Dasein als seiendes Ganzes ontisch zu*]

12. 第 274 页第 15 行，"此在这种存在者的终结就是现成事物这种存在者的端始"。两个英文本相同，"The end of the entity qua Dasein is the beginning of the same entity qua something present-at-hand"；译为"这种存在者作为此在的终结就是其作为纯粹现成存在物的开始"。[*Das Ende des Seienden qua Dasein ist der Anfang dieses Seienden qua bloßen Vorhandenen*]

13. 第 325 页第 12 行，"但却不是把它自身带入它的'此'"。英译，"it has been brought into its 'there', but not of its own accord"；译为"它已经被带入它的'此'，但并不是自愿的"。"of one's own accord"是一个短语，意为"自愿的、主动的"。[*Seiend ist das Dasein geworfenes, nicht von ihm selbst in sein Da gebracht*]

14. 第 337 页第 17—18 行，"这等于说，在其罪责存在中从它自身出发而'让'最本己的自身'在自身中行动'"。英文为"Letting one's own most self act in itself of its own accord in its being-guilty..."，即"这等于说，在其罪责存在中自愿地'让'最

本己的自身在自身中行动"。[*Dieses In-sich-handeln-lassen des eigensten Selbst aus ihm selbst in seinem Schuldigsein repräsentiert phänomenal das im Dasein selbst bezeugte eigentliche Seinkönnen*]

15. 第 383 页第 22 行，"时间将并不常驻地从本真的将来到时"。其中的"时间"，英文本作"temporality"，即"时间性"。[*Darin liegt: die Zeitlichkeit zeitigt sich nicht ständig aus der eigentlichen Zukunft*]

16. 第 432 页第 18 行，"……历史主体的主观性……"。英译，"subjectivity"；从上下文看，应译为"主体性"。[*Subjektivität des "geschichtlichen" Subjekts*]

17. 第 437 页第 8 行，"……在其历史性中把自己承担过来"。两个英译本均作"in its history"；即"在其历史中"。[*in seiner Geschichte*]

18. 第 437 页第 12—13 行，"……此在本己的历史性……"。两个英译本均作"its own history"；即"此在本身的历史"。[*Die Wiederholung macht dem Dasein seine eigene Geschichte erst offenbar*]

19. 第 441 页第 3—4 行，"恰恰是此在、命运与重演的本真历史性……"。英译为"precisely the authentic historicity of Da-sein— fate and retrieve"；译为"恰恰是此在的本真历史性——命运与重演"。[*als vermöchte gerade die eigentliche Geschichtlichkeit des Daseins, Schicksal und Wiederholung.*]

20. 第 451 页第 13 行以及第 23 行，"……与历史学上的东西之间……"。英译为"historical"；即"历史的"。两种英译本都以"historiographical"专用于"历史学的"。类似的问题也出现于第 452 页第 4 行"历史主义学派"以及第 5 行"那一学派根本不是历史主义的",从英译看,似应为"历史的学派"和"那一学派根本不是历史的"。此外,第 453 页第 21 行、第 455 页第 14、16 行以及第 456 页第 7 行等处也有同样的问题。[*Zwischen Ontischem und Historischem* ]

21. 第 459 页第 22 行,"时间被凝织……"。两个英译本均作"temporality",即"时间性"。[*die Zeitlichkeit sich in die Gegenwart verstrickt*]

22. 第 491 页第 20—21 行,"时间是作为不是在自身中完成的精神的命运和必然性而现相的"。英译为,"Thus time appears as the very fate and necessity which spirit has when it is not in itself complete"。在《精神现象学》中译本中,这句话为:"因此,时间是作为自身尚未完成的精神的命运和必然性而出现的。"①这种译法与英译是完全一致的。[*Die Zeit erscheint daher als das Schicksal und die Notwendigkeit des Geistes, der nicht in sich vollendet ist*]

### (三)中译本令人费解或未能把握住原句的语义

1. 第 4 页第 21—22 行,"中世纪的存在论主要依循托玛斯主义和司各脱主义的方向对这一问题进行了各种各样的

---

① 参见黑格尔:《精神现象学》,贺麟、王玖兴译,北京:商务印书馆,1979年,第 268 页。

讨论……"。英译，M，"...especially in the Thomist and Scotist schools..."；S，"...above all in the Thomist and Scotist schools..."；译为"特别是在托玛斯和司各脱学派中"。[*vor allem in den thomistischen und skotistischen Schulrichtungen* ]

2. 第 12 页第 13 行，"这种解释是借信仰本身的意义先行描绘出来的"。英译均作"prescribed by"；译为"由……得到规定"。中译本将英译中译为"prescribe"的词大都译作"描绘出来"，这种情况还出现在：第 20 页第 2 行、第 44 页第 1 行、第 150 页第 24 行、第 163 页第 6 行及第 197 页第 23 行等处。[*aus dem Sinn des Glaubens selbst vorgezeichneten. vorzeichnen*]

3. 第 33 页第 16 行，"现象学的先行概念"。英译本作"preliminary conception"，即"初步的概念或基本概念"。在中译本《存在与时间》的"第二篇"中，"先行"是一个重要的核心概念，应保持概念的统一性。而在中译本中，"先行"用得太过随意了。同样的情况见第 37 页第 19 行、第 40 页倒数第 2 行、第 43 页第 17 行以及第 268 页第 2 行等处。[*der Vorbegriff der Phänomenologie*]

4. 第 74 页第 16—17 行，"世界之内的存在者是物、自然物和'有价值的物'"。英译，M，"Now the entities within the world are Things—Things of Nature , and Things 'invested with value'"；S，"Beings within the world are things, natural things and 'valuable' things"；译为"世界内的存在者是物——自然物和'有价值的物'"。三者不是简单并列的关系。[*Das Seiende innerhalb der Welt sind die Dinge, Naturdinge und "wertbehaftete"Dinge*]

5. 第 79 页第 5 行，"在存在的展开和解说中，存在者总是先于课题并随同课题〔出现的〕东西；真正的课题则是存在"。英译，M，"In the disclosure and explication of Being, entities are in every case our preliminary and our accompanying theme; but our real theme in Being"；S，"In the disclosure and explication of Being, beings are always our preliminary and accompanying theme. The real theme is being"；译为"在存在的展开和解说中，存在者总是我们预备的和附带的主题。真正的主题是存在"。[*In der Erschließung und Explikation des Seins ist das Seiende jeweils das Vor － und Mitthematische, im eigentlichen Thema steht das Sein*]

6. 第 90 页第 22 行，"而且'是某某东西的标志'本身就可以被表述为一种普遍的关系方式"。英译均为"can itself be formalized as a universal kind of relation"；译为"本身就可以被形式化为一种普遍的关系"。中译本第 91 页第 4 行，即明确出现了"形式化"这样的译法。[*sondern das Zeichensein für... kann selbst zu einer universalen Beziehungsart formalisiert werden*]

7. 第 91 页第 1 行，"标志可以被规定为指引的一个'种属'"。英译均为"Indicating can be defined as a 'kind' of referring"；译为"标志可以被规定为一'种'指引"。"一个'种属'"这样的表达，在中文里有点不知所云。[*Das Zeigen kann als eine "Art" von Verweisen bestimmt werden*]

8. 第 136 页第 4 行，"……逃避了此在的本真'核心'"。两个英译本均为"volatilizing the real 'core' of Dasein"；译为"蒸发掉了此在的真正'核心'"。[*dann scheint das doch der Verflüchtigung*

*des eigentlichen "Kernes" des Daseins gleichzukommen*]

9. 第 164 页第 18 行，"……反倒构成害怕"。两个英译本均作
"enhance it"，即"增加"害怕。[*was das Fürchten nicht mindert
und auslöscht, sondern ausbildet*]

10. 第 196 页第 10 行，"对共处要紧的是：把话语说了一番"。
两个英译本文字上不同，但意思基本一致，"What is important to
it is that one speaks"；译为"对共处而言，重要的是有人说"。[*Ihm
liegt daran, dass geredet wird.*]

11. 第 212 页倒数第 2—3 行，"这就表明了存在与领会的必
然联系，即使源始的根据可能还掩而未露"。两个英译本基本相
同，"even if it may perhaps be hidden in its primordial grounds"；
译为"即使这一联系也许还隐藏在其源始的根据中"。[*Darin
dokumentiert sich, wenngleich in den ursprünglichen Gründen
vielleicht verborgen, der notwendige Zusammenhang von Sein und
Verständnis.*]

12. 第 214 页第 3—4 行，"在逃避的何所面临中，此在恰恰逃
到它'后面'来了"。英译，M，"That in the face of which Dasein
flees, is precisely what Dasein comes up 'behind'"；S，"That from
which Da-sein flees is precisely what Da-sein comes up 'behind'；
译为"此在所逃避的，恰是此在从'后面'的来到"。[*Im Wovor
der Flucht kommt das Dasein gerade "hinter" ihm her*]

13. 第 237 页第 8—9 行，"此在设定诸如此类的前提总已经
'为时太晚'"。两个英译本均作"With such presuppositions, Da-sein
always already comes 'too late'"；译为"随着此类前提，此在总已经

来得'太晚'"。[*Das Dasein kommt mit dergleichen Voraussetzungen immer schon"zu spät",weil es …*]

14. 第 239 页第 2 行，"唯心论的结论颇逆乎情理，不可持信。尽管如此，设若唯心论……它在原则上还是比实在论优越"。两个英译本相同，均作"As opposed to realism, idealism, no matter how contrary and untenable it might be, has a fundamental priority, if it…"；译为"不管唯心论如何悖理和站不住脚，设若唯心论……与实在论相比还是有根本的优越性"。中译完全没有体现出其中的逻辑关系。[*Gegenüber dem Realismus hat der Idealismus, mag er im Resultat noch so entgegengesetzt und unhaltbar sein, einen grundsätzlichen Vorrang, falls er nicht…*]

15. 第 242 页第 17 行，"才可能奋争着揭示阻碍者"。英译，M，"that is, the discovery of what is resistant to one's endeavours"；S，"that is, the discovery of resistance in striving"；译为"才可能获得对努力中的阻碍者的揭示"。[*Widerstandserfahrung, das heißt strebensmäßiges Entdecken von Widerständigem, ist ontologisch nur möglich auf dem Grunde der Erschlossenheit von Welt*]

16. 第 248 页第 5—6 行，"……不受关于认识——却是这个认识带着那个别具一格的谓语——的五花八门的阐释之累而始终一贯"。两个英译本相同，均为"if it can hold its own without prejudice to any of the most various interpretation which that distinctive predicate 'knowledge' will support"；译为"不受由那个独特的谓词——'知识'所支撑的各种阐释之累而始终一贯"。[*Sie wird aber doch irgendein Recht haben, wenn sie, unbeschadet der*

*verschiedenartigsten Interpretationen der Erkenntnis, die doch dieses auszeichnende Prädikat trägt, sich durchhält]*

17. 第 300 页第 20—22 行，"对于殷切盼望可能的东西的存在，可能的东西会无阻无碍不折不扣地在其'是或不是或到底还是'中来照面"。两个英译本基本相同，"Anyone who is intent on something possible, may encounter it unimpeded and undiminished in its 'whether it comes or does not, or whether it comes after all'"；译为"任何期盼某种可能东西的人，都会无阻碍地、不打折地在它的'来不来或是否最终会来'中遇到它"。[*Für ein Gespanntsein auf es vermag ein Mögliches in seinem "ob oder ob nicht oder schließlich doch"ungehindert und ungeschmälert zu begegnen.*]

18. 第 301 页倒数第 3—4 行，"此在就为它本身而向着它的最极端的可能性开展着自身"。英译，"Dasein discloses itself to itself as regards its uttermost possibility"；译为"此在就着眼于它最极端的可能性而向其自身开展出自身"。[*Im vorlaufenden Enthüllen dieses Seinkönnens erschließt sich das Dasein ihm selbst hinsichtlich seiner äußersten Möglichkeit*]

19. 第 437 页第 20—21 行，"回到决心上去能够为启蒙工作提供什么东西呢"。英译，M，"How can recourse to resoluteness bring us any enlightenment"；译为"诉诸决心能给我们带来怎样的启迪呢"。S，"What can going back to resoluteness add to this by way of clarification"；译为"回到决心能为这一澄清添加些什么呢"。与英译相比，中译本中的"启蒙工作"这一译法在上下文中有些不知所云。[*Was vermag der Rückgang auf die Entschlossenheit an Aufklärung beizubringen*]

20. 第 444 页倒数第 3—4 行，"……把'过去'专题化的一般工作就有了一条自由的道路"。英译，M，"the way is in general prepared for such thematizing of the 'past'"；译为"这样就大体上准备好了将'过去'这样专题化的道路"。S，"the way is in general freed for such thematization of the 'past'"；译为"把'过去'这样专题化的道路就被大体上清理出来了"。[*hat die in der Existenz vollziehbare Thematisierung der "Vergangenheit" überhaupt freie Bahn*]

21. 第 475 页第 3 行，"在这样一种当前化中到时的东西就是时间"。两个英译本均作"What shows itself in this making present is time"，译为"在这一当前化中呈示自己的东西就是时间"。[*Das in solchem Gegenwärtigen sich Zeigende ist die Zeit*]

## 二、理解性的讨论

### （一）到时

第 347 页第 4—5 行，"时间性可以在种种不同的可能性中以种种不同的方式到〔其〕时〔机〕"。

这句话的中译注指出："Zeitigen 是名词 Zeit〔时间〕的动词形式，其基本意思为'某某东西的发生、造成〔的时机〕'，'果实成熟〔的时机〕'。本书译为'到其时机'，或简译为'到时'"。"到其时机"或"到时"这样的译法至少在中文上有些含糊其词。现有的两个英译本对这句话的翻译都差不多："Temporality has different possibilities and different ways of *temporalizing* itself";

以 及 "Temporality can *temporalize* itself in various possibilities and various ways"。

值得注意的是，中译本将与 spatiality（"空间性"）相应的 spatialize 译为"空间化"。参见中译本第 130 页第 15 行。

据此，temporalize itself 似就译为"时间化自身"。

### （二）操心、操劳、操持

中译本（指修订本）将英文译作 Care 的 Sorge 译为"操心"，并将与此相关的对世内存在者的 Besorge(英文译为 Take care of) 译成"操劳"、将对共在的他者的 Fuersorge(英文译作 Concern) 译为"操持"。[1] 由于中译本是以德文本为依据的，我们在这里如果以英文本为依据来讨论重要概念的译法，显然是不适合的。但如果仅就中文译法在汉语语境中的问题以及此种译法折射出的对海德格尔哲学基调的理解展开讨论，则不仅是可能的，而且也是必要的。

对于这一组译名，中译者是有其深入考虑的：

> Sorge 是德文常用词，意思大致是关心。……熊伟先生把 Sorge 译作"烦"，相应把 Besorge 和 Fuersorge 译作"烦心"和"麻烦"。……像熊伟所选择的很多译语一样，"烦"这个选择颇有传神之处。有所关心，就难免烦，我们活着，无论

---

[1]    这里的英文译名取自 Joan Stambaugh 所译的新译本。

作出多么无所谓的样子，其实总有所留恋有所关心。所以细审之下，我们竟如佛教所断，无时不在烦恼之中。……然而从学理上说，译 Sorge 为"烦"是有疑问的。佛教是从否定的角度来看待烦恼的，认为本真的生存应当克服烦恼。在这点上，海德格尔使用 Sorge 的用意几乎和烦恼相反。而我们现代人说"烦"，主要指一种不快的心情，既没有直接讲出关心，更没有表达出准备行动的意思。……如果不管这三个德文词的词根联系，可以考虑把 Besorge 译作操心、操持、操劳，但这些都不是完全的及物动词；料理、照料又太少"烦"的意味。把 Fuersorge 译作关照；Sorge 呢，勉强译作关切。今照顾到原文的词根联系，不得已译作操心，操劳，操持。①

首先，"操心""操劳"和"操持"是"照顾到原文的词根联系"的"不得已"的选择，译者实际上完全可以将它们分别译为"关切""关照"和"料理"。其次，与"烦"的关联对译名的选择始终有极大影响。而后者也就涉及对海德格尔哲学基调的领会和把握。

我们先从"操劳"这个译名入手。译者之所以没有选择"料理"或"照料"这样的译法，原因在于"太少'烦'的意味"。然而，在《存在与时间》中，"操劳"难道不是与"烦"（Angst）离得最远的在世样式吗？作为操劳着消散于世界的在世，在对最本己的能在的逃避中，不是与把这一最本己的能在抛到此在面前的"烦"

---

① 海德格尔：《存在与时间》修订译本，附录一"一些重要译名的讨论"，第502—503页。

（"畏"）最为隔阂的吗？如果考虑到这一点，"太少'烦'的意味"岂不成了莫大的优点！

接下来说"操持"。这个译名的问题主要在于它在汉语日常语境中的意义。在《存在与时间》中，"操持"指的是此在与作为共在的他人的关联。但在日常的汉语语境中，"操持"怎么能用在人与人的关系中呢？

最后来看"操心"。中译者对于"操心"与"烦"的关系是格外强调的：

> 这里顺便提一下 Angst 和 Sorge 的关系。Angst 浅近的意思就是害怕，但在害怕的种种成分之中，它又特别突出焦虑的意思。别的语言里很难找到和 Angst 相应的词，英语就直接把 Angst 吸收进去作外来语。Angst 和 Sorge 没有字面上的联系，但通过焦虑担忧这层意思，两者其实相当接近。[①]

我们注意到在《存在与时间》修订译本中，Angst 实际上被译成了"畏"。海德格尔对"畏"这样一种"负面情绪"的强调，常常被当作把握他的哲学基调的依据。然而，能够简单地将"畏"当作一种"负面情绪"吗？海德格尔的这段论述恐怕是常被错过的："先行的决心也不是来自某种高飞在生存及其可能性之上的'理想主义'期求，而是源自对此在诸实际的基本可能性的清醒

---

① 海德格尔：《存在与时间》修订译本，附录一"一些重要译名的讨论"，第 504 页。

领会。清醒的畏〔把此在〕带到个别化的能在面前，坦然乐乎这种可能性。坦荡之乐与清醒的畏并行不悖。"①这与王阳明论敬畏与洒落一节正可以互释："是洒落生于天理之常存，天理常存生于戒慎恐惧之无间。孰谓'敬畏之增，乃反为洒落之累'耶？惟夫不知洒落为吾心之体，敬畏为洒落之功，岐为二物而分其用心，是以互相牴牾，动多拂戾。"②而且，即使我们可以把"畏"当作一种"负面情绪"，在为 Sorge 找寻译名时考虑它与这种情绪的关联也不无问题。因为 Sorge 在《存在与时间》里是用来标画此在在世的整体的，而这一整体只有在完整地涵括本真与非本真状态以及二者尚未分化的状态之后，才成其为整体。而"畏"显然只与本真状态直接关联在一起。从这种考虑出发，在为《存在与时间》里的 Sorge 选择译名时，反而恰要特别注意与"畏"这种特定的情绪保持距离。

通过上面的讨论，我们可以清楚地感觉到，被译者放弃了的"关切"(care)、"料理"(take care of) 和"关照"(concern) 这组译名反而是更好的选择。

（本文原载《中国学术》第二十一辑，2006 年 4 月）

---

① 海德格尔：《存在与时间》修订译本，附录一"一些重要译名的讨论"，第353 页。

② 《王阳明全集》，上海：上海古籍出版社，1992 年，第 190 页。

# 论张载哲学中的感与性

张载关于感与性的讨论，在过去的研究中一直被看作他的思想体系的一个旁涉的论题，从而往往只在他的气学思想中附带地论及。本文旨在凸显有关感与性的思考在张载思想展开中的枢纽作用，及其在理解和把握张载思想的整体上的重要意义。

## 一、物与感

《正蒙·乾称篇》曰：

> 天地生万物，所受虽不同，皆无须臾之不感，所谓性即天道也。[①]

"感"是世界中未尝须臾止息的真实作用。

"感"发生在因气聚而有形的物之间，"感亦须待有物，有物则有感，无物则何所感"[②]。有气聚之"客形"，方有"客形"间

---

① 张载：《正蒙·乾称篇》，《张载集》，章锡琛点校，北京：中华书局，1978年，第63页。

② 《语录》，同上书，第313页。

的"客感"。

然而"感"的发生之所以可能，并不仅仅有聚而成形这一个条件。物之间能"感"的前提还在于物之间的相异：

> 造化所成，无一物相肖者，以是知万物虽多，其实一物；无无阴阳者，以是知天地变化，二端而已。①

然而，如果万物之间的差异被绝对化，则万物之间的相感也就无从谈起。因此，张载对异的突出强调，实质上是"一能合异"的"感"的观念环节："若非有异则无合"。②

对于异同与"感"的关系，张载在《正蒙·乾称篇》里的论述更为明晰：

> 以万物本一，故一能合异；以其能合异，故谓之感；若非有异则无合。天性，乾坤、阴阳也，二端故有感，本一故能合。③

---

① 《正蒙·太和篇》，《张载集》，第10页。张载对物与物之间差异的强调，在《张子语录》的另一则议论中有更为详尽的发挥："人与动植之类已是大分不齐，于其类中又极有不齐。某尝谓天下之物无两个有相似者，虽则一件物亦有阴阳左右。譬之人一身中两手为相似，然而有左右，一手之中五指而复有长短，直至于毛发之类亦无有一相似。至如同父母之兄弟，不惟其心之不相似，以至声音形状亦莫有同者，以此见直无一同者。"（同上书，第322页）

② 《正蒙·乾称篇》，同上书，第63页。

③ 同上。

这段材料实质上可以看作上引"造化所成"一段的另一种表述。在这一论述中,"感"这一观念得以成立的观念环节,得到了更为明确的展示。然而,这一表述同时也将"造化所成"一段中隐含的问题显露出来:在"造化所成"一段中,由于论述的实际主题"感"没有被明确标出,所以,我们在解读中可以将前后两句话当作两个关涉不同主题的论述;然而在《乾称篇》的这则材料里,"感"明确地成为两句话的共同主题。前一句讲明了"一"和"异"对于"感"的组建作用,而后一句似乎又将"感"的成立解析为"二端"和"本一"这两个环节。这里有两种可能:其一,"一能合异"是对"感"的一般性界定,乾坤、阴阳的"二端"之"感"是其中的一类,在此标举出来,作为例证;其二,"一能合异"之"感"与乾坤、阴阳的"二端"之"感"是两种完全不同的"感"的类型。

与《正蒙·乾称篇》中的另一则材料的参照可知,我们只能依后一种可能性来理解:

> 天包载万物于内,所感所性,乾坤、阴阳二端而已,无内外之合,无耳目之引取,与人物蕞然异矣。人能尽性知天,不为蕞然起见则几矣。[1]

这里,张载明确区分天之"所感所性"与人物之"感"的不同:天的所感,只是乾坤、阴阳二端之间的相感,没有人和物那样的内外分别,也无须耳目等感官的引领和作用,因而也就不是人和

---

[1] 《正蒙·乾称篇》,《张载集》,第63页。

物之间的那种类型的"感"。"蕞然"这个词指出人与物之间的"感"的纷杂。在个殊的人物中间，只有能"尽性知天"的圣人，其所感与天相近（几）。于是我们看到，"感"被分成了三类：其一，天的乾坤、阴阳的"二端"之"感"，此种"感"是纯然无杂的；其二，人与物之间的合异之"感"，此种"感"是"蕞然"的，也即纷杂的；其三，能"尽性知天"的圣人之感，而圣人之"感"即是由人的"蕞然"之"感"向天之"感"的复归。

对于圣人之"感"，《正蒙·太和篇》中有这样的论述：

> 至静无感，性之渊源，有识有知，物交之客感尔。客感客形与无感无形，惟尽性者一之。①

圣人之"感"是渊源于太虚的"无感无形"与人物之间的"客感客形"的统一。而这一统一就是向天之"感"的复归。"大率天之为德，虚而善应，其应非思虑聪明可求，故谓之神，老氏况诸谷以此。"②一方面，天本太虚"无感无形"之德；另一方面，"上天之载，有感必通"，又是虚而善应的。

作为世界中真实的作用，物之间的感是多种多样的：

> 感之道不一：或以同而感，圣人感人心以道，此是以同也；或以异而应，男女是也，二女同居则无感也；或以相悦

---

① 《正蒙·太和篇》，《张载集》，第7页。
② 《正蒙·乾称篇》，同上书，第66页。

而感，或以相畏而感，如虎先见犬，犬自不能去，犬若见虎则能避之；又如磁石引针，相应而感也。若以爱心而来者自相亲，以害心而来者相见容色自别。"圣人感人心而天下和平"，是风动之也；圣人老吾老以及人之老，而人欲老其老，此是以事相感也。感如影响，无复先后，有动必感，咸感而应，故曰咸速也。①

这些"感"之中，只有圣人的感是正感。圣人之感的实质在于同，"能通天下之志者为能感人心，圣人同乎人而无我，故和平天下，莫盛于感人心"②。

## 二、感与通

"感"的结果是"通"。《正蒙·太和篇》曰：

感而后有通，不有两则无一。故圣人以刚柔立本，乾坤毁则无以见易。③

由"感"至"通"，是由"两"而至于"一"的过程。彼此相异的物，由"感"的合异的作用，而建立起相通的关联。

与"通"相对的是"碍"和"壅"：

① 《横渠易说·咸卦》，《张载集》，第125页。
② 《正蒙·至当篇》，同上书，第34页。
③ 《正蒙·太和篇》，同上书，第9页。

> 太虚为清，清则无碍，无碍故神；反清为浊，浊则碍，
> 碍则形。①

这里，我们可以看到，"虚""清""神"和"通"(无碍)，与"形""浊"和"碍"构成了存在状态的两个极端。在这一论述中，"通"的根据在于"太虚"，"通"可以看作是对由"形"而生的"碍"的超越。然而，这样一来，就引生出一个问题，为形气所限的具体的事物是否有与其"客感"相应的"通"呢？

《正蒙·太和篇》云：

> 凡气清则通，昏则壅，清极则神。故聚而有间则风行，
> 风行则声闻具达，清之验与！不行而至，通之极与！②

首先，"清""通"与"昏""壅"的对立，是"清""通"与"碍""浊"的对立的另一种表述。其次，"通之极与"这一表达，透露出在张载的思考中，"通"是有一个等级序列的。

在另一广为征引的论述中，我们可以更清楚地看到"通"这个观念在张载思考中的组建作用：

> 凡物莫不有是性，由通蔽开塞，所以有人物之别，由蔽
> 有厚薄，故有智愚之别。③

---

① 《正蒙·太和篇》，《张载集》，第9页。

② 同上。

③ 《性理拾遗》，同上书，第374页。

人与物的分别和差等，正是以"通"和"蔽"的程度为依据的。而人的德性养成的实质，正是一个由"蔽"而"通"的过程。而"通"是"感"的结果，因此，"感"就成了超越"壅""蔽"的作用。反过来说，"壅""蔽"也就意味着"感"的缺失。

　　一般说来，"感"作为超越个体与他者建立关联的作用，其本身即是对自身有限的形气的超越。然而，物都有其特定的"感"。正如我们在前面的讨论中指出的那样，并非所有的"感"都是正当的。张载《横渠易说》中论及《咸卦》时说："咸，感也，其爻虽相应而词多不吉，顾其时如何耳。"在张载看来，《咸卦》诸爻之所以大都不吉，其原因在于"失时"。这里，"时"成了判定"感"的正当性的标准。这里，"时"的概念不可以凭空理解，而应放在张载自己的经典解读的话语系统中寻求理解。在解释《孟子》"圣之时"的论断时，张载说："'圣之时'，当其可之谓时，取时中也。可以行，可以止，此出处之时也。至于言语动作皆有时也。"[1]这里，"时"意味着依具体情况而变的正当性。因此，"圣之时"既是对有所限定的具体情况的正确把握，将自己置于具体状况的约束之下；同时又是对一切具体状况的超越。这里呈示给我们的，正是一种真正的、具体的普遍性，与我们通常理解的形式逻辑意义上的种属之类的抽象的普遍性有别。这样一来，"失时"就意味着在某种程度上为有限的状况拘蔽，从而部分地丧失了自己的超越的普遍性。事实上，在张载的思考中，这种真正的普遍性正是圣人之所以为圣人的本质："谷之神也有限，故不能通天

---

　　[1]　《语录》，《张载集》，第309页。

下之声；圣人之神惟天，故能周万物而知。"① 由此，人物之间的"客感"及与之相应的"通"，表面上构成了对自身有限性的超越，而实质上倒恰是其"壅""蔽"的表征。

真正的"感"必是普遍性的：

> 咸之为言皆也，故语咸则非事。②

这里，"皆"应解作"都"，是无所不包之意。"语咸则非事"，事与理相对，因此，只要说到咸，就落到理的层面，而理必是普遍性的。

与"壅""蔽"相对的超越的普遍性，只有到了"大人"这一成德的阶段，才能真正达到：

> 性者万物之一源，非有我之得私也。惟大人为能尽其道，是故立必俱立，知必周知，爱必兼爱，成不独成。彼自蔽塞而不知顺吾理者，则亦末如之何矣。③

与"蔽塞而不知顺吾理者"相对的，是"立必俱立，知必周知，爱必兼爱，成不独成"，而后者无疑是"通"的具体表达。圣人"用感"④，以"通天下之志"⑤，从而达到"俱立"咸"成"。圣人

---

① 《正蒙·天道篇》，《张载集》，第 15 页。

② 《横渠易说》，同上书，第 125 页。

③ 《正蒙·诚明篇》，同上书，第 21 页。

④ 《横渠易说·观卦》，同上书，第 107 页。

⑤ 《横渠易说·系辞上》，同上书，第 202 页。

所以感人心的根据在于"天理",而"所谓天理也者,能悦诸心,能通天下之志之理也"[①]。

## 三、感与性

在上述有关"感"与"通"的讨论的基础上,我们可以进一步考察张载关于"性"的思考。《正蒙·乾称篇》中有这样一个颇费思量的论述:

> 感者性之神,性者感之体(自注:在天在人,其究一也)。惟屈伸、动静、终始之能一也,故所以妙万物而谓之神,通万物而谓之道,体万物而谓之性。[②]

"感者性之神,性者感之体"这一表达,向我们指明了"感"与"性"这两个概念在张载思想中的本质关联。但这一关联的具体内涵还晦暗不明。问题的关键在于理解这一论述中的"神"和"体"究竟何指。文本的第二句,在某种程度上构成了对第一句的具体解释和进一步的展开,其中,"神"和"体"的意义似乎得到了进一步的规定。"惟"和"故"构成的逻辑关系,表明"屈伸、动静、终始之能一"是后面三个"谓之"的前提。换言之,"能一"是使"谓之"这样的指涉行为成为可能的条件。"神""道"和"性"之所

---

① 《正蒙·诚明篇》,《张载集》,第23页。

② 《正蒙·乾称篇》,同上书,第63—64页。

以只是一种称谓而非定义，正因为它们都只是在道说出同一个东西。"谓之"这一表达不能等闲视之，应该看到其中王弼的印迹：在《老子注》中，王弼明确区分了"名之"与"谓之"的不同。[①]有了上述分析，我们就会明确，只有那能将屈伸、动静、终始统一起来的东西，才能"妙万物""通万物"和"体万物"。"妙万物"的作用被称为"神"，"体万物"的作用被称为"性"。在这一文本中，我们最为关注的"神"和"体"的意义和关系，因为语法位置上的错置，不仅没有给我们带来预期的确定性，反而使问题更为含混了。

我们再来看看其他将"神"和"体"关联起来的材料：

> 神，天德，化，天道。德，其体，道，其用，一于气而已。[②]

在这条材料里，"神"是"体"，"化"是"用"。这与上引文本在"神"和"体"之间建立的区分，正相反对。由此可知，上文"神""体"对举中的"体"，不能简单地在"体用"的关系中来把握。

在张载的哲学话语中，"神"和"化"是一对重要的范畴。那么，"感者性之神，性者感之体"能否在这一关系中得到理解呢？《正蒙·动物篇》云：

---

① 《王弼集校释》，第 2 页。而张载对王弼是相当熟悉的。《正蒙·有德篇》："谷神能象其声而应之……王弼谓'命吕者律'，语声之变，非此之谓也。"《张载集》，第 46 页。

② 《正蒙·神化篇》，《张载集》，第 15 页。

> 凡物能相感者，鬼神施受之性也；不能感者，鬼神亦体
> 之而化矣。①

"鬼神，往来、屈伸之义。"②这里，"体之而化"这一表述，向我们指示出"体"与"化"的关联。于是，我们可以大体上确定，上文中的"神"和"体"，要在张载对"神"与"化"关系的论述中寻求具体的解释。

关于"神"和"化"的关系，张载有相当多的讨论：

> 形而上者，得辞斯得象矣。神为不测，故缓辞不足以尽
> 神，缓则化矣；化为难知，故急辞不足以体化，急则反神。③
> 义以反经为本，经正则精；仁以敦化为深，化行则显。
> 义入神，动一静也；仁敦化，静一动也。仁敦化则无体，义
> 入神则无方。④

从前一材料看，"神"跟"化"有急缓之别，这似乎是一种量的区别。从后一材料看，二者之间又成了动静之别。具体地说，"仁敦化"，仁属静，由仁而化，是静而致动；"义入神"，则是动而归诸静。"惟神为能变化，以其一天下之动也"⑤，又"天下之动，

---

① 《正蒙·动物篇》，《张载集》，第 19 页。
② 《正蒙·神化篇》，同上书，第 16 页。
③ 同上。
④ 同上书，第 18—19 页。
⑤ 同上书，第 18 页。

神鼓之也"①，神寂然不测，无方无体，但同时又能"鼓天下之动"。而正因为天下之动都是神来鼓动的，所以说神能"一天下之动"。

对于"体"与"化"的关系，我们还是要借助上引《正蒙·动物篇》的那条材料来理解。"鬼神施受之性"是"物能相感"的根据；"不能感者"，是物的隔绝孤立的状态。但这种隔绝孤立只是相对的，其中仍有"鬼神体之而化"的作用，"体之"意指内在性，"鬼神"或者说"往来、屈伸"内在于处于相对隔绝状态的物，引起物的"化"，而"化"是内而见诸外的。在这里，"体之"是内在于万物中、引起某种由内而外的变化的作用。引起"化"的东西，其本身是静的。

讨论至此，我们可以回过头来看一看"感者性之神"这条材料。材料的第二句为第一句的理解提供了视野。第二句指出那将屈伸、动静、终始统一起来的东西不可以定义（名之），而只能权宜地指称（谓之）。在这一视野里，"感"与"性"也就成了对同一东西的不同侧面的称谓。在前述"神"与"体"的考察的基础上，我们可以给出此句更为确切的解释。"所以妙万物而谓之神"，这里"妙万物"就是"鼓""天下之动"的意思；"体万物而谓之性"，"体万物"就是内在于万物而又能引生内而见诸外的作用。这样一来，"感者性之神"，指的就是"感"是"性"的鼓动万物的作用；而"性者感之体"，指的就是"性"是内在于"感"，引生"感"，同时自身又是静的。"性"和"感"指称的正是超越

---

① 《正蒙·神化篇》，《张载集》，第16页。

万物自身有限的形气的作用。

《正蒙·诚明篇》曰：

> 性其总，合两也；命其受，有则也；不极总之要，则不
> 至受之分，尽性穷理而不可变，乃吾则也。天所自不能已
> 者谓命，〔物所〕不能无感者谓性。虽然，圣人犹不以所可
> 忧而同其无忧者，有相之道存乎我也。①

这一段在文本上有歧异。"物所"二字是《张载集》的编者依《朱
子语类》增补的。②牟宗三《心体与性体》所用文本，无"物所"
二字。③《正蒙·诚明篇》有"天所性者通极于道"和"天所命
者通极于性"④这样的表述，从文句结构上的关联看，文本中应
无"物所"二字。我们注意到，在"天所性者"和"天所命者"
这样的表达中，"性"和"命"均用作动词。而"天所自不能已
者"是对"天所命者"的进一步解释，由此，后一句"不能无
感者"也就是对"天所性者"的解释。这样一来，我们可以确
定"不能无感者谓性"实际上是承上句的文势而省略了"天所自"
三个字的结果。"天所自"标明的是"性"和"命"的形上根源。
因此，"不能无感者谓性"所说的就是人性是从天禀受而来的"不
能无感"这一本质的倾向和可能性。

---

① 《正蒙·诚明篇》，《张载集》，第22页。
② 同上书，第22页注一。
③ 牟宗三：《心体与性体》上册，上海：上海古籍出版社，1999年，第422页。
④ 《正蒙·诚明篇》，《张载集》，第21页。

《正蒙·诚明篇》又说：

> 天所性者通极于道，气之昏明不足以蔽之；天所命者通极于性，遇之吉凶不足以戕之；不免乎蔽之戕之者，未之学也。性通乎气之外，命行乎气之内，气无内外，假有形而言尔。故思知人不可不知天，尽其性然后能至于命。①

在《正蒙·乾称篇》中有另一段类似的论述："性通极于无，气其一物尔；命禀同于性，遇乃适然焉。人一己百，人十己千，然有不至，犹难语性，可以言气；行同报异，犹难语命，可以言遇。"② "人一己百，人十己千"云云，表明此节所论说的"性"是天命之性，是"性"的本然之体。"天所性者通极于道"与"性通极于无"是同一思想的不同表达。这里，"道"和"无"当指作为"性"的形上根源的太虚本体。"性通乎气之外"，而"气无内外"，这里所说的气是指人和物的具体而有限的形气，假此而言，故有内外之别。"性"是超越人的有限形气（或形气之私）的根源性的倾向。正是这一根源性的倾向，使人能从形气的拘蔽中通达出来，超越由一己的形气之私所造成的隔阂，从而建立起与他者的关联。"性"作为超越自身有限形气的本质倾向，自然"不能无感"，也自然会感而遂通。

---

① 《正蒙·诚明篇》，《张载集》，第21页。
② 《正蒙·乾称篇》，同上书，第64页。

# 四、圣人用感

《横渠易说·观卦》云：

> 有两则须有感，然天之感有何思虑？莫非自然。圣人则
> 能用感，何谓用感？凡教化设施，皆是用感也，作于此化于
> 彼者，皆感之道，圣人以神道设教是也。①

天之感与圣人之感，均与"蕞然"的客感不同，但天之感无思无
虑，②而圣人之感则不能无忧。故施行教化，以发挥感之道。

圣人感人心"以同"③：

> 能通天下之志者为能感人心，圣人同乎人而无我，故和
> 平天下，莫盛于感人心。④

圣人穷理，而"所谓天理也者……能通天下之志之理也"⑤；穷
理则尽性，而尽性即发挥感之道以通天下之志。"以同"而感，
不是说圣人以一己之心加于他人，而是圣人"同乎人而无我"。

---

① 《横渠易说·观卦》，《张载集》，第 107 页。

② 《横渠易说·系辞上》云："老子言'天地不仁，以万物为刍狗'，此是也；
'圣人不仁，以百姓为刍狗'，此则异矣。圣人岂有不仁？所患者不仁也。天地则何意
于仁？鼓万物而已。圣人则仁尔，此其为能弘道也。"同上书，第 188—189 页。

③ 《横渠易说·咸卦》，同上书，第 125 页。

④ 《正蒙·至当篇》，同上书，第 34 页。

⑤ 《正蒙·诚明篇》，同上书，第 23 页。

而要做到这一点，圣人就必须要了解愚人乃至禽兽的意欲，"圣人通天下之志，虽愚人与禽兽犹能识其意"①。

而圣人之所以能够让万物皆伸其志，在于能以"至虚"为心：

> 无不容然后尽屈伸之道，至虚则无所不伸矣。②

一般说来，"彼伸则我屈"③，然而对于圣人而言，这并不是绝对的。"'君子无所争'，知几于屈伸之感而已。'精义入神'，交伸于不争之地，顺莫甚焉，利莫大焉。"④

以"至虚"为心之感，就是"感以诚"：

> "屈信相感而利生"，感以诚也；"情伪相感而利害生"，杂以伪也。至诚则顺理而利，伪则不循理而害。顺性命之理，则所谓吉凶，莫非正也。逆理则凶为自取，吉其险幸也。⑤

圣人"知几于屈伸之感"，因此能不争而伸其志，而圣人之志就是要"通天下之志"。

---

① 《横渠易说·系辞上》，《张载集》，第 201 页。
② 《正蒙·至当篇》，同上书，第 36 页。
③ 同上。
④ 同上。
⑤ 《正蒙·诚明篇》，同上书，第 24 页。

## 五、余　论

张载对"感"的强调，是与北宋儒学的思想氛围息息相关的。二程对于"感"也极为重视，如说：

> 天地之间，只有一个感与应而已，更有甚事？ ①

虽然这一论述与张载对"感"的系统深入的讨论不可同日而语，但"感"的重要性仍得到了充分的突显。

《程氏遗书》卷十一"明道先生语一"有这样一条：

> 天地万物之理，无独必有对，皆自然而然，非有安排也。每中夜以思，不知手之舞之，足之蹈之也。②

"无独必有对"这样的道理，何以能让明道如此兴奋呢？这恐怕也只能与前述二程对"感""应"的强调关联起来考虑，才能得到解答。"无独必有对"的"对"，与张载思想中的"二端"大体相同。而张载的"二端"正是"感"之所以可能的不可或缺的观念环节。因此，真正令明道兴奋的，其实是万物之间不曾或已的感通。

《横渠易说·咸卦》有这样一条论述：

---

① "入关语录"，《程氏遗书》卷十五，北京：中华书局，1981年，第152页。
② 同上书，第121页。

释氏以感为幻妄，又有憧憧思以求朋者，皆不足道也。①

这一论述从某个侧面向我们透露出对"感"的突出强调背后潜藏着的冲动：从思理上对治释氏之"以感为幻妄"。

北宋儒学复兴运动是以恢复和重建一种根源性的儒家生活态度为其核心指向的：

> 今异教之害，道家之说则更没可辟，唯释氏之说衍蔓迷溺至深。今日是释氏盛而道家萧索。方其盛时，天下之士往往自从其学，自难与之力争。惟当自明吾理，吾理自立，则彼不必与争。②

在这样的考量下，张载和二程对"感"的重视，表明了"感"对于此种根源性的儒家生活态度的重要性。"释氏以感为幻妄。"其教理"大概且是绝伦类"③，是要斩断伦常间的关联感通。而"感"的真实且普遍的存在，则在根本上构成了对儒家生活方式的确认。在这个意义上。横渠之以"感"释"性"，明道之以"通"言"仁"，实为殊途同归之论。

（本文原载《中国哲学史》2005 年第 2 期）

---

① 《横渠易说·咸卦》，《张载集》，第 126 页。
② "二先生语二上"，《程氏遗书》卷二上，第 38 页。
③ 同上书，第 24 页。

# 《人物志》与魏晋思想的政治哲学基础

　　《人物志》一书的思想史意义，经汤用彤先生《读〈人物志〉》等文的深入掘发，似乎已无遗义。[①] 然其中对《人物志》思想内容之概述，则未能呈显出文本的内在脉络。牟宗三在其《才性与玄理》中，对《人物志》的思想内涵做了"系统的解析"。他指出："《人物志》是关于人的才性或体别、性格或风格的论述。这种论述，虽有其一定的词语，因而成为一系统的论述，然而却是一种品鉴的系统，即，其论述是品鉴的。品鉴的论述，我们可以叫它是'美学的判断'，或'欣趣判断'。"[②] 在详解《人物志》所述之体别与流业以后，牟氏进而极富洞识地指出这一建立在个殊性上的才性系统"不能建立进德之学"。[③] 然而，牟氏的"系统的解析"至此便转入对才性系统的批评以及对"艺术境界与智悟境界"的申说，并试图以此为基点，梳理出"才性名理"和"玄学名理"这两条通贯魏晋思想的线索。因此亦未能完整展现《人物志》的

---

　　① 　参见汤用彤：《读〈人物志〉》，《魏晋玄学论稿》，《汤用彤全集》第四卷，石家庄：河北人民出版社，2000 年。

　　② 　牟宗三：《才性与玄理》，第 44 页。

　　③ 　同上书，第 57 页。

运思结构，及其与魏晋时代的思想风气的内在关联。

本文将依《人物志》之固有脉络展开其思理内蕴，并在此基础上考察其政治哲学理念与时代共识之关系。

一

《人物志》首论"九征"。而开篇所立"性""质"二元，则为贯通全篇之主线：

> 凡有血气者，莫不含元一以为质，禀阴阳以立性，体五形而著形。苟有形质，犹可即而求之。凡人之质量，中和最贵矣。中和之质，必平淡无味。故能调成五材，变化应节。是故观人察质，必先察其平淡，而后求其聪明。聪明者，阴阳之精。阴阳清和，则中睿外明，圣人淳耀，能兼二美，知微知章。自非圣人，莫能两遂。故明白之士，达动之机，而暗于玄虑；玄虑之人，识静之原，而困于速捷。犹火日外照，不能内见；金水内映，不能外光。二者之义，盖阴阳之别也。若量其材质，稽诸五物，五物之征，亦各著于厥体矣。[①]

此一段甚为切要，而历来误解颇多。这里，首先要分别出"形质"（或"材质"）与"性"（或"聪明"）这两个相互独立又相互关

---

① 刘劭：《人物志》，"诸子百家丛书"，上海：上海古籍出版社，1990年，第4页。

联的主题。在一般性地概括"有血气者"的构成以后，文本以中和之人的平淡和聪明，分论其材、性。接下来，再论未能兼体二美的明白之士和玄虑之人在识见上的优缺点，然后引出与此等偏颇识见相应的材质方面的表现。"才性"是魏晋思想最重要的论题之一。而一般以为，才性讨论的是人的才能与德性的关系。[1]但从《人物志》这一段讨论看，这应该不是那个时代"才性"问题关注的焦点。在上引论述中，材（即才）或质强调的是人的性格气质，而性则着眼于人的识见和聪明。因此，才性问题更多地是在讨论人的性格与识见的关系。[2]

"九征"篇此下以"五物（即五行）之实"在形质上的体现，应和"五常之性"，如云"温直而扰毅，木之德也"，而成"五质"。[3]而此"五质"由内向外渐次表现为仪、容、心气、声变和貌色。将材质之上述种种体征综合起来，汇而为九征：

> 平陂之质在于神，明暗之实在于精，勇怯之势在于筋，强弱之植在于骨，躁静之决在于气，惨怿之情在于色，衰正之形在于仪，态度之动在于容，缓急之状在于言。[4]

而如能做到"质素平澹，中睿外朗，筋劲植固，声清色怿，仪正

---

[1]　如唐长孺说："性与才的区别，即是操行与能力，道德与才智的区别。"参见《魏晋才性论的政治意义》，《魏晋南北朝史论丛》，第300页。

[2]　嵇康作《明胆论》，讨论的也是才性之辨的问题，其中的"明"就属于识见，而"胆"则属于性格气质。

[3]　《人物志》，第5页。

[4]　同上书，第6页。

容直"，就可说是"九征皆至"，是有纯粹之德的圣人之质。依照九征的纯至或违戾，可以将人格分为五等：圣人（兼德而至），大雅或兼材之人（具体而微），小雅或偏至之材（九征中某一征有纯至的表现），依似之人（其外在表现类似于九征的某种纯至表现），间杂之人（无恒定不移的体征表现）。因"间杂之人"变化无恒，不可胜论，故《人物志》略而不论。而圣人之质淡而无味，也无须多言。因此，《人物志》真正关注的是兼材之人和偏至之材。

"体别"篇将"拘抗违中"的偏至之材分为十二种体别，并详细分析了每一体别的优缺点。如"柔顺安恕"之人，长处在于"宽容"，短处在于"少决"，等等。这一篇的重心在于材质。

"流业"篇在"体别"篇对材质的分析的基础上，又引入才能的观念。先以清节、法、术为三材，以此三材之偏全流正合为八业，即清节家、法家、术家、国体、器能、臧否、伎俩、智意。另有文章、儒学、口辩、雄杰之材，合而为十二材。而十二材乃人臣之任，非君主之德。十二材各有适合的职任，如伎俩之材，可职司空之任；雄杰之材，可职将帅之任。这里值得注意的是，"流业"与"体别"之间并无一一对应的关系。

"材理"第四实为《人物志》思理开展之枢纽。由前述对偏至之材的别析，进至辩言明理的识见领域：

> 夫建事立义，莫不须理而定。及其论难，鲜能定之。夫何故哉？盖理多品而人异也。夫理多品则难通，人材异则情

诡。情诡难通，则理失而事违也。①

明理对于事业的重要性自不待言，但明理定论却又是最为困难的事，原因在于：一方面理有多种，而不同的心智特点所明之理不同；另一方面，人之情性材质的不同，也会对明理产生影响。首先，理有四部，即道理、事理、义理和情理。而相应地，明理者又依据其心智的特性而分为四家：道理之家、事理之家、义理之家和情理之家。比如事理之家，"质性警彻，权略机捷，能理烦速"。其次，情有九偏，又各"以性②犯明"，因其材质之偏，而进一步加深了所明之理的差异。再加上"七似""三失"和"六构"等进一步加深误解和隔阂的错误表现，就造成了"谈而定理者眇矣"的状况。而只有能兼有"八能"的人，才能做到。

此下"材能"第五论各种偏至之材治理国家时施政的特点，指出他们"长于办一官，而短于为一国"的局限，并分析了个中缘由。"利害"第六则论十二材"达"与"未达"之时遭际之逆顺，并分说其各自的"功"与"敝"。

第七篇"接识"是《人物志》的又一重点。此篇的主线也是识见。但"材理"篇讨论的是明理，而此篇则以知人为主题。知人之难的问题得到了突显：

夫人初甚难知，而士无众寡，皆自以为知人。故以己观

---

① 《人物志》，第11页。

② 此一"性"字，当读为"质性"之性，是指一个人的性格气质。与前述"才性"对举时，以"性"言明不同。

> 人，则以为可知也；观人之察人，则以为不识也。夫何哉？
> 是故能识同体之善，而或失异量之美。[①]

人之难知的原因在于，人们往往只能识别与自己质性相近的人的优点，而容易忽视不同材质的人的德能。比如清节之人，会将法家和术家视为诡诈之人；而法制之人，会轻诋术家之变化无端。而这些都是"偏材之常失"。

"英雄"第八的主题与那个时代才性之辨的一个重要论题——明胆关系问题相呼应。"聪明秀出谓之英，胆力过人谓之雄"，而成大业者必须兼有英雄二质，才能驾驭"英"和"雄"。

接下来的"八观"篇是"接识"第七的识人问题的继续，区别在于"接识"阐明知人之难，而"八观"则析述察人之法。所谓"八观"，即观察人要从以下八个方面着手：

> 八观者，一曰观其夺救以明间杂，二曰观其感变以审常度，三曰观其志质以知其名，四曰观其所由以辨依似，五曰观其爱敬以知通塞，六曰观其情机以辨恕惑，七曰观其所短以知所长，八曰观其聪明以知所达。

"观其夺救以明间杂"考察的是人的质性是否纯至；"观其感变以审常度"关注的是表面的感变背后的性情之常度；"观其志[②]质以

---

①　《人物志》，第18页。

②　依上下文义，此"志"字当作"至"。

知其名"说的是根据人材质中的九征为其人格命名;"观其所由以辨依似"强调的是如何分辨相似的外在表现背后的真实情志;"观其爱敬以知通塞"则是通过人性情中爱和敬的比重考察其为人规模之大小;"观其情机以辨恕惑"着重的是情之六机,即由人之才志是否得到伸展而生的喜怨之情,从而通过待人接物中理解和运用情之六机的能力,判定其理解他人情志的能力;"观其所短以知所长"即从偏材所必有的短处反观其质性之所长;"观其聪明以知所达"则强调"明"是人之立业成德的根本,因此可以通过考察人的"聪明",来判定其所达之远近。

此下"七缪"论知人遇人时常会出现的七个方面的谬误;"效难"强调即使有知人之明,也未必能使人尽伸其效能;"释争"讨论的则是屈己伸人、谦下不伐对于成就事业的重要性。

## 二

关于《人物志》的立言宗旨,《人物志》序云:

> 夫圣贤之所美,莫美乎聪明。聪明之所贵,莫贵乎知人。知人诚智,则众材得其序,而庶绩之业兴矣。……由此论之,圣人兴德,孰不劳聪明于求人,获安逸于任使者哉?①

---

① 《人物志》,第2页。

功业之成败，国家之治乱，全在统治者的知人之明和得人之智。因此，如何知人得人是《人物志》关注的焦点。

然而，尽管《人物志》的作者以"敢依圣训<sup>①</sup>，志序人物"作为自己立言的根据，但从其根本的思想倾向看，实与儒学异趣。

儒家的政治哲学也关注知人得人的问题。如《中庸》第二十章云"为政在人，取人以身"<sup>②</sup>，这里"为政在人"显然应该理解为"为政在于得人"。然而，在儒家的政治哲学中，由于衡量人之贤否的标准在于最高统治者，即"取人以身"，所以，知人得人的关键还是在于统治者本人的修身。<sup>③</sup>

不仅如此，儒家思想还格外重视政治的教化和引导的功能，《礼记·乐记》云：

> 故礼以道其志，乐以和其声，政以一其行，刑以防其奸。礼乐刑政，其极一也，所以同民心而出治道也。<sup>④</sup>

正是以这样的思想前提为基础，儒家才格外关注学校在培育

---

① 序言中此句的上下文皆引孔子之言为依据，因此，这里的"圣训"指的无疑是孔子的言说和思想。

② 《中庸章句》，《四书五经》上卷，北京：中国书店，1985 年，第 8 页。

③ 这其实是儒家的共识，荀子在回答有关治国的提问时也说："闻修身，未尝闻为国也。"（《荀子·君道》）

④ 朱彬：《礼记训纂》，沈文倬、水渭松校点，北京：中华书局，1996 年，第 560 页。

人材和选拔人材中的作用。① 对政和刑的教化功能的强调，在宋代的道学传统中，亦有其突出的表现。伊川在《周易程氏传》中，对《蒙卦》初六之象辞"利用刑人，以正法也"有这样的解释："或疑发蒙之初，遽用刑人，无乃不教而诛乎？不知立法制刑，乃所以教也。盖后之论刑者，不复知教化在其中矣。"②

此种对教化的重视，其政治哲学的前提是人可以通过教化的方式来改变。孔子以上智及下愚为不可移，而认为中等材质的人完全可以因后天的影响而发生改变。而《人物志》的基本哲学预设却与此有本质的区别。在《人物志》对人的类分中，偏至之材正是中人之材。对于偏材之人能否改变的问题，《人物志》有明确的论断：

> 偏材之性，不可移转矣。虽教之以学，材成而随之以失。虽训之以恕，推情各从其心。信者逆信，诈者逆诈，故学不入道，恕不周物，此偏材之益失也。③

偏材之人，不能通过后天的教化改变其特殊的质性。以此为前

---

① 比如在"罢黜百家，独尊儒术"中起到了关键作用的董仲舒的功绩之一就是提倡"立学校之官，州郡举茂材孝廉"，从而在根本上改变了西汉前期在举进人才上全无系统的状况，下开东汉尊尚名节的风气。参见《汉书》卷五十六《董仲舒传》，北京：中华书局，1962 年，第 2525 页。

② 程颢、程颐：《周易程氏传》，《二程集》第四册，王孝鱼点校，北京：中华书局，1981 年，第 721 页。

③ 《人物志》，第 9 页。

提，《人物志》的政治哲学构建里，就不再关注人主的修身和政治的教化功能：既然"偏材之性，不可移转"，那么实现良好的治理的根本方法，就在于识别人，将不同材质的人安置到适合其才性发挥的职任上去。[①]

三

《人物志》以"偏材之性，不可移转"为基础的政治哲学理念与曹魏政权"唯才是举"的用人政策实相呼应。曹操曾分别于建安八年（203）、十五年、十九年和二十二年先后四下求才令，其中建安十五年令曰：

> "孟公绰为赵魏老则优，不可以为滕薛大夫。"若必廉士而后可用，则齐桓其何以霸世！今天下得无有被褐怀玉而钓于渭滨者乎？又得无盗嫂受金而未遇无知者乎！二三子其佐我明扬仄陋，唯才是举。[②]

这里，我更倾向于将《人物志》的政治思想与"唯才是举"的政策视为同一种思想风气的反映，而不是以简单的因果关联把握二

---

① 在这个意义上，《人物志》的思想倾向属于道家的自然主义。所谓"自然"，就是如自己本然的样子，不在此上做额外的增损。《庄子·骈拇》篇云："故合者不为骈，而枝者不为跂，长者不为有余，短者不为不足。是故凫胫虽短，续之则忧；鹤胫虽长，断之则悲。"《庄子集释》，《诸子集成》卷三，上海：上海书店，1986 年影印本，第 142—143 页。

② 《三国志》卷一，《魏书·武帝纪》，北京：中华书局，1959 年。

者间的关系。当然，在以名节相尚的东汉察举之风仍然盛行之时，敢于公然提出此种重才轻德的主张，与曹操个人的心胸气魄还是有着莫大关联的。

而在魏晋思想的奠基性思想和著述中，以"偏材之性，不可移转"的哲学预设为基础的人不可教化也无须教化的思想，也构成了某种深层共识。

嵇康的思想总体上属于魏晋"才性名理"的思理脉络。[①] 比如，他的《明胆论》，讨论的就是才性之辨中的一个重要论题。嵇康的著述中，以《声无哀乐论》最为著名。在一般的思想史写作中，《声无哀乐论》都被视为艺术哲学甚至是美学的著述。这实在是莫大的误解。也正是这样一种解读，让我们从根本上错失了此文在魏晋思想中的真实作用。从其议论的最终指向看，《声无哀乐论》无疑是一篇政治哲学文献。《声无哀乐论》关注的其实是音乐的政治功能。嵇康之所以要"托大同于声音，归众变于人情"，其根本目的是要否定音乐的政治功能。在他看来，"移风易俗"必承衰弊之后。而真正能起到"移风易俗"的作用的，则是"君静于上，臣顺于下"的无为政治，他将这样理想的政治体称作"无声之乐"。在经典儒家看来，音乐的政治功能实际上取决于音乐的教化作用。这样一来，《声无哀乐论》更深层的蕴意就指向了对教化的必要性的否定。这显然与《人物志》在政治哲学基础上有深刻的共鸣。

---

① 参见牟宗三：《才性与玄理》，第65页。牟氏甚至以"嵇康之名理"为题，来论述嵇康的思想，参见《才性与玄理》，第317页。

在王弼的政治思想中，通过教化改变人的质性也同样是不必要的。圣人法天，使"万物自相治理"（《老子》第五章注）。在这样的无为之政中，教化有着完全不同的含义。在注释《老子》第四十二章"人之所教，我亦教之"时，王弼写道：

> 我之〔教人〕，非强使从之也，而用夫自然。举其至理，顺之必吉，违之必凶。故人相教：违之〔必〕自取其凶也。亦如我之教人，勿违之也。①

这里，教化指的是如何让百姓自觉地顺应"至理"，而不是让他们改进自己的德行。与"教"的问题相呼应，对于"学"，王弼亦取此种自然主义的态度。在对《老子》第六十四章"学不学，复众人之所过"的注释中，王弼指出："不学而能者，自然也。喻于学者过也。故学不学，以复众人之〔所〕过。"②人应该顺任自己本有的自然，而无须通过学习改益和增进自己。当然，王弼的政治哲学更关注君主之德及为君之道，而对于如何识别和使用人才几乎没有任何深入的探讨。

同样，在郭象的《庄子注》中，也有这一政治哲学基础的印迹。郭象论适性逍遥，以为"臣妾之才"若能安于其分，也可达于逍遥。而这一思想的根据也在于人之真性和本分的不可转移：

---

① 《王弼集校释》，第118页。
② 同上书，第166页。

> 言性各有分，故知者守知以待终，而愚者抱愚以至死，
> 岂有能中易其性者也！ ①

正因为人不能"中易其性"，所以，才可能让每个人都各尽其职
分，而放掉所有的非分之想。而只有这样，政治上的无为才可能
真正达到。

除了在时代一般的思想风尚中的表现外，"偏材之性，不可
移转"其实也是以极端的个人表达为特征的"魏晋风度"的精神
基础。在《人物志》的品性类分中，偏材之人虽然远低于淡而无
味的中庸圣人，但较之间杂无恒之人，则胜之远矣。而魏晋士人
大抵以中人自目。《世说新语·伤逝》云：

> 王戎丧儿万子，山简往省之，王悲不自胜。简曰："孩抱
> 中物，何至于此！"王曰："圣人忘情，最下不及情。情之所
> 钟，正在我辈。"②

既为中人，其质性必为"偏至"之属。而既然后天的努力无益于
改变自己的材质，那么，唯一可行的道路就是努力地成为自己，
尽可能地舒展自己的偏至之材。在这样的思想共识下，只有那种
极端的自我表达，才能一方面成就自我，另一方面免于间杂无恒
之讥，从而超然于庸人之域。

---

① 郭象注，成玄英疏：《南华真经注疏》，曹础基、黄兰发点校，北京：中华书
局，1998 年，第 30 页。

② 徐震堮：《世说新语校笺》，第 349 页。

　　《人物志》的政治哲学根基表征了魏晋时代的政治思想和行为风尚的深层共识。在这样一种各任其情的思想氛围里，与道德教化相关的自我成长的必要性和可能性，被从根本上否弃了。这实际上可以看作魏晋时代有别于其他时代的根本特征。

（本文原载《探寻真善美：汤一介先生 80 华诞暨从教 55 周年纪念文集》，2007 年 1 月）

# 苏轼人性论辨证

苏轼（1037—1101）对于人性论的思考在中国哲学史上虽未能产生像张载和二程那样的广泛影响，但其独到的理致，实有进一步深入掘发的必要。在一般的思想史论述中，苏轼的人性论思想往往被简单地归入性恶论的范畴。[1]这样一种非此即彼的简单归类，使得苏轼关于人性的那些丰富深刻的道说，被从根本上扭曲和漠视了。

本文将通过对苏轼人性思想在不同阶段的曲折展开的呈显，重现他在相关问题上的种种洞见所达到的哲学高度。

## 一、辨孟与斥荀

在总结历史上的人性论争时，苏轼指出：

> 昔三子之争，起于孟子。孟子曰："人之性善。"是以荀子曰："人之性恶。"而扬子又曰："人之性，善恶混。"孟子

---

① 参见王水照、朱刚：《苏轼评传》，南京：南京大学出版社，2004年。

既已据其善，是故荀子不得不出于恶。人之性有善恶而已，
二子既已据之，是以扬子亦不得不出于善恶混也。为论不求
其精，而务以为异于人，则纷纷之说，未可以知其所止。①

孟子立性善之说以后，荀子、扬雄之流欲立新说，则不得不以异
于孟子为务。故立论纷然，而不知归止。在苏轼看来，荀、扬求
异之论，与孟子不善于立论有关："子思之书，皆圣人之微言笃
论，孟子得之而不善用之……故夫二子之为异论者，皆孟子之过
也。"②

与子思相比，孟子之不善为论昭然可见：

子思论圣人之道出于天下之所能行。而孟子论天下之人
皆可以行圣人之道。此无以异者。而子思取必于圣人之道，
孟子取必于天下之人。故夫后世之异议皆出于孟子。而子思
之论，天下同是而莫或非焉。然后知子思之善为论也。③

子思是用天下之人的所知所能来约束圣人之道的内容，圣人之道
必寓于愚夫愚妇的生活之中；而孟子则是用圣人之道来约束天下
之人，以为天下之人都可以行圣人之道，只是没有真正地实行而
已。前者从现实性上立论，后者则着眼于可能性。尽管二者的思
想实质是相同的，但立论的取向却截然不同。

① 《子思论》，《苏轼文集》，北京：中华书局，1986年，第95页。
② 同上。
③ 同上。

在先秦诸子中，苏轼对孟子的推尊是显见的，据晁补之记述，苏轼"尝自谓学出于孟子"①。在其《孟子论》中，苏轼指出：

> 自孔子没，诸子各以所闻著书，而皆不得其源流，故其言无有统要，若孟子，可谓深于《诗》而长于《春秋》者矣。其道始于至粗，而极于至精。充乎天地，放乎四海，而毫厘有所必计。至宽而不可犯，至密而可乐者，此其中必有所守，而后世或未之见也。②

苏轼对孟子虽有所辨，而正如王水照、朱刚在《苏轼评传》中指出的那样："其辨孟与尊孟实相统一。"③

而对于荀子，则驳辩甚严：

> 天下之人，如此其众也；仁人义士，如此其多也。荀卿独曰："人性恶。桀、纣，性也。尧、舜，伪也。"由是观之，

---

① 晁补之：《再见苏公书》，《济北晁先生鸡肋集》卷五十一，《四部丛刊》本。转引自《苏轼评传》，第151页。

② 《苏轼文集》，第97页。

③ 《苏轼评传》一方面正确地指出了苏轼之辨孟实为尊孟，另一方面，又在人性论的讨论中，以"对'性善'论的驳斥"为题，将苏轼对孟子性善论的辨析当作单纯的反驳。尤其不可理解的是，为了强化苏轼对人性论的"驳斥"姿态，甚至引用苏辙的《孟子解》以为佐证，并以这样的话来自圆其说："我们研究苏轼这样一个思维敏捷，文字又极富跳跃性的思想家，得有苏辙的文字以备印证，真是一件很幸运的事，因为他的表述是那样平淡造理，解读上最无困难，不致误会其意。"（《苏轼评传》，第195页）。然而，详细对比苏辙《孟子解》中的相关论述与苏轼《论语说》中的相关辨析，我们会发现二者在人性论上是有着本质区别的。

意其为人必也刚愎不逊，而自许太过。彼李斯者，又特甚者耳。……其父杀人报仇，其子必且行劫。荀卿明王道，述礼乐，而李斯以其学乱天下，其高谈异论有以激之也。孔、孟之论，未尝异也，而天下卒无有及者。苟天下果无有及者，则尚安以求异为哉！①

苏轼对孟子之性善论辨析甚详，而于荀子之性恶论却未尝深论，这恐怕是因为在他看来，荀子的相关思想并没有深入阐发的必要。而倡性善以启荀子性恶之说，则是苏轼对孟子的主要批评之一。②

## 二、相忌与相爱

苏轼的人性论思想集中阐述于嘉祐六年应制科所上《中庸论》等二十五篇中，其中尤为重要的是《扬雄论》和《韩非论》。其时苏轼只有二十六岁。

在苏轼看来，讨论人性问题，首先要辨明性与才之不同：

夫性与才相近而不同，其别不啻若白黑之异也。圣人之所与小人共之，而皆不能逃焉，是真所谓性也。而其才固将

---

① 《荀卿论》，《苏轼文集》，第101页。
② 《邵氏闻见后录》载苏轼《论语说》云："故荀卿之所谓性恶者，盖生于孟子。"北京：中华书局，1983年，第91页。

有所不同。①

人性必须是所有人共有的本性，无论对圣人还是小人，都是普适性的。而才则是各有不同的。苏轼认为孔子中人以上、中人以下以及上智下愚等说法，都是就才而言，并非言性。

孔子未曾论断人性之善恶，只说过"性相近也，习相远也"而已。自孟子道性善以后，才有种种不同的议论：

> 人生而莫不有饥寒之患，牝牡之欲，今告乎人曰：饥而食，渴而饮，男女之欲，不出于人之性也，可乎？是天下知其不可也。圣人无是，无由以为圣；而小人无是，无由以为恶。圣人以其喜怒哀惧爱恶欲七者御之，而之乎善；小人以是七者御之，而之乎恶。由此观之，则夫善恶者，性之所能之，而非性之所能有也。②

在苏轼看来，人性不能有善恶，而只能趋向于善恶。③食色之欲，以及喜怒哀惧之情，是圣人与小人共有的，因而符合苏轼对人性之普遍性的诉求。食色之欲，喜怒之情，本无所谓善恶，却能导致善恶的结果。这与告子的思想很接近。而所谓善恶，区别只在

---

① 《扬雄论》，《苏轼文集》，第 110 页。

② 同上书，第 111 页。

③ 此处所论，已与苏辙《孟子解》不同。《孟子解》曰："譬如水火，能下者水也，能上者亦水也，能熟物者火也，能焚物者亦火也。……夫是四者非水火也，水火之所有事也，奈何或以为是，或以为非哉！"（见《苏辙集》，第 954 页）苏辙仍然将善恶视为人性之"所有"，这与苏轼"善恶者，非性之所能有"的论断是完全不同的。

于善是"天下之所同安",而恶则是"一人之所独乐"。<sup>①</sup>这里,苏轼将可否普遍化作为善与恶的标准。

作于同一时期的《韩非论》,有另一段值得深味的论述:

> 仁义之道,起于夫妇、父子、兄弟相爱之间;而礼法刑政之原,出于君臣上下相忌之际。相爱则有所不忍,相忌则有所不敢。夫不敢与不忍之心合,而后圣人之道得存乎其中。<sup>②</sup>

这一段论述让我们联想起霍布斯的人性论洞见。列奥·施特劳斯在《霍布斯的政治哲学》一书中指出,霍布斯的人性理论归结为"两条最为确凿无疑的人性公理", 条是所谓"自然欲望公理",而另一条则是所谓"自然理性公理"。前者强调的是人的欲望本身的无穷尽,后者则在"教导每一个人,逃避反自然的死亡",因暴力造成的死亡是世间最大的和首要的恶。根据霍布斯的学说,对凶暴横死的恐惧,在起源上先于理性,却发挥了理性的作用。全部正义以及随之而来的全部道德都根源于这一恐惧。在这里,霍布斯构造了一个对立,人的全部善的可能性都奠立在这一对立之上。这一对立的实质,是要为欲望的无节制提供一个制衡的支点。在霍布斯这里,善的可能性有其内在的人性论基础,并非悬空的创造。<sup>③</sup>霍布斯的人性理论的问题,在于对凶暴横死的

①　《扬雄论》,《苏轼文集》,第 111 页。

②　《韩非论》,《苏轼文集》,第 102 页。

③　参见列奥·施特劳斯:《霍布斯的政治哲学》,申彤译,南京:译林出版社,2001 年。

恐惧无法为世间所有的善提供合理的解释，比如从容就义、慷慨赴死。苏轼这里将"相爱则有所不忍""相忌则有所不敢"作为人性的两条基本的公理，从而为善的可能性找到了人性论上的基础。这里，"相爱则有所不忍"其实是仁的根源，而"相忌则有所不敢"则是义的根源。尽管在思想的直接表达上，苏轼始终并不赞同性善论。但在此处的论述中，他却明晰地指出"相爱则有所不忍""相忌则有所不敢"这样两种内在于人性的驱迫性的冲动。这不仅为善的可能性奠定了人性论的基础，同时，也暗含了人性中善的倾向的优先性。在这个意义上，苏轼的人性思考是有其性善论色彩的。

如果我们将这一时期的这两种关于人性的重要论述结合起来，即一方面，食色之欲为圣人与小人共有，另一方面，"相爱则有所不忍""相忌则有所不敢"这一人性的内在倾向构成了对食色之欲的无节制的自然约制。比较前述霍布斯的人性论，苏轼此一时期的思考，非但毫不逊色，反而更要完善和周全得多。

## 三、道义与真存

元丰四年（1081），苏轼在黄州任上述其父苏洵之志，完成了《东坡易传》一书，又依己意作《论语说》。[①] 这时已年近五旬的苏轼，对人性问题有了更深刻的思考。

---

① 　苏轼《论语说》已经散佚，宋人邵博所撰《邵氏闻见后录》中有节录。参《邵氏闻见后录》卷十一、十二。

《论语说》中有一段关于人性的讨论，较嘉祐六年应制科所上诸论又增新义：

> 子曰："性相近也，习相远也。"又曰："唯上智与下愚不移。"性可乱也，而不可灭。可灭，非性也。人之叛其性，至于桀、纣、盗跖至矣。然其恶必自其所喜怒，其所不喜怒，未尝为恶也。故木之性上，水之性下，木抑之可使轮囷。抑者穷，未尝不上也。水激之，可使澎涌上达。激者衰，未尝不下也。此孟子之所见也。孟子有见于性，而离于善。《易》曰："一阴一阳之谓道，继之者善也，成之者性也。"成道者性，而善继之耳，非性也。性如阴阳，善如万物，万物无非阴阳者，而以万物为阴阳，则不可。……为善而善非性也，使性而可以谓之善，则孔子言之矣。①

在这一段论述中，苏轼仍然承续了前期性不能有善恶的观点，但与前期论述不同的是，他以《易》为基础，对自己的见解给出了深入的论证和解释。性之所以不能"有善恶"，是因为性与善属于完全不同的概念层次。在对《系辞》"一阴一阳之谓道"的注释中，苏轼对此有更为详尽的解说："夫善，性之效也。孟子不及见性，而见夫性之效，因以所见者为性。性之于善，犹火之能熟物也。吾未尝见火，而指天下之熟物以为火，可乎？夫熟物，

---

① 《邵氏闻见后录》，第91页。

则火之效也。"① 苏轼这一时期对孟子的批评，颇有些含混之处，《论语说》里指出孟子"有见于性，而离于善"，而《东坡易传》又说孟子是"不及见性，而见夫性之效"。事实上，我们不必纠缠于此种细节上的不一致，而应该透过此类表达，看到苏轼真正反对的是将性与善等同起来。在苏轼看来，性与善有本质的关联，但并不能因此而将性视为善的。从"性可乱也，而不可灭"以及"人之叛其性"这样的表述看，苏轼显然将善视为人的本质倾向。② 因此，人为善就是诚其性，反之，即是叛其性。苏轼之所以要对孟子之性善论做出如此刻意深求的辨析，根本原因在于他认为正是孟子将性与善等同起来，从而间接地导致了荀子的性恶论。而这才是苏轼真正无法容忍的。在这种意义上，苏轼的人性论其实是对孟子性善论的补充和修正。

苏轼这一时期的人性论思想是与他关于阴阳和道的思想紧密关联的。《东坡易传》云：

> 阴阳果何物哉？虽有娄旷之聪明，未有得其仿佛者也。阴阳交然后生物，物生然后有象，象立而阴阳隐矣。凡可见者，皆物也，非阴阳也。然谓阴阳为无有，可乎？虽至愚知其不然也。物何自生哉？是故指生物而谓之阴阳，与不见阴

---

① 苏轼：《东坡易传》，上海：上海古籍出版社，1989年，第125页上。

② 这与苏辙的《孟子解》和司马光的《善恶混辨》中的人性论思想之间的区别甚为明显。司马光说："孟子以为仁义礼智皆出乎性者也，是岂可谓之不然乎？然不知暴慢贪惑亦出乎性也。"这与苏轼将善视为人的本质倾向，而以恶为"叛其性"的结果，是有着根本区别的。参见《全宋文》第二十八册，成都：巴蜀书社，1992年，第513页。

阳之仿佛而谓之无有者，皆惑也。圣人知道之难言也，故借阴阳以言之，曰："一阴一阳之谓道。"一阴一阳者，阴阳未交而物未生之谓也。喻道之似，莫密于此者矣。……若夫水之未生，阴阳之未交，廓然无一物，而不可谓之无有，此真道之似也。阴阳交而生物，道与物接而生善，物生而阴阳隐，善立而道不见矣。[①]

阴阳不同于任何具体的物，是不可见的，但并不能因此而认为阴阳不是真实的存在。在苏轼看来，具体事物尚未产生之时的阴阳，是与道最近似的存在。因此，圣人以"一阴一阳"喻道体。但阴阳还不是道，只是"道之似"。阴阳相交而产生万物，万物产生以后，阴阳就隐去了。"物生而阴阳隐"这样的说法，颇有些含糊其词，它没有明确告诉我们，在万物产生以后，阴阳是否仍寓于万物之中。而后面"道与物接而生善"这样的表达，更易于让人产生这样的理解：有不与道接的物，道在物之外。朱子对此一论述的批评，不为无因。[②] 从整段注释的上下文看，此种依照字面的直接理解，似乎并不能把握苏轼的本意。从下文中"善

---

① 《东坡易传》，第 124 页。

② 朱子曰："一阴一阳，往来不息，举道之全体而言，莫著于此者矣。而以为借阴阳以喻道之似，则是道与阴阳各为一物，借此而况彼也。阴阳之端，动静之机而已，动极而静，静极而动，故阴中有阳，阳中有阴，未有独立而孤居者，此一阴一阳所以为道也。今曰：'一阴一阳者，阴阳未交，而物未生'，'廓然无一物，不可谓之无有者，道之似也'，然则，道果何物乎？ 此皆不知道之所以为道，而欲以虚无寂灭之学，揣摹而言之，故其说如此。"见黄宗羲原著，全祖望补修：《宋元学案》，北京：中华书局，1986 年，第 3291 页。

者，道之继"这一表述看，"道与物接而生善"应当理解为"道为物所继而生善"。但即使如此理解，道与物之间的关系，还是有割裂过甚之嫌。这与苏轼一定要在孟子的性善论外另立新说的宗旨密切相关。因为若道始终寓于物之中，并作为物之所以为物的根据，则性也应该始终寓于善之中，而为善之所以成善的根据。如此，则割裂性与善之间的关系，使性自性，善自善，如苏轼一直所主张的那种人性论也就失去了其充分的根据。

在注释《系辞》"生生之谓易"时，苏轼论述道与易的关系：

> 相因而有谓之生生。夫苟不生，则无得无丧，无吉无凶。方是之时，易存乎其中而人莫见，故谓之道而不谓之易；有生有物，物转相生而吉凶得丧之变备矣。方是之时，道行乎其间而人不知，故谓之易而不谓之道。①

当万物未生之时，既无得丧吉凶，则易虽存于其中，而人无从见易，因此只能称为道而不能称为易；在万物既生之后，得丧吉凶既生，则人只见其易，而不知道运行于其中。苏轼在这里又明确指出，道贯穿和运行于万物之中。只是此时道已不能称为道，而只能称为易。

至于性与道的关系，苏轼也有明确阐述：

> 敢问性与道之辨？曰：难言也。可言其似，道之似则声

---

① 《东坡易传》，第126页。

也，性之似则闻也。有声而后有闻邪？有闻而后有声邪？是
二者，果一乎？果二乎？孔子曰："人能弘道，非道弘人。"
又曰："神而明之，存乎其人。"性者，其所以为人者也，非
是无以成道矣。①

以声和闻来比喻道和性，是极富意趣的：一方面，声是某种客观
的存在，另一方面，没有闻这一人的主观接受性的参与，声也不
成其为声。道和性的关系也是如此。道必须经由人的主体性，才
能得到成就和实现。性是人之所以为人的根本，同时也是道之成
就和实现的根本。

苏轼的人性论思想，可以最终归结在他对《系辞》"成性存
存，道义之门"这句话的注释中：

性所以成道而存存也。尧舜不能加，桀纣不能亡。此真
存也。存是则道义所从出也。②

性是成道的基础，也是人的真存。而这一真存则是道义的根源。
这一时期，尽管苏轼更强调性与善之间的分别，但他的人性论思
想的性善论色彩，非但没有因此而减弱，反而更为鲜明了。

（本文原载《哲学门》第十六辑，2008 年 1 月）

---

① 《东坡易传》，第 125 页。
② 同上书，第 127 页。

# 卦序与时义:
# 程颐对王弼释《易》体例的超越

　　与北宋的大多数易学家同样，程颐的《周易》注释也是在与王弼《周易注》的对话关系中展开的。对于伊川而言，要想真正超越王弼以老庄为根柢的易学解释、重建属于儒家的易学系统，关键在于能否构建起一套与王弼的释《易》体例有着本质区别的解《易》原则。

　　在根本的解释学姿态上，程颐继承了王弼的立场。同王弼一样，他并不试图全无凭借地解释《周易》，而是自觉地将自己的解释学视野内置于一个由《彖》《象》《文言》和《序卦》构成的前视野。这种解释学态度首先关注的并不是如何解释《周易》的卦爻辞，而是把握和揭示《彖》《象》等文本解释《周易》的原则和方法。换言之，后世的易学诠释不是为了揭示《周易》的"本义"，而是以理解和揣摩孔子的释《易》原则为目标的。[①]有所不同的是，王弼只关注《彖》《象》和《文言》，而程颐则在《彖》《象》

---

　　① 　当然，在王弼和伊川那里，这样一种基于我们今天的解释学理念的区分并不存在。在他们看来，孔子在《易传》中所揭示的，正是《周易》的本义。

和《文言》之外，又增加了《序卦》。《序卦》的引入，对于程颐解《易》原则的确立有着至为关键的影响。本文将以此为重心，藉此探明《周易程氏传》中种种创设的立意所在。

# 一、卦　才

在《周易程氏传》中，"卦才"是程颐用来解释卦辞和《象》辞的重要概念。而既有的易学研究对于这个概念的理解和把握往往失之笼统，没有呈显出这个概念在《程传》中的复杂内涵。

"卦才"这一概念与所谓"成卦之由"的问题并无直接的关联。关于《周易》各卦名的"成卦之由"，程颐在《贲》卦《象》辞的注释中做了全面的阐述：

> 凡卦，有以二体之义及二象而成者，如《屯》取动乎险中，与云雷《讼》取上刚下险与天水违行是也。有取一爻者，成卦之由也，柔得位而上下应之，曰《小畜》；柔得尊位，大中而上下应之，曰《大有》是也。有取二体，又取消长之义者，雷在地中《复》，山附于地《剥》是也。有取二象兼取二爻交变为义者，风雷《益》兼取损上益下，山下有泽《损》兼取损下益上是也。有既以二象成卦，复取爻之义者，《夬》之刚决柔，《姤》之柔遇刚是也。有以用成卦者，巽乎水而上水《井》，木上有火《鼎》是也，《鼎》又以卦形为象。有以形为象者，山下有雷《颐》，颐中有物曰《噬嗑》是也。

此成卦之义也。……卦之变，皆自《乾》《坤》。①

"成卦之由"讨论的是卦象与卦名之间的关系，即《周易》为每一卦象给出相应卦名的根据。这是王弼的《周易注》未能真正提出和面对的问题。对此，程颐根据《彖》传总结出了七种情况：有的卦，如《屯》和《讼》，依据的是上下卦的卦义和卦象的关系；有的卦，如《小畜》和《大有》则是取六爻中某一爻的爻位关系，为卦名的来由；有些卦，如《复》和《剥》，用的是上下卦的卦义以及阴阳的消长关系；有些卦，如《益》和《损》，则是兼取上下卦和卦变为根据；此外，还有兼取上下卦和某一爻爻位的（如《夬》），有依据上下卦的实际用途的（如《井》），有由卦象的外形而得名的（如《颐》和《噬嗑》）。与王弼的另一显著不同是，程颐并不排斥卦变的理论。②

值得注意的是，在《周易程氏传》中，"成卦之由"和"卦义"同样不能混淆。《程传》注解《讼》卦《彖》辞曰：

卦有更取成卦之由为义者，此是也。卦义不取成卦之由，则更不言所变之爻也。③

这里，"成卦之由"与"卦义"的区别是显而易见的。就《讼》

---

① 《周易程氏传》（下文均略作《程传》），《二程集》第三册，第808—809页。

② 王弼的《周易注》完全摈弃卦变说，《周易略例·明象》云："互体不足，遂及卦变；变又不足，推致五行。"《王弼集校释》，第609页。

③ 《二程集》，第728页。

卦而言，九二和九五这两个居中的阳爻是成卦的主要根据。而《彖》辞以"有孚，窒惕，中吉"为卦义，在程颐看来，就是"取成卦之由为义"。而这并非《彖》的通例。更常见的则是"卦义不取成卦之由"的情况。

在《程传》中，"卦才"主要有两种典型的用法，两种分别有其固定的句式：其一是"如卦之才……可以"或"卦之才……可以"；其二是"以卦才言也"。两者分别针对不同的问题。

"如卦之才……可以"这一用法，讨论的都是卦辞和《彖》辞之所以言"吉"言"亨"的问题。[①]《程传》释《大有》卦辞"大有：元亨"云：

> 卦之才可以元亨也。凡卦德，有卦名自有其义者，如《比》吉、《谦》亨是也；有因其卦义便为训戒者，如《师》贞丈人吉、《同人》于野亨是也；有以其卦才而言者，《大有》元亨是也。[②]

程颐注意到，《周易》各卦卦辞中的"吉""亨"不可一概而论。有些是卦名本身就有"吉""亨"之义的，如《比》和《谦》。有些则必须"如卦之才"才可以致"吉""亨"，如《大有》。而具

---

① 这一问题的产生，实际上源于程颐对《乾》《坤》二卦的独特地位的强调，《程传》释《乾》卦卦辞云："惟《乾》《坤》有此四德，在他卦则随事而变焉。"（《二程集》，第695页）又释《大有·彖》辞云："诸卦具元亨利贞，则《彖》皆释为大亨，恐疑与《乾》《坤》同也。"（同上书，第768页。标点略有改动）

② 《二程集》，第768页。

体的区划标准，则是以程颐个人对儒学价值的理解为依据的。比如《谦》之亨之所以不论卦才，是因为在儒家思想中，"谦"道本身就足以致亨。而《大有》等卦的"亨"义，则必须有相应的"才德"。就《大有》卦来说，"卦之德，内刚健而外文明"，正是这样的"才德"，才带来"元亨"的结果。

在晚近的易学研究中，有学者将卦德与卦才当作《程传》中两个相对立的范畴，这样的分疏恐怕难以成立。《程传》释《大畜·彖》辞云："以卦之才德而言也。乾体刚健，艮体笃实。"①又释《大有·彖》辞："卦之德，内刚健而外文明。……其德如此，是以元亨也。……非大有之义便有元亨，由其才故得元亨。"在这两段注释中，前者是卦之"才德"并用，后者是卦之"才""德"互换，都可以证明"卦德"与"卦才"的一致性。由此，"人能如卦之才，可以致元亨也"②，意即"人能有卦象中体现出的'才'和'德'，方能有'元亨'的结果"。在程颐看来，"吉""亨"与人的德行是密不可分的。

"以卦才言也"这一用法，讨论的则是一部分《彖》辞的立说根据和原则。《程传》释《益》卦《彖》辞"益，损上益下，民说无疆，自上下下，其道大光"云：

以卦义与卦才言也。③

① 《二程集》，第 828 页。
② 《鼎》卦《彖》辞注，同上书，第 958 页。
③ 同上书，第 912 页。

而对于后面一句"益，动而巽，日进无疆"则说：

> 又以二体言卦才。①

在程颐看来，"损上益下"这句《象》辞是依据"卦义"和"卦才"来解释的，而"动而巽"一句则是在以《益》的上下卦（巽上震下）解释"卦才"。"以卦才言也"是《程传》对《象》辞的注释中常见的一种表达，与此同类的表达还有"以卦变及二体之义而言"②等。

王弼在《周易略例》中提出了把握《象》辞的一般原则：

> 凡《象》者，通论一卦之体者也。一卦之体必由一爻为主，则指明一爻之美以统一卦之义，《大有》之类是也。卦体不由乎一爻，则全以二体之义明之，《丰》卦之类是也。③

卦被分成两类，一类是以一爻为主的卦，对于这类卦，《象》辞就着眼于为主的这一爻的特点来申说整个卦象的意义；另一类是没有为主之爻的卦，对于这些卦，《象》辞就根据上下卦的特点和关系来加以解说。与之相较，《程传》的解释系统要复杂得多。除了继承王弼一爻为主和二体之义这两个原则外，又引入了卦变说，并创立了"卦才"的体例。有时还会直接以卦名所涵之义来理解部分《象》辞。

---

① 《益》卦《象》辞注，《二程集》，第 913 页。

② 《蛊》卦《象》辞注，同上书，第 789 页。

③ 《王弼集校释》，第 615 页。

在了解了"卦才"在《程传》中的用法以后，我们有必要进一步探讨"卦才"的具体内涵：

> 以卦才言之，五居君位，为需之主，有刚健中正之德，而诚信充实于中，中实有孚也。①
>
> 以卦才言也。内健而外巽，健而能巽也。二五居中，刚中也。阳性上进，下复乾体，志在于行也。……以卦才言，则阳为刚中。②
>
> 以卦之才德而言也。乾体刚健，艮体笃实。③
>
> 言卦才之善也。刚虽过，而二五皆得中，是处不失中道也。④
>
> 又以二体言卦才。下动而上巽，动而巽也。⑤
>
> 健而说，决而和，以二体言卦才也。⑥

从上述引文看，"卦才"显然不只是"六爻在此组合关系中所具有的功能"。对于某些卦来说，卦才的内容来源于爻位，比如引文中的《需》卦。而对于另外一些卦，卦才显然出自上下卦的卦德。当卦才的内容来源于爻位时，它常常强调爻的质性的"刚健"以及爻位的"中正"；而当卦才根据的是上下二体时，则主

---

① 《需》卦注，《二程集》，第 723 页。
② 《小畜·象》辞注，同上书，第 745 页。
③ 《大畜·象》辞注，同上书，第 828 页。
④ 《大过·象》辞注，同上书，第 839 页。
⑤ 《益·象》辞注，同上书，第 913 页。
⑥ 《夬·象》辞注，同上书，第 919 页。

要强调上下卦的"健""说""巽"之类的卦德。由此看来"卦才"指的是爻位或上下卦中体现的应对某一卦的卦"时"所应有的德性和品质。这里,卦"时"所象征的是人生的种种情势和处境。

## 二、卦序与时义

对《序卦》传的重视,是《程传》与王弼易学体例的又一个重要区别。而伊川引入《序卦》的用意所在,则更有进一步掘发的必要。

《程传》在《易序》之后,特立《上下篇义》,专论《周易》卦序安排之义:

> 《乾》《坤》,天地之道,阴阳之本,故为上篇之首;《坎》《离》,阴阳之成质,故为上篇之终。《咸》《恒》,夫妇之道,生育之本,故为下篇之首;《未济》,《坎》《离》之合,《既济》,《坎》《离》之交,合而交则生物,阴阳之成功也,故为下篇之终。二篇之卦既分,而后推其义以为之次,《序卦》是也。[①]

在程颐看来,上篇从"阴阳之本"至"阴阳之成质",下篇则由"生育之本"至"阴阳之成功"。总体说来,上篇是由天道渐推至人事,而下篇则是由人道反归于天道。而《序卦》正是将《周易》各卦作为这样的"时义"演进的展开环节,"推其义以为之次"的。

---

① 《二程集》,第692页。

除了卦序的次第推演关系外，程颐还强调了上下篇的区分在卦的阴阳质性上的根据：

> 卦之分则以阴阳。阳盛者居上，阴盛者居下。所谓盛者，或以卦，或以爻。卦与爻取义有不同。如《剥》：以卦言，则阴长阳剥也；以爻言，则阳极于上，又一阳为众阴主也。[①]

以阳盛者居上，阴盛者居下，是对阴阳尊卑地位的强调。程颐对王弼"一阴为之主"的观念，也持反对的意见："卦一阴五阳者，皆有乾也，又阳众而盛也，虽众阳说于一阴，说之而已，非如一阳为众阴主也。王弼云'一阴为之主'，非也。"[②]当然，这样的区分原则不免碰到例外的情况。而《上下篇义》则对这些看似例外的情况，做了详细的解释，以贯通"阳盛者居上，阴盛者居下"的分篇原则。

卦序之间的承转，有的时候是顺承的关系。比如《屯》《蒙》《需》《讼》《师》这一顺序，就体现了物之始生、幼弱、长养，进而因长养所需而致争讼，最后由争而兴师的过程。又如《姤》《萃》《升》，物相遇而后聚，聚而后渐次高大上升。有的时候则是反转的关系。比如《泰》和《否》，《剥》和《复》，《损》和《益》，《既济》和《未济》。处于这种关系中的卦象既是义理上相互否定的关系，又是时势和际遇之间相互转换的关系。

---

① 《二程集》，第 692 页。
② 同上书，第 693 页。

除前两种典型的关系外，还有一种卦序比较特殊，如《大有》《谦》《豫》这一卦序。对于《谦》之所以接续《大有》，《程传》以《序卦》为基础解释道：

> 《谦》，《序卦》："有大者不可以盈，故受之以谦。"其有既大，不可至于盈满，必在谦损，故大有之后，受之以谦也。①

由此可知，《谦》之所以安排在《大有》之后，是因为谦损是人处于大有的境况下应有的品质和态度。至《豫》位于《谦》之后，则是因为：

> 《豫》，《序卦》："有大而能谦必豫，故受之以豫。"承二卦之义而为次也，有既大而能谦，则有豫乐也。②

《豫》有"安和悦乐之义"，是处人有之时而能谦损自持的结果。

六十四卦之间相互承转，构成了某种或许可以称为"时义的辩证法"的义理和时势的系统。

这一时义的系统总体说来是相当完备的，但也有需要曲为解释之处。如关于《蛊》之所以承续《随》，《程传》云：

---

① 《二程集》，第 773 页。

② 同上书，第 778 页。

　　《蛊》,《序卦》:"以喜随人者必有事,故受之以蛊"。承
二卦之义以为次也。夫喜悦以随于人者,必有事也。无事,
则何喜,何随?　①

前面《豫》是处《大有》之时而持《谦》道的结果,这里变成了因"有
事"而"喜悦以随于人"。其中《豫》的意义被悄然改变了。而"无
事则何喜,何随"的解说,也有失之牵强之处。

　　《程传》对卦序的强调,是以对《易》本质的理解为基础的。
在《易序》中,程颐指出:

　　　时固未始有一,而卦亦未始有定象……以一时而索卦,
　　则拘于无变,非《易》也。②

在程颐看来,对于任何一个卦象,如果仅仅依卦象所象征的时义
来把握,就成了拘滞无变,也就从根本上违背了《易》的精神。
卦的时义是相互依存、相互转变的。而这种转变又有一个整体的
系统,并非任意和偶然的。这样一来,任何一个卦象也就不再是
一个相对封闭的时势,它所表征的时义本身就包含着扬弃自身、
超越自身的可能。

　　与卦序的引入同样,伊川对"时义"的分析和讨论,也指向
了对王弼易学的超越。王弼《周易略例》云:

---

　　① 　《二程集》,第788页。
　　② 　同上书,第690页。

　　　　夫卦者，时也；爻者，适时之变者也。①

　　王弼对于《周易》的功用，强调的是"寻名以观其吉凶，举时以观其动静"。卦象所象征的是人生的各种"时"遇和情境。各卦之"时"是彼此孤立的，没有一定的依存转变的关系。"犯时之忌，罪不在大；失其所适，过不在深"，人的作为只有依时适遇，才能免咎。正是由于这样的出发点，所以王弼《周易注》完全不关注《豫》《坎》等卦的《彖》辞中"时义""时用"等概念。仅对《姤》卦《彖》辞"姤之时义大矣哉"中的"义"字，做了笼统的解释："凡言义者，不尽于所见，中有意谓者也。"② 在这一解释中，"时义"的"义"，只是卦象中无法直接呈显的未尽之意。而对于《睽》卦《彖》辞"睽之时用大矣哉"，则说："睽离之时，非小人之所能用也。"③ 由此可知，"睽之时用"之大，在王弼看来，是指唯大人能用此一卦时之义。总的说来，王弼更强调的是对卦所象征的"时"的被动适应。

　　程颐对《彖》辞中的"时义"极为重视。在《豫》卦注中，他讨论道：

　　　　时义，谓豫之时义。诸卦之时与义用大者，皆赞其大矣哉，《豫》以下十一卦是也。《豫》《遯》《姤》《旅》言时义，《坎》《睽》《蹇》言时用，《颐》《大过》《解》《革》言时，

――――――――――

　　①　《王弼集校释》，第604页。

　　②　同上书，第439页。

　　③　同上书，第405页。

各以其大者也。①

《彖》辞中赞"时义""时用"或"时"之大的，一共有十一卦。而之所以有"时义""时用"和"时"的不同，是因为各卦可以称扬其大的侧重点不同：《豫》等四卦是"时""义"皆大，《坎》等三卦是"时"和"用"大，而《颐》等三卦则是"时"大。

在《程传》中，"时""义"和"用"是彼此区别的概念。《随》卦《彖》辞"随时之义大矣哉"注云：

> 凡赞之者，欲人知其义之大，玩而识之也。此赞随时之义大，与《豫》等诸卦不同，诸卦时与义是两事。②

《随》与《豫》等诸卦的不同，就在于《随》卦的时与义相一致，而《豫》等诸卦之时与义是相区别的。

对于《彖》传赞时义之大的四卦，程颐强调的重心也有所不同。在他看来，《彖》传之所以赞《豫》的时义之大，是因为豫顺之道，"旨味渊永，言尽而意有余"，因此通过赞辞来引导读者深味其义理之余蕴。《遁》卦为阴长之时，圣贤"虽知道之将废"，而不"肯坐视其乱而不救"，因此要为时势寻找"可变之道，可亨之理"。这样一来《遁》的时义之大的重心就落在"处遁时之道"上。《程传》对《姤》的时义的把握，颇耐寻味：

---

① 《二程集》，第 779 页。
② 同上书，第 784 页。

> 赞姤之时，与姤之义至大也。天地不相遇，则万物不生；君臣不相遇，则政治不兴；圣贤不相遇，则道德不亨；事物不相遇，则功用不成。姤之时与义，皆甚大也。[①]

姤所蕴涵的相遇之义及其所象征的相遇之时，对于一切事物的成就都至关重要，因此说它的"时与义，皆甚大"。这里又一次暗示出时与义在概念上的区别。一般说来，当卦的时与义相一致时，对时义的强调提示的是对未尽的义理的深入体会；而当卦的时与义相背离时，时义强调的就是以义救时，即用正确的人事上的努力，匡正时势的废乱倾向。

《坎》《睽》《蹇》的《彖》辞皆言"时用之大"。《程传》于《坎》卦则云：

> 高不可升者，天之险也。山川丘陵，地之险也。王公，君人者。观坎之象，知险之不可陵也，故设为城郭沟池之险，以守其国，保其民人，是有用险之时，其用甚大，故赞其大矣哉！山河城池，设险之大端也。若夫尊卑之辨，贵贱之分，明等威，异物采，凡所以杜绝陵僭，限隔上下者，皆体险之用也。[②]

险的时用，主要是指当需要用险的时势下，设险的用处。城郭沟

---

① 《二程集》，第 925 页。
② 同上书，第 845 页。

池的建立与尊卑贵贱的限隔，都是用险的具体体现。这里，用险显然不是用《坎》的卦时，而是用它的卦义。值得注意的是，在《程传》中，时用并不只是对卦时或卦义的运用。在对《蹇》的《彖》辞的注释中，程颐论曰："处蹇之时，济蹇之道，其用至大，故云大矣哉！天下之难，岂易平也？非圣贤不能，其用可谓大矣。顺时而处，量险而行，从平易之道，由至正之理，乃蹇之时用也。"①很显然，《蹇》卦的时用，不能理解为"用蹇"，而只能把握为"处蹇之道"。这与上面提到的《遁》卦的时义，是有其相通之处的。

至于《颐》《大过》《解》《革》四卦《彖》辞中的"时大"，《程传》在诠释的方向上虽有细微的差别，但大旨基本上是相同的。如《解》卦注云：

> 既明处解之道，复言天地之解，以见解时之大。天地之气开散，交感而和畅，则成雷雨；雷雨作而万物皆生发甲坼。天地之功，由解而成，故赞解之时大矣哉！王者法天道，行宽宥，施恩惠，养育兆民，至于昆虫草木，乃顺解之时，与天地合德也。②

解的时势促成天地之功，因此赞其时大。而在这样的时势面前，正确的姿态是顺应，从而"法天道"，"与天地合德"。与讲"时义"

---

① 《二程集》，第 896 页。
② 同上书，第 902 页。

和"时用"的卦相比，在这样的卦时之下，人的主体性、能动性的作用不再突显。

## 三、结　论

伊川对王弼《周易注》的批评，主要着眼于王弼《注》的老庄气味："王弼注《易》，元不见道，但却以老、庄之意解说而已。"这其实是北宋易学的共识。[①] 但王弼《周易注》的"老、庄之意"的具体体现是什么，却并不明确。实际上，这种老庄倾向就集中体现在王弼将《易》卦完全理解为"时"的诠释取向之中。由于《周易》各卦象征着人生的种种时遇，而这些时遇之间又是相对独立的，人处在这种种时遇当中，只能顺应外在的境遇来调整自己的行为，藉此免于悔吝凶咎而已，至于匡时救弊，是根本谈不上的。这种对时遇的被动顺应，正是老庄因任无为思想的体现，同时也是伊川要在根本上加以反对的。在伊川看来，有些时遇当然要顺应，如《解》《革》等卦，不仅要被动地顺应，还要主动地效法。而对于《遁》这样小人道长、君子道消的卦，则不能一味地简单顺应——遁而去之，须谋有所匡正，以补时弊[②]。在这样的考量之下，如何克服和超越王弼《周易注》就成了《程传》

---

① 《二程集》，第8页。司马光也有类似的见解，他在元丰八年所作的《答韩秉国书》中说："常病辅嗣好以老庄解《易》，恐非《易》之本指，未足以为据也。"《全宋文》第二十八册，第416页。

② 《程传》《遁》卦注云："圣贤之于天下，虽知道之将废，岂肯坐视其乱而不救？必区区致力于未极之间，强此之衰，艰彼之进，图其暂安，苟得为之，孔、孟之所屑为也，王允、谢安之于汉、晋是也。"《二程集》，第866页。

的重要课题。而王弼《周易注》在解释学上所达到的高度，使得这一目标显得无比艰难。《程传》种种体例的创设，如"卦才""卦序"和"时义"等，均与此有关。

我们前面已经指出，"卦才"在《程传》中的主要用法之一是处理卦辞中常见的"亨"义。它的通常表达是："如卦之才"，"可以元亨"。比如《大有》卦，与王弼将卦辞中的元亨理解为卦时和卦义本身所固有的质性不同，伊川认为《大有》卦义本身并不具备元亨之义，即使是处大有之时，人们也需要有该卦所强调的德性，才能得到元亨的结果。而且，即使是《比》《谦》这些卦义中本具亨义的卦，亨通之义也主要来自义而非时。在伊川看来，时遇本身并不能给人以元亨之利，人的品质和原则才是超越种种人生际遇的根本。

卦序中所蕴含的"时义的辩证法"，则强调每一卦的卦义和卦时本身都包含着超越自身要素的倾向。这种倾向有的时候体现为顺承和发展，有的时候则体现为对自身的否定。卦序的"辩证"展开，为人的主体性的发挥设定了客观的前提。比如，人如果处身于《遁》的时遇之中，需知阴长阳消的客观情境，并在此情境下谋补时救弊之道。既不能简单消极地退避，无所作为；又不能不考虑客观条件，依己意妄作。只有正确的处遁之道，才能让《遁》向《大壮》的转化顺利地实现。

而"时义""时用"和"时"的细致区别和讨论，则进一步强调了对待不同的卦时，人的主观姿态的变化和调整。总体说来，在《程传》的解释中，对"时义之大"的赞辞强调的是"处时"的重要性，如《遁》和《旅》；"时用之大"强调的是"用时"的重要性，如《坎》；而"时大"则强调"顺时"，如《解》和《革》。"处时"强调的是"应时"和"救时"，即慎处之中有所补救；"用时"强调的是"设时"和"造时"，即人为地创造出所需的现实情势；而"顺时"则强调"适时"和"效时"，即顺适卦所象征的时遇，效法卦所蕴含的义理。针对不同的卦时，人的主体性的发挥方式和程度，各有不同。任何一种一成不变的态度，都是对易道的背离。

经由上述种种解释学上的创发，伊川也就从根本超越了王弼以道家精神为根柢的注释原则和方法，成功地构建起了真正属于儒家的易学系统。

（本文原载《中国哲学史》2007 年第 4 期）

# 郭象的政治哲学

作为魏晋玄学发展的高峰，郭象的哲学一直是中国哲学史研究的重要课题之一。与大多数中国哲学家一样，郭象的本体论建构也有其明确的政治哲学指向。关于郭象的政治哲学，虽然历来的研究者多所关注，但其中仍有未发之覆，有待进一步深入地讨论和梳理。本文致力于以文本的细读和概念的详析为基础，对一直以来关于郭象政治哲学的种种误解做出必要的澄清和校正。

## 一、明王之功

在郭象的政治哲学中，君主对于任何共同体来说都是不可或缺的。在注释《人间世》"臣之事君，义也，无适而非君也，无所逃于天地之间"一节时，他说：

> 千人聚不以一人为主，不乱则散。故多贤不可以多君，无贤不可以无君。此天人之道，必至之宜。①

---

① 《南华真经注疏》，第86页。

魏晋时期的无君论，倡始于嵇康、阮籍，至两晋之际的鲍敬言而益趋极端。① 此种论调虽有激而言，但从政治哲学的角度看，最多只能算是一种情绪的宣泄。在这里，郭象明确地指出了无君的后果——"不乱则散"。政治的价值首在于秩序的构建和维系。"乱"意味着最低限度的秩序的丧失，而"散"则意味着共同体的消亡。这两种后果，会从根本上摧毁弱者的生存基础。

郭象理想中的君主统治是一种无为政治。② 而无为政治在表面上看，似乎看不到君主有什么实际的作用。因此，《老子》第十七章云："功成事遂，百姓皆谓我自然。"③ 然而实际的情况却并非如此：

> 天下若无明王，则莫能自得。〔今〕之自得，实明王之功也。然功在无为而还任天下，天下皆得自任，故似非明王之功。④

正是"明王"的运作，才使得百姓皆能自得。"明王"的存在至少防止了各种以干扰为本质的治理，从而让百姓按照自己的本性

---

① 参见卢国龙：《郭象评传——理性的蔷薇》，南宁：广西教育出版社，1996年，第172—175页。

② 值得注意的是，无为政治并非道家所独有。《论语·卫灵公》云："无为而治者，其舜也与？夫何为哉，恭己正南面而已矣。"又《孟子·尽心上》："霸者之民，驩虞如也；王者之民，皞皞如也。杀之而不怨，利之而不庸，民日迁善而不知为之者。"这里的王者之政，即是儒家的无为政治。当然，这两种无为政治的运作机制是有质的区别的。

③ 《王弼集校释》，第41页。

④ 《南华真经注疏》，第173页。

去生活。但由于"明王"总是在潜移默化中发挥作用，所以表面看来，好像无足轻重似的。

《老子》和《庄子》中经常出现的"亡圣弃智"这类表述，对于郭象来说，无疑是需要解释和处理的。在解释《胠箧》"则圣人之利天下也少而害天下也多"时，郭象引入了这样的讨论：

> 信哉斯言！斯言虽信，而犹不可亡圣者，犹天下之知未能都亡，故须圣道以镇之也。群知不亡而独亡圣知，则天下之害又多于有圣矣。然则有圣之害虽多，犹愈于亡圣之无治也。虽愈于亡圣，故未若都亡之无害也。甚矣！天下莫不求利，而不能一亡其知，何其迷而失致哉！[1]

这一段注释在既往的郭象思想研究中，一直颇受关注。然而，这些研究大都试图让郭象的政治哲学承担超越其时代的责任——批判君主专制。[2]此类研究的内在焦虑是可以理解的，但太过热切地让郭象的思想与研究者自己的时代焦虑扭结起来，其实是思想缺少必要节制的体现。近些年来，正是这样一种试图将一切历史都做成当代史的倾向，使得我们反而失去了历史的纵深，从而将种种异质性的思想同质化了。在郭象看来，之所以不能"亡圣"

---

① 《南华真经注疏》，第 202 页。

② 在余敦康先生那里，这是一种"圆滑"的解释。参见余敦康：《魏晋玄学史》，北京：北京大学出版社，2004 年，第 368 页。卢国龙反对将郭象视为一个"圆滑的调和论者"，认为"在魏晋玄学家中，对专制政体作出最深刻理论批判的，正是郭象"。参见卢国龙：《郭象评传——理性的蔷薇》，第 170 页。

的原因在于，如果仅仅弃绝圣智，而"群知"犹存，那么，其结果非但不能使社会复归素朴，反而适得其反。在郭象那里，最高的理想当然是"都亡其知"，即圣智与群智都被弃绝。然而，这实际上不可能实现。退而求其次，现实的政治只能选择"以圣道镇之"的道路，即以圣智引领和化解群智。这样的政治选择可以在短时间内达到比较理想的治理，但既无法一劳永逸地解决问题，也无法实现"都亡其知"的终极理想。

## 二、圣人之德

在郭象的政治哲学里，理想的统治者是圣人。作为道家和儒家共同追求的人格典范，圣人成为一个契合点，使得郭象可以自如地将儒家的种种政治理念纳入他对《庄子》的阐发和解释当中。在《庄子序》中，郭象明确将"内圣外王之道"标举为《庄子》一书的基本宗旨之一。而正是这一"内圣外王"的圣人形象，为解决道家的无为而治与历史和现实中真实的政治实践之间的紧张提供了基础。

郭象首先要面对的是《庄子》文本当中推尊隐士、贬抑君主的倾向。在注解《逍遥游》里"尧让天下于许由"一节时，郭象写道：

> 夫能令天下治，不治天下者也。故尧以不治治之，非治之而治者也。今许由方明既治，则无所代之。而治实由尧，故有子治之言。宜忘言以寻其所况。而或者遂云：治之而治者，尧也；不治而尧得以治者，许由也。斯失之远矣。夫

治之由乎不治，为之出乎无为也。取于尧而足，岂借之许由哉！若谓拱默乎山林之中而后得称无为者，此庄老之谈所以见弃于当途，〔当途〕者自必于有为之域而不反者，斯之由也。①

尧治理天下，所用的正是"以不治治之"的无为之道。而这已经是至高的统治路向了。既然尧已经实现了无为而治，那么，又何需许由的治理呢？而且在郭象看来，那种认为只有"拱默乎山林之中"才能算是无为的思想，一方面会使道家的思想为现实的统治者抛弃，另一方面会令作为统治者的君主认为自己只能是一个"有为"者，而放弃对无为的追求。

在郭象看来，许由之类的隐者，其实不过是与稷、契等尧的臣子同一层次的人物：

夫自任者对物，而顺物者与物无对。故尧无对于天下，而许由与稷契为匹矣。何以言其然邪？夫与物冥者，故群物之所不能离也。是以无心玄应，唯感之从，泛乎若不系之舟，东西之非己也。故无行而不与百姓共者，亦无往而不为天下之君矣。以此为君，若天之自高，实君之德也。若独亢然立乎高山之顶，非夫人有情于自守，守一家之偏尚，何得专此！此故俗中之一物，而为尧之外臣耳。若以外臣代乎内主，斯有为君之名而无任君之实也。②

---

① 《南华真经注疏》，第10页。
② 同上书，第11页。标点有校改。

只有能做到无心而顺物的人，才有可能成为"天下之君"。在这里，理想的统治者应该是"与物无对"的人。① 因为，如果统治者是一个有对者，那么，也就意味着他只是群物中的一个。而既然他仅仅是群物中的一个，那么，他也就无法周全普遍地照管一切人、一切物。许由作为一个隐者，"独亢然立乎高山之顶"，表面上看起来似乎是无心于世务，但其实这正是执守于一偏的表征。执守一偏的人，与物为对。虽然外在表现有所不同，但其实质上与稷、契这些执守于某个专门领域的臣子并无不同。所以，说穿了不过是"尧之外臣"而已。

作为理想统治者的圣人，"虽在庙堂之上，然其心无异于山林之中"②。在解释《大宗师》里"彼游方之外者也，而丘游方之内者也"一句时，郭象阐述了"游外冥内"的圣人人格：

> 夫理有至极，外内相冥，未有极游外之致而不冥于内者也，未有能冥于内而不游于外者也。故圣人常游外以〔冥〕内，无心以顺有。故虽终日〔见〕形而神气无变，俯仰万机而淡然自若。③

这里的"游外冥内"其实就是《庄子序》中所说的"内圣外王之道"的具体解释。一个能周遍地照管一切人物的君主，必定是一个不

---

① "无对"也就是"无待"："若乃厉然以独高为至而不夷乎俗累，斯山谷之士，非无待者也，奚足以语至极而游无穷哉！"（《南华真经注疏》，第15页）

② 《南华真经注疏》，第12页。

③ 同上书，第155页。

执于一偏的人。而要做到不执滞于一偏，就要超越一切分别和限界，即"冥内"。而一个真正的"冥内"者，也必定能普遍地照管一切。

在郭象那里，"冥内"主要有以下三层意思：其一，无心于天下。《逍遥游》"窅然丧其天下焉"注云："夫尧之无用天下为，亦犹越人之无所用章甫耳。然遗天下者，固天下之所宗。天下虽宗尧，而尧未尝有天下也，故窅然丧之。而尝游心于绝冥之境，虽寄坐万物之上，而未始不逍遥也。四子者，盖寄言以明尧之不一于尧耳。夫尧实冥矣，其迹则尧也。"[1]其二，无我。《齐物论》"此之谓'以明'"注云："夫圣人，无我者也。故滑疑之耀，则图而域之；恢恑憰怪，则通而一之。使群异各安其所安，众人不失其所是，则己不用于物，而万物之用用矣。物皆自用，则孰是孰非哉！"[2]其三，无喜怒。《大宗师》"喜怒通四时"注云："夫体道合变者，与寒暑同其温严，而未尝有心也。然有温严之貌，生杀之节，故寄名于喜怒也。"[3]"冥内"是圣人的内在品质，也是无为之政得以实现的根由。

当然，"冥内"不是像木石般无知无识，而是一种精神上的纯完："圣人之形，不异凡人，故耳目之用衰也。至于精神，则始终常全耳。"[4]而此种精神上的纯完，也就是郭象所说的"天机玄发"，是无为之政的源泉。在理解圣人的"冥内"时，一定要

---

[1]　《南华真经注疏》，第15页。

[2]　同上书，第41页。

[3]　同上书，第138页。

[4]　同上书，第487页。

注意郭象所理解的庄子与慎到等人的思想的差别：

> 夫去知任性，然后神明洞照，所以为贤圣也。而云土块
> 乃不失道，人若土块，非死如何？豪杰所以笑也。[①]

正因为圣人能冥内，所以精神独全，天机玄发，能洞察一切。而如果像慎到等人那样，认为人必须像土块木石那样方能体道，那就成了根本没有生命力的东西了。

## 三、不治之治

郭象的政治理念虽然是道家无为思想的延续，但这并不意味着对黄老之道的一般原则的简单重复，而是在其基础上的进一步深化和发展。

### （一）同众

无为之治的根本原则在于任百姓之自为。《在宥》篇"不闻治天下也"注曰：

> 宥使自在则治，治之则乱也。人之生也，直莫之荡则性
> 命不过，欲恶不爽。在上者不能无为，上之所为而民皆赴
> 之，故有诱慕好欲，而民性淫矣。故所贵圣王者，非贵其能

---

① 《南华真经注疏》，第 614 页。

治也，贵其无为而任物之自为也。①

在郭象看来，如果没有外在的诱导和影响，百姓自然会生活在朴素真诚当中。这从根底里也透露出道家对人性的一般理解：人并无自然为恶的倾向。在解释《天地》篇"厉之人夜半生子，遽取火而视之，汲汲然唯恐其似己也"一节时，郭象说："厉，恶人也。言天下皆不愿为恶，及其为恶，或迫于苛役，或迷而失性耳。"② 本文中的"厉之人"，应该是指貌丑之人。郭象有意将其解释为道德意义上的恶人。在郭象看来，如果没有苛役的压迫和外在的诱导，人是不会主动去作恶的。当然，这里的恶，主要是指对自己内在本性的背离和逾越。每个人都依自己的自然之性来生活，由此而构成的社会就是至善的。而这一理想社会的达成，根本上源于圣王的无为。

　　而圣王的无为具体的表现就是同众：

　　　　众皆以出众为心，故所以为众人也。若我亦欲出乎众，则与众无异，而不能相出矣。夫众皆以相出为心，而我独无往而不同，乃大殊于众而为众主也。③

与一般人总想与众不同相反，圣人总是同乎人而无我。圣人的"无往而不同"与众人的"以出众为心"，正是两者的本质区别。

---

① 　《南华真经注疏》，第 212 页。

② 　同上书，第 255 页。

③ 　同上书，第 224 页。

　　表面上的同众，恰恰是圣人异于众人之处："人皆自异而己
独群游，斯乃独往独来者也。独有斯独，可谓独有矣。"① 而圣人
的"独有斯独"，正是其为众人所贵的缘由：

> 　　夫与众玄同，非求贵于众，而众人不能不贵，斯至贵
> 也。若乃信其偏见而以独异为心，则虽同于一致，故是俗中
> 之一物耳，非独有者也。未能独有，而欲饕窃轩冕，冒取非
> 分，众岂归之哉！故非至贵也。②

郭象的这一论述中，隐含了王弼"众不能治众，治众者，至寡者
也"③ 的思辨逻辑。至人的同众，并不是为了众人的尊崇，但又
会自然而然地受到推戴。如果以独异为心，那也就成了众人中的
一个，而不再是真正的独有者，从而不可能成为为众人归服的
"至寡者"。

　　圣人的同众也有现实力量对比上的考量：

> 　　吾一人之所闻，不如众技多，故因众则宁也。若不因
> 众，则众之千万皆我敌也。④

以一敌众，无论在智慧还是在力量上，都是万万不及的。想要

---

① 《南华真经注疏》，第 225 页。
② 同上书。
③ 《王弼集校释》，第 591 页。
④ 《南华真经注疏》，第 224 页。

"以一己而专制天下"①，其结果不仅会塞断天下之路，也会让自己陷入绝境。

在言语上，圣人的同众表现为："圣人无言，其所言者，百姓之言耳。故曰'不言之言'。"②甚至在教化上，圣人也是以百姓之心为本的。在解释《在宥》篇的"大人之教，若形之于影，声之于响"时，郭象说：

> 百姓之心，形声也；大人之教，影响也。大人之于天下，何心哉？犹影响之随形声耳。③

与儒家以圣人的主动引导来教化百姓不同，郭象的"大人之教"的特点是因顺百姓之心。而这种以百姓之心为形声、以教化为影响的思想，实际上是其独化论的逻辑延伸。

### （二）顺世

与老庄思想中厚古薄今的历史观不同，郭象强调圣王之道需"因时任物"④。在解释《天地》篇中"有机事必有机心"一节时，郭象论曰：

> 夫用时之所用者，乃纯备也。斯人欲修纯备而抱一守

① 《南华真经注疏》，第 225 页。
② 同上书，第 481 页。
③ 同上书，第 225 页。
④ 同上书，第 249 页。

古，失其旨也。①

在时世已经变化的情况下，一定要固执地拒绝当世种种器具，此种"抱一守古"的态度，表面上看，似乎是在复归朴素的生活，而实际上恰恰违背了无为的真意。因为，在郭象看来，无为的根本精神就在于不以"出众为心"。而如果居今之世、守古之用，那反而成了某种惊世骇俗的立异之举。

历代圣王虽名号不同，功业异趣，但其治理的根本原则其实都是一致的：

> 夫尧舜帝王之名，皆其迹耳，我寄斯迹而迹非我也，故骇者自世。世弥骇，其迹愈粗。粗之与妙，自途之夷险耳，游者岂常改其足哉！故圣人一也，而有尧舜汤武之异。明斯异者，时世之名耳，未足以名圣人之实也。（《在宥》篇注）②
> 言二圣俱以乱，故治之。则揖让之与用师，直是时异耳，未有胜负于其间也。③

圣人的内在品质并无二致，之所以会有名号和功业的不同，完全是由于时世的变化。应对不同的时世，而有尧、舜之揖让与汤、

---

① 《南华真经注疏》，第247页。

② 同上书，第217页。王晓毅在解释这段材料时说："郭象以旅行路途的险易解释圣王们治国形迹差异的原因：不同时代的社会形势，犹如千变万化的地形条件；圣王的事迹，犹如出行者踩出的脚印。面对不同的地形，留下的脚印各异。"（《郭象评传》，南京：南京大学出版社，2006年，第264页）

③ 《南华真经注疏》，第251—252页。

武之用师的差别。汤、武所处的时世远较尧、舜时严峻（即文本中的"世弥骇"），故非用师不能平治天下。通过时世这一概念，郭象将无为之治在现实政治中延展的可能性极大地拓宽了。这样的做法，固然能让道家的无为思想发挥更为具体和切实的政治影响，但也有因外延的极度扩大而从根本上丧失无为之治的基本内涵的危险。因为如果一切统治都可归结为时世的结果，那么，所有的暴政也就有了被正当化的可能。而在郭象的一些议论当中，也的确有这样的倾向。在解释《在宥》篇"昔尧之治天下也……是不恬也；桀之治天下也……是不愉也"一节时，郭象论曰："夫尧虽在宥天下，其迹则治也。治乱虽殊，其于失后世之恬愉，使物争尚畏鄙而不自得则同耳。故誉尧而非桀，不如两忘也。"[①]这一段议论当然是顺承《庄子》本文的文义而来的。但与郭象注对待此类文段的一般做法不同，他没有用寄言出意的方法反转文本的固有意趣。而这种一反常态，是与上述郭象对无为思想的改造有关。换言之，《庄子》这一段讨论，与郭象自己的思想的逻辑展开并无根本的冲突。

### （三）用臣

在无为之政的具体运作上，郭象的思想与传统的道家思想基本上是一致的。但在具体的论述中，还是颇多新意：

---

① 《南华真经注疏》，第213页。在另一段落里，郭象甚至将尧与桀直接归为一类："此皆尧桀之流，使物喜怒太过，以致斯患也。"（《在宥》篇注，《南华真经注疏》，第213页）

> 夫在上者，患于不能无为而代人臣之所司，使咎繇不得
> 行其明断，后稷不得施其播殖，则群才失其任，而主上困于
> 役矣。故冕旒垂目，而付之天下。天下皆得其自为，斯乃无
> 为而无不为者也。故上下皆无为矣，但上之无为则用下，下
> 之无为则自用也。（《天道》篇注）①

君主不能代人臣司职，因为那样做会使群臣的才智得不到发挥。
所以真正的明君，一定不会以自己的作为扰乱天下的自为。与传
统的君无为而臣有为的表述不同，郭象提出了"上下皆无为"的
思想。当然，如果细加分辨，我们会发现这种表述其实只是君无
为而臣有为的另一种表达而已。虽然君主和人臣都要无为，但君
主的无为体现为用臣，而臣下的无为则体现为自己发挥作用。

　在君臣关系上，郭象引入了一个非常有趣的比喻。他将君臣
关系比作工人与斧头的关系：

> 夫工人无为于刻木，而有为于用斧；主上无为于亲事，
> 而有为于用臣。臣能亲事，主能用臣；斧能刻木，工能用
> 斧。各当其能，则天理自然，非有为也。若乃主代臣事，则
> 非主矣；臣秉主用，则非臣矣。故各司其任，则上下咸得，
> 而无为之理至矣。（《天道》篇注）②

---

① 《南华真经注疏》，第269页。
② 同上书，第268页。

在刻木方面，工人可以说是无为的，而说到运用斧头，他又是有为的。与此相类，君主在具体职能方面是无为的，但在用臣上，却又是有为的。所以，不能过分地拘泥于无为和有为的分别。只要每个人按照自己的"天理自然"来行事，不要刻意而为，其实就是无为了。

能否无为固然取决于人的内在品质，但也受所处地位的限制：

> 无为之言，不可不察也。夫用天下者，亦有用之为耳。然自得此为，率性而动，故谓之无为也。今之为天下用者，亦自得耳，但居下者亲事，故虽舜禹为臣，犹称有为。（《天道》篇注）①

"用天下"的君主，其实也是有种种具体运作的，但这些运作都是"率性而动"，所以不能算作有为。而"为天下用"的臣子，也可以自得且逍遥，但因为处在"亲事"的地位上，所以即使有舜禹之德，也不能称作无为。

在具体的选材和用人的问题上，郭象继承了道家因任众人才智的思想。《胠箧》篇里引用了《老子》第四十五章的"大巧若拙"，对此，郭象注曰：

> 故善用人者，使能方者为方，能圆者为圆，各任其所

---

① 《南华真经注疏》，第269页。

能，人安其性，不责万民以工倕之巧。故众技以不相能似
拙，而天下皆〔因其〕能则大巧矣。夫用其自能则规矩可弃
而妙匠之指可擸也。①

让每个人都能充分地展现自己的才能，而不是强求他们去做力不
能及的事情，是用人的根本原则。这一思想既与前面提到的教化
观念相合，又是他关于性分自然的思想的延展。

君主在才智、勇力上不一定比群臣卓越。唯其如此，那些才
能上各有所长、性情各得一偏的人，才能真正地发挥作用：

夫王不材于百官，故百官御其事，而明者为之视，听者
为之聪，知者为之谋，勇者为之扞。〔天〕何为哉？玄默而
已！而群才不失其当，则不材乃材之所至赖也。故天下乐推
而不厌，〔臣〕万物而无害也。②

此种论调与刘劭《人物志》"中和之质，必平淡无味"的思想实
有相通之处。③ 对于君主来说，最重要的不是自己的材与不材，
而是能否尽人之材。

### （四）治具

郭象并不认为无为之治必然要排斥现实政治中的种种治理工

---

① 《南华真经注疏》，第 206 页。
② 同上书，第 95—96 页。
③ 刘劭：《人物志》，郑州：中州古籍出版社，2007 年，第 33 页。

具，如刑、礼、赏、罚等。这些现实的治理工具对于每一个政治
共同体而言，其实都是必不可少的。在这里，认为只要君主能够
无心而任物就可以治理好国家，无疑是一种极端到了天真地步的
思想。基于一种现实主义的政治理解，郭象在其《庄子注》中尽
可能将各种现实的政治工具纳入他的无为之治的系统当中。

在解释《大宗师》的"以刑为体，以礼为翼"时，郭象说：

> 刑者，治之体，非我为。
> 礼者，世之所以自行耳，非我制。[①]

这里，郭象把无为之治的内涵又一次扩大了。在他看来，无为不
是不用刑和礼，而是因任既有的刑和礼。刑是为治之体，礼是当
世通行的习俗和规范，并不是君主自己创造的，所以，只要能以
平正无私的态度让其发挥客观的作用，仍然可以算作一种无为之
政。这样的论说并不能被简单地视为一种折衷主义的态度，而应
视为郭象对道家无为思想的丰富和发展。正是郭象的努力，才真
正使得道家的无为政治有了在现实社会中具体化的可能。

不仅刑和礼，赏罚对于郭象的无为政治而言也是不可或缺
的。只不过对于赏罚所应发挥的作用和功能，郭象有自己的独特
理解：

> 忘赏罚而自善，性命乃大足耳。夫赏罚者，圣王之所以

---

① 《南华真经注疏》，第140页。

当功过，非以著劝畏也。故理至则遗之，然后至一可反也。而三代以下，遂寻其事迹，故匈匈焉与迹竞逐，终以所寄为事，性命之情何暇而安哉！①

一般说来，赏罚的功能主要是鼓励和禁止。比如，韩非子就认为赏罚是君主的"二柄"，不可假借给他人。②这种将赏罚的功能理解为"劝畏"的思想，与郭象的政治哲学是不能相容的。因为，郭象认为理想的治理就是要让每个人都能依照自己的本性来生活，而一旦有了"劝畏"，就会造成对人的天理自然的干扰。这种干扰对于一个朴素安静的社会来说，会带来致命的危害。在郭象看来，赏罚只是功过的自然结果。圣王并不是刻意地要去赏罚，而只是保证了作为功过的自然结果的赏罚能够顺利地实现。当然，尽管赏罚的目的不在于"劝畏"，但一旦功过与赏罚关联起来，人们就会自然地走上追逐功业、规避过犯的道路。这样一来，圣王以赏罚来"当功过"，最终仍会带来"劝畏"的实际效果。在这里，我们已经触及了郭象政治哲学的一个根本难题，即无论多么理想的治理，总会带来某种示范的效果。而此种示范的效果最终会引生出种种企羡和效法，从而最终破坏朴素的和谐。

### （五）至乐

由无为之政所达到的理想世界，在郭象《庄子注》中被比拟

---

① 《南华真经注疏》，第214页。
② 王先慎：《韩非子集解》，钟哲点校，北京：中华书局，1998年，第39—42页。

为无声之乐。而此种无声之乐则是乐音的根本：

> 由此观之，知夫至乐者，非音声之谓也，必先顺乎天，
> 应乎人，得于心而适于性，然后发之以声，奏之以曲耳。故
> 《咸池》之乐，必待黄帝之化而后成焉。（《天运》篇注）①

这里，将至治之世比拟为无声之乐，应该是受了嵇康《声无哀乐论》的影响。在回答"移风易俗，莫善于乐"何以可能的问题时，嵇康提出了无声之乐的思想："古之王者，承天理物，必崇简易之教，御无为之治。君静于上，臣顺于下；玄化潜通，天人交泰。枯槁之类，浸育灵液，六合之内，沐浴鸿流，荡涤尘垢；群生安逸，自求多福；默然从道，怀忠抱义，而不觉其所以然也。和心足于内，和气见于外；故歌以叙志，舞以宣情。然后文之以采章，照之以风雅，播之以八音，感之以太和。……故无声之乐，民之父母也。"②

至治之世并不因其朴素安静而失去了性灵。事实上，在这样一个"天机玄发"的世界里，所有的人和物都浸润在诗意的光辉中。它与任何一种枯槁干瘪的生存样态，都有着本质的差别：

> 自然律吕，以满天地之间。但当顺而不夺，则至乐全
> 〔矣〕。疏清，天也。浊，地也。阴升阳降，二气调和，故施

---

① 《南华真经注疏》，第291页。

② 《嵇康集》，《鲁迅辑录古籍丛编》第四卷，鲁迅辑录，北京：人民文学出版社，1999年，第80—81页。

生万物，和气流布，三光照烛，此谓至乐，无声之声。(《天运》篇注)①

《中庸》第十二章有这样一段文字："《诗》云：'鸢飞戾天，鱼跃于渊。'言其上下察也。"朱子在注释中引用了程颢对这一节的解说："此一节，子思吃紧为人处，活泼泼地，读者其致思焉。"②这种活泼泼的生活世界，也正是郭象的无为之治的目标所在。在主流的中国哲学传统当中，客观世界的存在始终与主观精神的样态紧密关联。郭象的冥内玄同、绝圣弃智，指向的都是一种更为自足和饱满的精神。在这种自足和饱满的精神的安顿下，人与世界共处于真理性的生存当中。在郭象看来，这也正是《庄子》一书的用心所在。

## 四、无为之迹与仁义之迹

"迹"与"所以迹"这一对范畴的创发，是郭象政治哲学的一个独到的发明。对此，此前的研究者已有种种阐发和论述。③然其中犹有未发之覆，有待于进一步深细周详的讨论。"迹"与"所以迹"这一对概念的发明，其根本指向从属于郭象政治哲学的整体目标——丰富和发展道家的无为思想，从而使其更具现实的可

---

① 《南华真经注疏》，第 291 页。

② 朱熹：《四书章句集注》，北京：中华书局，1983 年，第 22—23 页。

③ 参见汤一介：《郭象与魏晋玄学》，武汉：湖北人民出版社，1983 年；余敦康：《魏晋玄学史》；卢国龙：《郭象评传——理性的蔷薇》，王晓毅：《郭象评传》。

能性。有了这对概念，郭象就可以更为顺畅地将不同时代的圣王的功业，统合到无为之治的系统当中，从而也为进一步丰富无为之治的内涵提供了可能。

### （一）"无迹"与"有迹"

王晓毅在论及郭象政治哲学中的"无迹"和"有迹"的关系时说："郭象从哲学高度将事物分为'有迹'者与'无迹'者，确切说，是真正的'有迹'者与似乎'有迹'而实际'无迹'者两种类型。……圣人本性空灵，无心、无知、无为——无任何主见地'因循'社会形势和时代精神从事政治活动，同样留下了形迹，但这并不是圣人的真迹，而是臣民自己从事政治活动留下的形迹。所谓社会形势和时代精神，并非宇宙力量，而是臣民本性所决定的共同需求；所谓圣人的政治活动，无非是政策制定与执行，而这些政治活动都是臣民自己进行操作，圣人只是'因循'。人们的错误，便是将自己的政治事迹，误认为是圣人的事迹。"[①]这段论述没有真正深入郭象思想中"无迹"与"有迹"的复杂关系。

在《让王》篇注当中，郭象有这样一段关于圣人"无迹"的议论：

> 夫圣人因物之自行，故无迹。然则所谓圣者，我本无迹，故物得其迹，迹得而强名圣，则圣者乃无迹之名也。[②]

---

① 王晓毅：《郭象评传》，第204—205页。
② 《南华真经注疏》，第560页。

圣人任万物自为，本无形迹，但万物将其得以自为的原因归于圣人的治理，所以，以"圣"这样的名号来赞扬统治者。这里，百姓的"迹得而强名圣"不是"将自己的政治事迹，误认为是圣人的事迹"，而是错误地将圣人的无心任物看作某种仁爱百姓的举动。而实际上，"圣人无爱若镜耳，然而事济于物，故人与之名；若人不相告，则莫知其爱人也"。（《则阳》篇注）[1] 圣人没有爱憎之情，像明镜一样无心无为。然而百姓因此而各得其所，所以，人们以为他是爱护百姓的。在一般的人眼中，圣人必是有仁爱之心的人。而郭象却认为，圣人是无心者，因而也就是"无迹"者。

既然圣人是"无迹"者，那又何必要做"迹"与"所以迹"的区分呢？如果圣人真的"无迹"，那么郭象为何要屡屡言及"尤为之迹"或"仁爱之迹"呢？在解释《应帝王》中"有虞氏不及泰氏"一句时，郭象注曰：

> 夫有虞氏之与泰氏，皆世事之迹耳，非所以迹者也。所以迹者，无迹也，世孰名之哉！未之尝名，何胜负之有邪？然无迹者，乘群变，履万世，世有夷险，故迹有不及也。[2]

在这里，"无迹"是与"所以迹"同一的。"无迹"其实就是"所以迹"的别一种说法。圣人的"所以迹"，是不能用名言来指称和道说的，因此称之为"无迹"。不同时代的圣人的"所以迹"或"无迹"

---

① 《南华真经注疏》，第501页。
② 同上书，第170页。

本质上都是相同的，其间没有高下的分别。时世处境的变化，对于圣人的"无迹"没有任何的影响。

由于世人无法了解圣人的"所以迹"，只能从因时世的变化而自然产生的种种外在表现来理解，所以就有了"尧舜帝王"等名号及与之相关的评价上的不同。这些不同从根本上源于世人对圣人的误解。

### （二）"无为之迹"与"仁义之迹"

圣人的"所以迹"其实就是前面谈到过的"冥内"之德。因为他无心、无我，所以能因任万物之自然。然而，无论圣人怎样无心无为，总会有因应时世而生的种种外在的表现，这些外在表现被郭象称为"无为之迹"：

> 自三代以上，实有无为之迹。无为之迹，亦有为者之所尚也，尚之则失其自然之素。故虽圣人有不得已，或以槃夷之事，易垂拱之性，而况悠悠者哉！①

这里，值得注意的是"圣人有不得已"这样的表达。在某些极端的历史处境里，圣人也不得不调整自己的态度，甚至有的时候会以"槃夷之事"替代自己固有的"垂拱之性"。成玄英此处的疏解颇为精到："槃夷，犹创伤也。言夏禹以风栉雨沐，手足胼胝，

---

① 《南华真经注疏》，第187—188页。

以此辛苦之事，易于无为之业。"① 郭象将大禹这样"风栉雨沐"的形象纳入老庄那里优游无为的圣人形象当中。② 在郭象看来，圣人必然是无为的，所以，历史上一切圣人都必须被纳入这样一个理想治理者的谱系当中。这样做的结果无疑极大地丰富了无为思想的内涵。当然，正如我们前面指出的那样，这种拓展本身也有从根本上消解无为的政治路向的可能。

"无为之迹"在世人的眼中，被错误地理解为仁爱之心的外在表现，从而成为"仁义之迹"：

> 夫黄帝非为仁义也，直与物冥则仁义之迹自见，迹自见则后世之心必自殉之，是亦黄帝之迹使物撄也。（《在宥》篇注）③

> 夫与物无伤者，非为仁也，而仁迹行焉；令万理皆当

---

① 《南华真经注疏》，第188页。

② 实际上，大禹的定位问题是郭象要面对和解决的难题之一。这个问题的难度一方面是由于大禹栉风沐雨的仁爱形象，另一方面则由于他将帝位传给了自己的儿子。对此，郭象不得不曲为之解："夫禹时三圣相承，治成德备。功美渐去，故史籍无所载，仲尼不能间，是以虽有天下而不与焉，斯乃有而无之也。故考其时，而禹为最优，计其人，则虽三圣故一尧耳。时无圣人，故天下之心俄然归启，夫至公而居当者，付天下于百姓，取与之非己。故失之不求，得之不辞，忽然而往，侗然而来。是以受非毁于廉节之士而名列于三王，未足怪也。"（《天地》篇注，《南华真经注疏》，第242页）在他看来，大禹并没有传位给自己的儿子。由于当时没有出现另一位可以禅让的圣人，所以大禹听任百姓自己选择，而选择的结果是他的儿子启继承了帝位。《南华真经注疏》的校刊者依据赵谏议本在"是以受非毁于廉节之士而名列于三王"这句话的"而"和"名"两个字中间增补了"已其"二字，我们在引用这段话时，删去了增补的这两个字。

③ 《南华真经注疏》，第216页。

者，非为义也，而义功见焉。①

圣王本无心于天下，所以以"不治"的方式来"治理"。而这种
"直与物冥"的无为之治，从外在的表现看，就成了"仁义之迹"。
圣人无心而顺物，自然不会给任何事物带来伤害。这本身不是出
于仁爱之心，但却被当成了仁爱的流露。圣人让万物各当其理，
并不是出于义的原则，但却被看了义的表现。

我们看到，从"无迹"（或"所以迹"）到"无为之迹"、进
而变成"仁义之迹"的过程，是圣人本身也无法控制的。不仅
作为统治者的圣人如此，有德而无位的孔子也不能免于这样的命
运。在《德充符》注中，郭象有这样一段议论："今仲尼非不冥
也。顾自然之理，行则影从，言则响随，夫顺物则名迹斯立。而
顺物者，非为名也。非为名则至矣，而终不免乎名，则孰能解之
哉！"②在这里，在"不得已"面前无力自拔的圣人形象，将《庄
子》中"知其不可奈何而安之若命"的思想发挥到了极致。

### （三）挠世之具

从"无迹"到"仁义之迹"的必然进程，使得圣人治理天下
的根本原则被彻底地误解了。这一误解带来的恶果就是后世君主
的企羡和仿效：

---

① 《南华真经注疏》，第 187 页。
② 同上书，第 119—120 页。

> 法圣人者，法其迹耳。夫迹者，已去之物，非应变之具
> 也，奚足尚而执之哉！执成迹以御乎无方，无方至而迹滞
> 矣，所以守国而为人守之也。（《胠箧》篇注）①

后世的君主试图效法圣王的治理，但所效法的仅仅是圣人应对时
势的印迹而已。时世已变，当时圣人的治迹已无法应对今日的
情势。固执已成之迹来驾驭无尽的世变，其结果自然是滞碍难
通的。

引生后世君主钦慕和效法的，一定是善法美治，而不会是残
贼之政。在解释《骈拇》篇的"天下莫不奔命于仁义"时，郭象
论曰：

> 夫与物无伤者，非为仁也，而仁迹行焉；令万理皆当
> 者，非为义也，而义功见焉。故当而无伤者，非仁义之招
> 也。然而天下奔驰，弃我殉彼，以失其常然。故乱心不由于
> 丑，而恒在美色；挠世不由于恶，而恒〔在〕仁义。则仁义
> 者，挠天下之具也。②

仁义之挠世，正如美色之乱心。圣人本无心于爱民，但其外在表
现却被当成了"爱民之迹"。而"爱民之迹，为民所尚。尚之为
爱，爱已伪也"。这样一来，爱民反倒成了"害民之始"。（《徐

---

① 《南华真经注疏》，第200—201页。
② 同上书，第187页。

无鬼》篇注）①

　　郭象对《天运》篇里的"至仁无亲"的思想特加发挥，以此彰显圣人之至仁与世俗所说的仁的区别：

> 　　无亲者，非薄德之谓也。夫人之一体，非有亲也，而首自在上，足自处下，府藏居内，皮毛在外。外内上下，尊卑贵贱，于其体中，各任其极，而未有亲爱于其间也，然而仁足矣。故五亲六族，贤愚远近，不失〔其〕分于天下者，理自然也，又奚取于有亲哉！②

　　这里，郭象以人对身体的态度来比喻圣人的至仁：人对自己身体的各部分并没有刻意的亲疏之别，但身体的各部分却自有上下内外之别。而正因为人的无亲，府藏皮毛才能各得其所。在具体的治理当中，圣人对于五亲六族、贤愚远近，也并没有刻意的分别，只是因任其自然的分位而已。尽管圣人的至仁与世人所谓的仁有着本质的分别，但并不阻止人们坚持他们错误的认识："冥山在乎北极，而南行以观之；至仁在乎无亲，而仁爱以言之。故郢虽见，而愈远冥山；仁孝虽彰，而愈非至理也。"（《天运》篇注）③在郭象的政治哲学里，无论是圣人的"无迹"还是"至仁"，都没有办法杜绝世人对其治理之道的误解，以及由此误解而来的种种后果。这里我们要面对的几乎是一个看不到出路的循环：一

---

①　《南华真经注疏》，第 472 页。
②　同上书，第 288 页。
③　同上书，第 289 页。

方面治世必须仰赖于圣人，另一方面，无论圣人怎样无心、无为，也无法阻止这个世界向着背离朴素的方向滑落。要超脱出这个循环，似乎只有出于绝圣一途。

在解释《胠箧》篇中的"圣人生而大盗起"时，郭象思想中"绝圣"的倾向得到了充分展开。正如我们前面指出的那样，这种"绝圣"的倾向其实是其思想的固有逻辑的结果，并不仅仅是出于对《庄子》本文的承顺。郭象在这一节注释中这样写道：

> 夫竭唇非以寒齿而齿寒，鲁酒薄非以围邯郸而邯郸围，圣人生非以起大盗而大盗起，此自然相生，必至之势也。夫圣人虽不立尚于物，而亦不能使物不尚也。故人无贵贱，事无真伪，苟效圣法，则天下吞声而暗服之，斯乃盗跖之所至赖而以成其大盗者也。[1]

对于世人自然而然的企羡非分的倾向，圣人也没法做到"使物不尚"。而企羡仿效之心一旦兴起，最终反而会使"圣法"成了大盗为乱的工具。所以，唯一的解决之道只能是"掊击圣人"："夫圣人者，天下之所尚也。若乃绝其所尚而守其素朴，弃其禁令而代以寡欲，此所以掊击圣人而我素朴自全，纵舍盗贼而彼奸自息也。故古人有言：'闲邪存诚，不在善察；息淫去华，不在严刑。'此之谓也。"（《胠箧》篇注）[2] 这里所说的"古人"之言，应该

---

① 《南华真经注疏》，第202—203页。

② 同上书，第203页。

是对王弼《老子指略》中的"闲邪在乎存诚，不在善察；息淫在乎去华，不在滋章"的不严格的引用。[①] 要杜绝世人的追慕仿效，使人们重归素朴，只有通过"掊击圣人"才能达到。然而，这里的悖论是，在郭象的政治哲学，能够做到这一点的似乎只有圣人。而圣人只要居于统治者的位置，就必然会落入从"无迹"到"仁义之迹"的必然的历史进程当中。其结果仍然是前面提到的那个看不到出路的循环。

## 五、反冥我极与反冥物极

从前面的讨论当中，我们可以清楚地看到，郭象的理想治世其实只能在有圣人维持的偶然的历史瞬间才能真正实现。而这一实现了的理想治世，最终又必然会在后人对"无为之迹"和"仁义之迹"的仿效中，渐渐地失落。在郭象那里，圣人是天生的，并非后天的努力所能达到："俱食五谷而独为神人，明神人者非五谷所为，而特禀自然之妙气。"（《逍遥游》注）[②] 这里的"特禀自然之妙气"的表述，应该是受了嵇康《养生论》的影响。[③] 郭象不仅继承了嵇康的哲学表述，而且完整地接受了他关于神仙系出天成、非积学所至的思想。只是将其中的神仙替换成了具有

---

① 《王弼集校释》，第 198 页。

② 《南华真经注疏》，第 13 页。

③ 嵇康在《养生论》中说："夫神仙虽不目见，然记籍所载，前史所传，较而论之，其有必矣。似特受异气，禀之自然，非积学所能致也。"《嵇康集》，《鲁迅辑录古籍丛编》第四卷，第 46 页。

理想人格的神人。而在郭象的哲学话语中，神人与圣人这两个概念基本上是可以互换的。① 既然圣人不是后天的学习所能达到的，那么，郭象在《庄子注》中构建的政治哲学就仅仅成了对无为而治的空洞想象而已。这样一来，他试图从无为之治中导出现实的政治可能性的种种尝试，意义究竟何在呢？通过更为深细地解读，我们会发现，郭象的《庄子注》还是有告诫和提醒后世统治者的用意：

> 天下皆以不残为善，今均于残生，则虽所殉不同，不足复计也。夫生奚为残、性奚为易哉？皆由乎尚无为之迹也。若知迹之由乎无为而成，则绝尚去甚而反冥我极矣。尧桀将均于自得，君子小人奚辩哉！（《骈拇》篇注）②

值得格外留意的是，郭象没有明确指出"若知迹之由乎无为而成"这一句话的主语。从"若知"这一特定的语气看，这句话的主语不可能是圣人，而只能是郭象所要告诫的后世的统治者。理想的无为之政当然只有真正的圣人才能运作，但是在没有圣王的情况下，统治者如果能明白"无为之迹"是由作为"所以迹"的无为产生的，那么，他们就不会再去效法这些外在表现，而转而去效法古代圣王的"无迹"。当然，这在郭象的哲学里也不无困难。因为如果这些并无圣人之德的后世的统治者企图效法圣人的"无

---

① 《逍遥游》注云："此皆寄言耳。夫神人即今所谓圣人也。"《南华真经注疏》，第 12 页。

② 《南华真经注疏》，第 189 页。

迹", 这其实就在根本上逾越了他们的本分。这里, 我们可能已经将郭象政治哲学推到了他本人也未能明晰的层面。也许, 这当中的滞碍难通之处, 是郭象的哲学雄心的某种必然的代价。在郭象看来, 只要后世的统治者能够仿效圣人的"无迹", 做到从根本上去除对"无为之迹"的企羡, 就能恰当地回归到自己的性分之内。通过这样的"反冥我极", 统治者是有可能无限地接近圣人境界的。

统治者的"反冥我极", 会自然而然地引领臣民回返到各自的性分之内。这在郭象的政治哲学话语里, 是以"反冥物极"来表达的:

> 夫圣人者, 诚能绝圣弃知而反冥物极, 物极各冥, 则其迹利物之迹也。(《胠箧》篇注) [1]

这一节的论述也有需要疏解的地方。"诚能绝圣弃知而反冥物极"的主语是圣人, 而从"诚能"这一用语看, 这句话似乎隐含了圣人未必能做到"绝圣弃知"的意思。这与郭象思想的整体显然是不能相容的。唯一可能的解释就是, 此处提到的圣人并不是指理想的治理者, 而仅仅是一般意义上的统治者的代名词。这里, "反冥物极"是统治者"反冥我极"的结果。万物各安其分、任其自然, 理想的治世就在其中了。

---

[1]　《南华真经注疏》, 第 205 页。

# 六、小　结

经由郭象的努力，道家的无为之政的外延被极大地拓展和丰富了。在他的《庄子注》当中，无为不再是对古代圣王的理想治世的某种诗意的乡愁，而是变成了极富现实可能性的政治进路。这里，"迹"与"所以迹"这一重要的创造发挥了至关重要的作用，使得他可以毫无障碍地将历史上的各种治迹通通纳入无为的政治范畴当中。当然这样做也有从根本上消泯不同政治取向之间的限界的危险。而实际上，他的思想中也确有这样的倾向："尧桀将均于自得，君子小人奚辩哉！"（《骈拇》篇注）① 而且，既然"迹"只是圣人对变化中的时世的顺应，那么，一切暴政也都可以以此为借口，为自己找到正当性的基础。

正如我们前面的讨论中指出的那样，郭象对理想治世的达成是有着宿命般的悲观情绪的。一方面，圣人非后天积学所至，而理想治世的出现在根本上又只能依赖于圣人的无为而治。这就等于是将理想治世的实现归于偶然的天命了。另一方面，即使理想的治世在某个时代偶然地出现了，最终也会在后世统治者对圣人的"无为之迹"的效法中，无可挽回地失落。如果郭象的《庄子注》真的有什么现实的政治指向，而不仅仅是一种清谈之余的戏作的话，那么，他唯一能寄望的就是统治者们能够听从他的告诫，而自觉地做出相应的自我调整和改变。但他的"天性所受，各有本分，不可逃，亦不可加"的本体论思想，又断言了这种自我调整

---

① 《南华真经注疏》，第189页。

和改变的注定了的限度。

此前的很多研究者，都强调了郭象的政治哲学的批判性格。比如余敦康先生在《魏晋玄学史》中就这样写道："郭象与阮籍、嵇康不同，不是进行道德的谴责，抒发感情的愤慨，而是从事冷静的理智的分析，去寻找现实的原因。在魏晋玄学中，对君主专制制度弊端的分析，郭象算是最深刻的了。"[①] 这样的说法，并非全无根据。我们在郭象的《庄子注》中甚至可以找到"专制"这个字眼：

> 己与天下相因而成者也，今以一己而专制天下，则天下塞矣。己岂通哉！故一身既不成，而万方有余丧矣。(《在宥》篇注)[②]

当然，这里所说的"专制"跟我们今天的政治哲学所强调的"专制"还是有着相当大的差别。此处的"专制"，主要是指君主的有为：不能因任百姓之自然，而是勉强人们按照自己的构想来生活。郭象的确对历史上的暴政有尖锐的批判，甚至在某些地方流露出对当时的西晋政权的讥刺。如解释《天地》篇"南面之贼也"时，郭象说："田桓非能杀君，乃资仁义以贼之。"[③] 在这段注释里，郭象引入了本文中没有的田恒弑君的故事，而且强调他的篡弑是假借仁义之名来实现的，这不能不令人联想起

---

① 余敦康：《魏晋玄学史》，第 369 页。

② 《南华真经注疏》，第 225 页。

③ 同上书，第 240 页。这里的"田桓"当作"田恒"。

西晋王朝的根底来。郭象政治哲学的批判性格是不容否认的，甚至他选择校订和注释《庄子》本身就有某种批判的意味。但如果将这种批判拔高到对君主制度的质疑的层面上，就不免有时代错置之嫌了。

以自然和名教的关系来理解郭象的政治哲学，认为郭象的政治哲学的目标是自然与名教的统一，进而认为郭象要在儒道之间进行折衷和调和，这是一直以来魏晋玄学研究的根本误区。事实上，这一问题意识本身就建立在对嵇康的"越名教而任自然"的思想的误读和夸大之上。从我们前面的细致梳理可以看到，郭象的政治哲学不应被视为任何意义上的调和主义的产物，而应被看作在现实的历史处境当中，道家思想的某种自我发展和调整。

（本文原载《哲学门》第二十辑，2010 年 2 月）

# "本无"与"释无"：
## 郭象本体论中的有无之辨

从汤用彤先生的《魏晋玄学论稿》开始，魏晋玄学在本体论上的突破，业已成为中国哲学史研究的通识。在《魏晋玄学流别略论》一文中，汤用彤先生有这样一段经典的论述："魏晋之玄学则不然。已不复拘拘于宇宙运行之外用，进而论天地万物之本体。汉代寓天道于物理。魏晋黜天道而究本体，以寡御众，而归于玄极（王弼《易略例·明象章》）；忘象得意，而游于物外（《易略例·明象章》）。于是脱离汉代宇宙之论（Cosmology or Cosmogony）而留连于存存本本之真（Ontology or Theory of being）。"[①] 而有无之辨则正是这种本体论思考的重心所在。[②]

既有的魏晋玄学研究，大都以有无之辨为基本线索来重构魏

---

① 汤用彤：《魏晋玄学论稿》，《汤用彤全集》第四卷，石家庄：河北人民出版社，2000年，第41—42页。

② 许抗生先生对此总结道："魏晋玄学则主要讨论的是宇宙本体论（即指天地万物的体用关系问题）而很少讲到生成问题。所以汤用彤先生说：'玄学乃本体之学，为本末有无之辨。'这是抓住了魏晋玄学的哲学本质特征的。魏晋玄学讨论的有无问题，主要是指有无之间谁依赖谁，谁为依据，谁为根本的问题，属于体与用、本与末的关系问题。"参见许抗生：《三国两晋玄佛道简论》，第3页。

晋思想的发展。① 这种叙事结构，亦导源于《魏晋玄学论稿》：
"总上所陈，王弼注《老》而阐贵无之学。向、郭释《庄》而有
崇有之论。皆就中华固有学术而加以发明，故影响甚广。释子立
义，亦颇挹其流风。及至僧肇解空第一。虽颇具谈玄者之趣味，
而其鄙薄老、庄（见《高僧传》），服膺佛乘，亦几突破玄学之
藩篱矣。"② 以向、郭的"崇有"对反王弼的"贵无"，最后再以
佛学的"心无"和"不真空"作为最后的"合"题，构成了思想
史叙述中常见的正、反、合的逻辑架构。冯友兰先生对魏晋玄学
分派的看法虽有所不同，但大体上还是以此为基础的："玄学中
是有派别的，玄学家们对于有无的了解有所不同，因此就分为三
派，都是围绕有无问题立论的。一派是王弼、何晏的'贵无论'，
一派是裴颜的'崇有论'，一派是郭象的'无无论'。……魏晋玄
学的发展，主要有三个阶段：第一阶段是贵无论，第二阶段是裴
颜的崇有论，第三阶段是郭象的无无论。就玄学说，贵无论是肯
定，裴颜的崇有论是否定，郭象的无无论是否定之否定。郭象的
《庄子注》是魏晋玄学发展的高峰。"③ 与汤用彤先生一样，在冯
先生这段论述里，魏晋玄学也被整齐划一地纳入正、反、合的思
想发展脉络当中。上述两种经典的魏晋玄学史的叙述结构之间的
最大差别就在于裴颜的定位问题。汤用彤先生没有将裴颜纳入魏
晋玄学的发展脉络中来，因此直接以郭象的思想作为王弼思想的
反题。而冯友兰先生则将写作了《崇有论》的裴颜作为王弼的反

---

① 这里，牟宗三的《才性与玄理》是一个例外。
② 汤用彤：《魏晋玄学论稿》，《汤用彤全集》第四卷，第 52 页。
③ 冯友兰：《中国哲学史新编》第四册，北京：人民出版社，1986 年，第 40—42 页。

题，而将魏晋玄学发展的最高阶段定位在了郭象那里。①

　　这里，有两个问题值得我们进一步深入探讨：其一，裴頠是否可以被视为玄学发展中的一个环节；其二，郭象在有无问题上的思考是否可以被视为对王弼本体论的反动。事实上，我一直对那种整齐划一的哲学史叙述心存疑虑。陈寅恪先生在《冯友兰〈中国哲学史〉上册审查报告》一文中这样写道："因今日所得见之古代材料，或散佚而仅存，或晦涩而难解，非经过解释及排比之程序，绝无哲学史之可言。然若加以联贯综合之搜集及统系条理之整理，则著者有意无意之间，往往依其身所遭际之时代，所居处之环境，所熏染之学说，以推测解释古人之意志。由此之故，今日之谈中国古代哲学者，大抵即谈其今日自身之哲学者也。所著之中国哲学史者，即其今日自身之哲学史者也。其言论愈有条理统系，则去古人学说之真相愈远。"②

## 一、《崇有论》辨正

　　唐长孺先生在《读〈抱朴子〉推论南北学风的异同》一文中，揭示出魏晋新学风的地域性：

　　　　魏晋新学风的兴起实在河南。王弼创通玄学，乃是山阳

----

①　自冯友兰先生的《中国哲学史新编》出版以来，魏晋玄学史的研究基本上都以冯先生的论述为范本。参见许抗生：《三国两晋佛道简论》；余敦康：《魏晋玄学史》；康中乾：《魏晋玄学》，北京：人民出版社，2008年。

②　陈寅恪：《金明馆丛稿二编》，第279—280页。

人，同时名士夏侯玄是谯郡人，阮籍是陈留人，嵇康是山阳人。……综合上面所说，褚裒所谓"北人学问渊综广博"乃指大河以北流行的汉儒经说传注；孙盛所谓"南人学问清通简要"乃指大河以南流行的玄学。……魏晋期间所谓南人学问只能指以洛阳为中心的河南；其时江南自荆州学派星散之后还是继承汉儒传统，全未受什么影响，而与河北的经学传注之学相近。[①]

这一重要论述至少给我们如下提醒：其一，所谓的魏晋新学风并非当时被普遍接受的思想和学术风格；其二，作为当时社会思想底蕴的儒家学术和风俗传统并没有因新学风的兴起而消亡，仍然有着广泛的影响。因此，我们不能将一切与玄学的思想对话，都简单地纳入玄学的内在理路当中。[②]

据《晋书·裴頠传》载："时天下暂宁，頠奏修国学，刻石写经。皇太子既讲，释奠祀孔子，饮飨射侯，甚有仪序。又令荀藩终父勖之志，铸钟凿磬，以备郊庙朝享礼乐。"[③]从这段记载可

---

① 唐长孺：《魏晋南北朝史论丛》，第362—364页。

② 余敦康先生注意到了裴氏"儒学世家"的根底，但他又指出"裴家的裴徽是二玄之学的最早的提倡者，裴楷'精《老》、《易》，少与王戎齐名'，也是一位玄学家，裴绰'善言玄理'，'尝与河南郭象谈论'"，因此，他认为："裴頠的父亲裴秀虽被称为'儒林丈人'，但服寒食散，颇有名士风度。因此，从当时的普遍的学术风气以及裴頠的家学渊源和个人交往来看，无论如何也不能把裴頠说成是反玄学的思想家。"《魏晋玄学史》，第330—331页。裴頠与玄学的关系，还是要从他个人的思想倾向来判断，而不能从所谓的"普遍的学术风气以及家学渊源和个人交往"来论定。

③ 房玄龄等：《晋书》，北京：中华书局，1974年，第1042页。

以看到，裴頠显然是站在儒学立场上立身行事的。处在当时崇尚清谈的士大夫风习当中，裴頠当然也参与清谈。但清谈其实只是一个极为宽泛的言论和思想的场域，并不能决定一个人的思想归属。冯友兰先生在《中国哲学简史》里曾以"新道家"来指称魏晋玄学。① "新道家"这个名称是否恰当是可以讨论的，而且冯先生在后来的《中国哲学史新编》也没有再强调这个说法，但无论如何，玄学总是以老庄思想为底蕴的。②

从《崇有论》的著述宗旨看，我们也可以清楚地看出裴頠对待魏晋新学风的态度：

> 頠深患时俗放荡，不尊儒术，何晏、阮籍素有高名于世，口谈浮虚，不遵礼法，尸禄耽宠，仕不事事；至王衍之

① 冯先生指出："'新道家'是一个新名词，指的是公元三四世纪的'玄学'。'玄'是黑色，又有微妙、神秘等意思。《老子》第一章说：'玄之又玄，众妙之门'，所以'玄学'这个名称表明它是道家的继续。"冯友兰：《中国哲学简史》，北京：北京大学出版社，1996年，第186页。

② 余敦康先生没有注意到"清谈"这个概念的宽泛和空洞，反而依照"清谈"的范围将玄学的外延无限制地拓宽了："玄学思潮不同于经学思潮，没有什么固定的模式，必须服从的教条，它不是受官方的行政力量所支持的一场自上而下的哲学运动，而是由具有高层次理论兴趣的知识分子自由思考所汇聚而成的。凡是从本体论的角度探索政治问题、人生问题以及精神境界问题的，不管其思辨性的程度高下如何，也不管是否建立了完整的体系，都可以称为玄学。"余敦康：《魏晋玄学史》，第331页。这样的玄学定义，与既有的史料是不相符合的。《晋书·陆云传》云："初，云尝行，逗宿故人家，夜暗迷路，莫知所从。忽望草中有火光，于是趣之。至一家，便寄宿，见一年少，美风姿，共谈《老子》，辞致深远。向晓辞去，行十许里，至故人家，云此数十里中无人居，云意始悟。却寻昨宿处，乃王弼冢。云本无玄学，自此谈《老》殊进。"（《晋书》，第1485—1486页）从"云本无玄学，自此谈《老》殊进"这样的表述，我们可以清楚地看到玄学与《老子》紧密关联。

徒，声誉太盛，位高势重，不以物务自婴，遂相放效，风教
陵迟，乃著崇有之论以释其蔽。①

在《晋书》的作者看来，裴頠《崇有论》的立言宗旨就是要扭转
当时以崇尚《老》《庄》之学为主要特征的虚浮的思想习气和社
会风尚。《崇有论》针对的绝不仅仅是王弼的思想，而是要从总
体上对整个玄学思潮进行批判。所以，裴頠的思想当然不可能是
魏晋玄学发展的一个环节。

裴頠在《崇有论》中的确批评了"贵无之议"，但如果因此将
这里所说的"贵无之议"等同为王弼的本体论哲学，就未免失之
偏颇了。《崇有论》在论及"贵无之议"时如是写道：

> 若乃淫抗陵肆，则危害萌矣。故欲衍则速患，情佚则怨
> 博，擅恣则兴攻，专利则延寇，可谓以厚生而失生者也。悠
> 悠之徒，骇乎若兹之衅，而寻艰争所缘。察夫偏质有弊，而
> 睹简损之善，遂阐贵无之议，而建贱有之论。贱有则必外
> 形，外形则必遗制，遗制则必忽防，忽防则必忘礼。②

这里，裴頠首先讨论了"贵无之议"的思想根源：人们沉迷在实
存的世界里不能自拔，最终导致了"以厚生而失生"的后果。"贵
无"的思想风尚本来是对这种倾向的校正，结果又走向了另一个

---

① 《晋书》，第 1044 页。
② 同上。

极端，由贵无而贱有，最后导致了对礼制的忽视和遗忘。从这段文字看，裴頠所说的"贵无之议"，既包括了夏侯玄、何晏、王弼等人的思想，也涵括了嵇康、阮籍、向秀等人的言论。既有的魏晋玄学研究常常不加分析地将此处的"贵无"与王弼的思想画上等号，然后再将裴頠的《崇有论》作为王弼的所谓"贵无"思想的反动[①]，这样的做法无疑是一种概念先行式的思想史误读。

对于《老子》本身，裴頠并没有一概否定。他充分肯定了老子思想的价值，指出其与《易》道的某些方面的契合：

> 老子既著五千之文，表摭秽杂之弊，甄举静一之义，有以令人释然自夷，合于《易》之《损》、《谦》、《艮》、《节》之旨。而静一守本，无虚无之谓也；《损》《艮》之属，盖君子之一道，非《易》之所以为体守本无也。观《老子》之书虽博有所经，而云"有生于无"，以虚为主，偏立一家之辞，岂有以而然哉！人之既生，以保生为全，全之所阶，以顺感为务。若味近以亏业，则沉溺之衅兴；怀末以忘本，则天理之真灭。……是以申纵播之累，而著贵无之文。将以绝所非之盈谬，存大善之中节，收流遁于既过，反澄正于胸怀。宜其以无为辞，而旨在全有，故其辞曰"以为文不足"。若斯，则是所寄之涂，一方之言也。若谓至理信以无为宗，则偏而害当矣。……而虚无之言，日以广衍，众家扇起，各列

---

① 参见冯友兰：《中国哲学史新编》第四册；余敦康：《魏晋玄学史》；康中乾：《魏晋玄学》。

其说。上及造化，下被万事，莫不贵无，所存金同。情以众固，乃号凡有之理皆义之埤者，薄而鄙焉。辩论人伦及经明之业，遂易门肆。①

裴頠首先肯定了老子思想与《周易》的《损》《艮》之道的一致。但同时指出，《损》《艮》之道只是儒者之道的一个方面，而不是《易》道的整体。接下来，他详细地讨论了《老子》"有生于无"的立言宗旨，认为《老子》"偏立一家之辞"是有为而发的。他认为《老子》之所以会立此一家之辞，其根本目的是要校正世人"怀末以忘本"的倾向。虽然老子"著贵无之文"，其实际的目的则在于"全有"。这里裴頠对《老子》一书的宗旨的把握，与王弼基本上一致。王弼在《老子》第四十章"天下万物生于有，有生于无"一句的注释中说："将欲全有，必反于无也。"②《崇有论》这一段文字中的"全有"这一表达，应该是受了王弼的影响。当然，裴頠的思想在根本上与王弼异趣，是毋庸置疑的。在他看来，《老子》对无的强调，不过是"以无为辞"而已。如果因此认为万有真的是"以无为宗"的，那就不免失之偏颇了。这里我们可以明确看到他对王弼的批评。但从后面"虚无之言，日以广衍，众家扇起，各列其说"这段话看，他批评的仍是玄学思潮的整体，而不是其中的某一家或某一个阶段。令他最不能容忍和接受的是，这股玄学思潮竟然使"辩论人伦及经明之业"改换了门庭。而这

---

① 《晋书》，第 1045—1046 页。
② 《王弼集校释》，第 110 页。

也正是其撰写《崇有论》的缘由。

通过上面的讨论，我们可以清楚地看到，裴頠的《崇有论》是固有的儒家思想对魏晋新学风的反弹，而不是魏晋玄学发展的一个阶段。既然如此，认为郭象的本体论是对王弼的贵无思想和裴頠的崇有之论的综合，也就无从谈起了。

## 二、释　无

郭象的本体论建构是以对《老子》"有生于无"思想的破除为起点的。这一起点虽与裴頠的《崇有论》相近，但其理论的根本指向却有着质的不同。在具体的理论阐述中，郭象首先"解构"了通常被视为造物者的"天"：

> 而或者谓天籁役物使从己也，夫天且不能自有，况能有物哉！故天者，万物之总名也。莫适为天，谁主役物乎？故物各自生而无所出焉，此天道也。（《齐物论》篇注）[1]

"天"不过是指称天地间万物的一个整体的称谓，并没有真实的对象与之相应。天既不是一个具体的存在者，也不是存在本身，只不过是一个习惯上的名称而已。一个因名称而虚构出来的东西，既不可能是万物的来源，也不可能是万物的主宰者。

为了从根本上避免人们的误解，郭象对《庄子》中所有可能

---

[1]　《南华真经注疏》，第26页。

引起类似造物者的联想的表达都作了审慎的解析。在解释《齐物论》中的"夫大块噫气，其名为风"时，郭象说：

> 大块者，无物也。夫噫气者，岂有物哉，气块然而自噫耳！物之生也，莫不块然而自生，则块然之体大矣，故遂以大块为名。[①]

从注释本身看，这一段解释颇有刻意之嫌。这一刻意的根本原因在于，郭象要消除"噫气"的主体——"大块"。在通常的理解里，《庄子》此处所说的"大块"应该是指大地。[②] 但如果风是由大地"噫气"而成，那么，大地就在某种意义上成了风的创造者。这就等于肯定了造物者的存在。所以，郭象将此处名词性的"块"与作为副词的"块然"之"块"联系起来，从而引入了"独自"和"整体"等词义。这样一来，将"大块"理解为"无物"，从而与他的自生独化的思想相一致，也就顺理成章了。在解释《庚桑楚》的"天门者，无有也，万物出乎无有"时，郭象也使用了类似的手法："死生出入，皆欻然自尔，未有为之者也。然有聚散隐显，故有出入之名。徒有名耳，竟无出入，门其安在乎？故以无为门。以无为门，则无门也。"[③] 万物从表面上看起来，好像是有死生出入

---

① 《南华真经注疏》，第24页。
② 陈鼓应：《庄子今注今译》，北京：中华书局，1983年，第36页。
③ 《南华真经注疏》，第455页。

的，但其实质仅仅是"聚散隐显"而已。① 既然如此，也就无所谓出入，更谈不上什么"门"了。经过这样的解释，容易引生误解的"天门"一词，也就被消解为根本不存在的"无"了。

在彻底"解构"了《庄子》文本中可能与造物者观念有关的印迹之后，对"无"的进一步深入解析也就有了扎实的基础。郭象首先从根本上对创世论作了否定：

> 谁得先物者乎哉？吾以阴阳为先物，而阴阳者即所谓物耳，谁又先阴阳者乎？吾以自然为先之，而自然即物之自尔耳；吾以至道为先之矣，而至道者乃至无也，既以无矣，又

---

① 从"聚散隐显"这样的表达，我们可以清楚地看到郭象对张载的影响。事实上，张载的思想与郭象《庄子注》之间的关系，是值得格外留意的。在《正蒙》的很多表述里，我们都能看到郭象的深刻影响。比如，《正蒙·神化篇》云："圣不可知谓神，庄生缪妄，又谓有神人焉。"而郭象在注解《庄子·逍遥游》"藐姑射之山，有神人居焉"一句时说："此皆寄言耳。夫神人即今所谓圣人也。"（《南华真经注疏》，第 12 页）这里，虽然论述的指向有根本的不同，但在以"圣人"来消解"神人"一名之诞妄这一点上却是完全一致的。又如，《正蒙·中正篇》云："考求迹合以免罪戾者，畏罪之人也，故曰'考道以为无失'。"这段议论可与《庄子·在宥》"自三代以下者，匈匈焉终以赏罚为事，彼何暇安其性命之情哉"一句的郭注合观："夫赏罚者，圣王之所以当功过，非以著劝畏也。故理至则遗之，然后至一可反也。而三代以下，遂寻其事迹，故匈匈焉与迹竞逐，终以所寄为事，性命之情何暇而安哉！"（《南华真经注疏》，第 214 页）这两段文字，不仅旨趣相同——都指向对在"迹"的层面追求苟免于惩罚的批评，而且在措辞上也彼此呼应。而更为重要的影响，则体现在生死观上。对于《庄子·大宗师》"人之有所不得与，皆物之情也"一句，郭象注曰："夫真人在昼得昼，在夜得夜，以死生为昼夜，岂有所不得乎？"（《南华真经注疏》，第 142 页）此种在生安生、既死安死的思想，与张载的生死观至少在形式上是完全一致的。当然，这并不意味着张载在生死问题上的思考就因而流于庄老之途。其中的根本差别就在于对"生"的具体安顿。

奚为先？然则先物者谁乎哉？而犹有物无已，明物之自然，
非有使然也。[①]

与那种试图为世界寻找创生的起源的宇宙论思考不同，郭象认为
并没有这样的创世的过程。无论是"阴阳""自然""至道"还是
"无"，都不能成为万有的根源。在郭象那里，实然的宇宙进程是
无始无终、亘古长存的："非唯无不得化而为有也，有亦不得化
而为无矣。是以夫有之为物，虽千变万化，而不得一为无也。不
得一为无，故自古无未有之时而常存也。"（《知北游》篇注）[②]
郭象认为，不仅"无"不能生"有"，"有"也不能彻底地消释
为"无"。任何一个存在者，无论经历怎样的变化，也不会变成
"无"："夫有不得变而为无，故一受成形，则化尽无期也。"（《田
子方》篇注）[③]

　　在郭象看来，万物都是"块然而自生"的。这里的自生并非
指自己创生自己，而是指完全无从把握的"神秘"生成。这种"神
秘"的生成是完整且突然的，并不是从任何有实体意味的"无"
当中产生出来的："初者，未生而得生，得生之难，而犹上不资
于无，下不待于知，突然而自得此生矣。"（《天地》篇注）[④]

　　"无"既不能产生万有，也不能主宰和支配万有。在注释《天

---

[①]　《南华真经注疏》，第 435 页。

[②]　同上。

[③]　同上书，第 406 页。

[④]　同上书，第 242 页。郭象"自生"的观念颇为复杂，并不像我们通常在魏晋
玄学研究中看到的那样简单。对于这个问题的讨论，参见拙著《郭象〈庄子注〉研究》
第四章，北京：北京大学出版社，2010 年。

运》篇的"孰居无事推而行是"一句时，郭象说：

> 无则无所能推，有则各自有事。然则无事而推行是者，谁乎哉？各自行耳。①

既然已经是"无"，也就不可能对事物发生任何的作用和影响。万物的背后并没有一个统一的主宰者和支配者。所以，事物的推行都是"各自行"的结果。

郭象的本体论思想是有其明确的宗旨的。强调万物的自生和无待，其根本的用意在于引导事物回归自己的天性自然：

> 物各自造而无所待焉，此天地之正也。故彼我相因，形景俱生，既复玄合而非待也。明斯理也，将使万物各反所宗于体中，而不待乎外。（《齐物论》篇注）②
>
> 初者，未生而得生，得生之难，而犹上不资于无，下不待于知，突然而自得此生矣，又何营生于已生，以失其自生哉！（《天地》篇注）③

既然事物的产生和运化不依赖于任何外在的统一的创生者和支配者，那么，也就根本没有了向外求索的必要。而一旦明了了这一点，万物就应该"各反所宗于体中"。如果所有的事物都能不"营

---

① 《南华真经注疏》，第287页。
② 同上书，第57页。
③ 同上书，第242页。

生"于外，而反求诸己，各种无谓的竞争和纷扰也就自然消泯了。

虽然郭象从根本上否定了《老子》"有生于无"的宇宙生成论，但他仍然要面对"未生而得生"的问题。在解释"庄子之所以屡称无于初者"的问题时，郭象贯彻了他的一贯主张——"上不资于无，下不待于知"。这里的"下不待于知"，强调了物各自生的不可知性。万物都是"突然而自得此生"的，所以是"不知所以生""不知所以得"的。在这种不可知的"神秘"生成中，实体意味的"无"被转化为最彻底的虚无。郭象的"无"既非质料性质的"无"（某种无定形的潜能），也非本体意义的"无"（无形无象但周行不殆的万物之宗主），而是彻头彻尾的"无所有"。这其实也是郭象的本体论的基本困境。因为在既有的思想传统当中，郭象没有办法从根本上摆脱生成的问题。而只要有生成的问题，就总要面对从何而生这样的追问。在郭象那里，一方面是"自古无未有之时而常存"，这是从宇宙的整体来说；另一方面则是"突然而自得此生"，这是从个别的事物角度立言。从宇宙的生化整体看，没有所谓"有生于无"的问题。但就个体的事物来说，万物又都是从彻底的"无所有"当中突然而又"神秘"地生成的。在这个意义上，郭象的有无之辨，恰恰将"无"推到了极致——成为一种彻头彻尾的非存在。

## 三、从本无到释无

正如我们前面讨论过的，以"贵无"来指称王弼的本体论，然后再以所谓的"崇有"构造出一种哲学史上的对立，其实是一种哲学史写作的模式或惯习的产物。这样的构造与哲学史的真相相去甚远。检索《三国志》和《晋书》，我们会发现"贵无"一词竟然仅见于《晋书·裴頠传》。而在裴頠那里，"贵无"指称的显然是魏晋时期以崇尚老、庄清静无为为基本倾向的玄学思潮的整体，而不是其中的某一个阶段。用这个概念来界定何晏、王弼的正始玄学，是非常不准确的。然而，无论是汤用彤先生对魏晋玄学的发展阶段的理解，还是冯友兰先生以贵无、崇有和无无来区划魏晋玄学展开历程的做法，都是以这一概念为基础的。

《晋书·王衍传》云："魏正始中，何晏、王弼等祖述《老》《庄》，立论以为：天地万物皆以无为本。无也者，开物成务，无往不存者也。"[1] 这里，"以无为本"是对王弼哲学的精确概括。因此，我们将王弼的玄学思想称为"本无论"。王弼的"本无论"哲学探索的是万物的"所以"。[2] 这一万物的"所以"不能有任何的具体属性："夫物之所以生，功之所以成，必生乎无形，由乎无名。无形无名者，万物之宗也。不温不凉，不宫不商。听之不可得而闻，视之不可得而彰，体之不可得而知，味之不可得而尝。故其为物也则混成，为象也则无形，为音也则希声，为味也则无呈。"[3] 因为它没有任何属性，所以只能称之为"无"。王弼的哲学在根本上完成了从宇宙论到本体论的转化，所以，在他那

---

① 《晋书》，第 1236 页。

② 参见瓦格纳：《王弼〈老子注〉研究》，杨立华译，南京：江苏人民出版社，2009 年，第 799—802 页。

③ 《王弼集校释》，第 195 页。

里，作为本体的"无"已经没有了宇宙创生的源头的意味。这
一万物之"所以"，也就是道：

> 天下之物，皆以有为生。有之所始，以无为本。将欲全
> 有，必反于无也。（《老子》第四十章注）①

> 道者，无之称也，无不通也，无不由也。况之曰道，寂
> 然无体，不可为象。是道不可体，故但志慕而已。（《论语
> 释疑》）②

作为万物共同的根据，道或"所以"不能有任何的规定性。因为，
只要它有规定性，也就沦为一个具体的存在者，而不再可能成为
万物的共由之道了。

道或"所以"对万物的作用，是任其自然，而不做任何额外
的添加和干扰。在解释《老子》第二十五章的"道法自然"时，
王弼说：

> 法自然者，在方而法方，在圆而法圆，于自然无所违也。③

对于每一个具体的存在者，道的存在和运作都不会施加任何的影
响。在物与物的关系上，也同样如此。在解释《老子》第五章的
"天地不仁，以万物为刍狗"时，王弼论曰："天地任自然，无为

---

① 《王弼集校释》，第 110 页。
② 同上书，第 624 页。
③ 同上书，第 65 页。

无造，万物自相治理，故不仁也。……〔天〕地不为兽生刍，而兽食刍；不为人生狗，而人食狗。"①这里，我们可以看出王弼的本体论构造与莱布尼兹（Gottfried Wilhelm Leibniz）的前定和谐论是非常接近的。②

既然万物的本体只是因任事物的内在本性，而不施加任何额外的影响，那么，作为万物本体的"无"或道在哲学建构中就几乎是多余的。③这也就构成了郭象本体论思想的起点。在郭象看来，对"无"或"天地"的本体论地位的强调，其实是语词误用的结果。所谓的"天地"，其实不过是"万物之总名"而已。而"无既无矣"，已经是彻底的非存在，又有何作用可言？郭象的思想其实针对的是王弼本体论建构的不彻底性。从郭象的角度

①　《王弼集校释》，第13页。与一般的理解将"刍狗"与《庄子》中的"已陈之刍狗"关联起来，进而将其解释为"草做的狗"不同，王弼的注释将其解读为"刍和狗"。这一解读，与王弼试图展开的哲学论述有密切的关联。参见瓦格纳：《王弼〈老子注〉研究》，第427页。

②　瓦格纳对此给出了深入的分析："万物的预定的特性不是随意的（最终导致'熵增'和混沌），而是处于一种前定的秩序中。《老子》本身没有明确展开这一思想，但它的'无为'可以带来治理的假设，可以读作基于万物预定特性的统合的内在自发秩序的指证。……莱布尼兹的单子生活在一种没有任何东西可以干扰它们的前定和谐中。王弼的万物却不是这样。它们的秩序本来就是不稳定的，这一秩序奠基于其上的存在者的'性'永远处于迷失或被破坏的危险中。"《王弼〈老子注〉研究》，第821—825页。

③　当然，"无"在王弼的本体论哲学中可以发挥为万物赋予统一性的作用。《老子》第四十二章注云："万物万形，其归一也。何由致一？由于无也。……故万物之生，吾知其主，虽有万形，冲气一焉。百姓有心，异国殊风，而王侯得一者主焉。以一为主，一何可舍？愈多愈远，损则近之。损之至尽，乃得其极。"（《王弼集校释》，第117页）这种统一性的诉求本身，在郭象那里也被彻底摒弃了。因为，前定和谐已经被内置于万物的差异性当中了。

看，王弼的哲学还未能从传统的语言系统中彻底地摆脱出来，其哲学反思的纯粹性上还有着很大的不足。在这个意义上，郭象对作为本体的"无"的破除，其作用类似于奥卡姆剃刀（Occam's Razor）。郭象以更为纯粹和深入的哲学眼光，将一切不必要的语汇和概念从其根源性的本体论思考当中举而廓清。

通过前面的分析，我们可以得出这样的结论：郭象的本体论思考并不是对王弼"以无为本"的本体论哲学的反动，而是对王弼哲学的深入发展。从表面上看郭象似乎是在破除作为本体的"无"。实际上，他只是在努力提出一种关于"无"的更为具体同时也更具哲学纯粹性的解释。在这一解释里，"无"这一道家哲学的基本概念，被理解为彻底的非存在。而作为非存在，"无"既不能创生万事万物，也不能作为事物运化的总的根据来主宰万物。

汤用彤先生用"崇有论"来界定和把握郭象的哲学，这是很成问题的。从我们前面的讨论可以看到，"崇有"一词是裴頠用来指称与当时以老庄的虚玄清静为基本旨趣的新思潮相反的儒家学说的。用这个词来概括同样崇尚老庄无为精神的郭象的思想，不免失之粗率。将郭象思想定性为"无无论"，是冯友兰先生的发明。表面上看，"无无"这一概括好像准确地把握住了郭象对作为本体的"无"的消解，但深入思考，却会发现两者之间的不同。郭象的有无之辨要传达的，其实是"无就是无，就是非存在"。"无无"的真正提出，要到北宋儒学复兴运动时期张载的气化论哲学。如所周知，张载提出"知太虚即气，则无无"，其根本宗旨在于对治释老的虚无主义世界观。而郭象的思想宗旨却是要为道家的清静无为的人生观找到一个更为融贯的哲学基础。以"无无论"来界定和概括郭象的哲学，有错失郭象思想的根本旨趣的嫌疑。在现有魏晋玄学研究中，相较而言，还是"独化论"的提法，更能揭示郭象思想的实质。[①]此种界定也有其不足之处，因为它无法充分地彰显出郭象与王弼思想的内在关联。

从前面的分析看，将魏晋玄学从王弼到郭象的发展视为从"本无论"到"释无论"的演进，应该是对此一期思想发展的更为准确的把握。

（本文原载《中国哲学史》2010 年第 1 期）

---

① 参见余敦康：《魏晋玄学史》；康中乾：《有无之辨》。

# 气化与死生：朱子视野中的关洛分歧

《近思录》卷一《道体》载有伊川的这样一段议论："近取诸身，百理皆具。屈伸往来之义，只于鼻息之间见之。屈伸往来只是理。不必将既屈之气，复为方伸之气。生生之理，自然不息，如《复》卦言'七日来复'，其间元不断续，阳已复生，物极必返。其理须如此。有生便有死，有始便有终。"[1] 对于这段文字，江永注曰："此段为横渠'形溃反原'之说而发也。"[2] 江氏这一提点极为切要，它为我们更深入地理解二程与张载之间的思想分歧的实质意义提示了方向。[3]

---

[1] 朱熹、吕祖谦：《近思录》，江永集解，上海：上海古籍出版社，1994年，第16页。

[2] 同上。

[3] 事实上，这段材料中强调的"生生之理，自然不息"是与横渠本人的思想毫无二致的。《横渠易说》在注解《复》卦《象》辞时说："剥之与复，不可容线，须臾不复，则乾坤之道息也，故适尽即生，更无先后之次也。此义最大。临卦'至于八月有凶'，此言'七日来复'，何也？刚长之时，豫戒以阴长之事，故言'至于八月有凶'；若复则不可须臾断，故言'七日'。七日者，昼夜相继，元无断续之时也。"（《张载集》，第113页）张载这里所说的"适尽即生"之理，可以视为"生生之理，自然不息"的另一种表述。

## 一、关洛分歧的历史梳理

张载与二程的交游过程，大体上可以分成三个阶段。第一个阶段是从嘉祐元年（1056）到嘉祐四年（1059）前后。这个阶段张载初见二程，致思的根本方向得以确立。在嘉祐二年同科及第之前，张载与程颢在京师常常相聚讲论。[①] 程颢中进士第后，调任京兆府鄠县主簿。在此期间，张载常致书请教。游酢《书（明道）行状后》云："逮先生之官，犹以书抵鄠，以定性未能不动致问。先生为破其疑，使内外动静，道通为一，读其书可考而知也。"[②] 这里所说的"鄠"，是鄠县的古称。[③] 据此，程颢的《定性书》就作于鄠县任上。程颢在鄠县任职两年。故这封重要的书信当作于嘉祐四年前后。

第二个阶段从嘉祐五年（1060）至熙宁三年（1070）。在这个阶段，张载"学成德尊"，开始"以礼教学者"，关中士风为之一变。吕大钧、范育和苏昞等人，应该都是在这一时期开始从学于张载的。此时的张载虽然已深得道学之精要，但恐怕还未能真正地建构起自己的体系。这也是张载在思想上与二程较为接近的一个时期。而熙宁二年在京师之时，程颢亦在京为官，是两人思想交流的又一良机。

---

① "伯淳尝与子厚在兴国寺曾讲论终日，而曰：'不知旧日曾有甚人于此处讲此事'。"《二程集》，第 26 页。

② 同上书，第 334 页。

③ 参见高士奇：《春秋地名考略》卷十四，《四库全书》本。

  第三个阶段从熙宁三年（1070）张载回到横渠镇直至去世。其间，张载居横渠镇七年，"潜心天地，参圣学之源"，"著《正蒙》数万言"，① 真正地形成了自己的思想系统。熙宁九年，张载入知太常礼院。此时程颢也在京师。两人间的讨论已不尽相合。② 张载又多次致信程颐，与其讨论近年所得。程颐答曰：

> 观吾叔之见，至正而谨严。如"虚无即气则虚无"之语，深探远赜，岂后世学者所尝虑及也？（自注：然此语未能无过。）余所论，以大概气象言之，则有苦心极力之象，而无宽裕温厚之气，非明睿所照而考索至此，故意屡偏而言多窒，小出入时有之。③

很显然，此时程颐尚未见到《正蒙》一书的全文，而只是从张载信中所论隐约地看出了某种分歧的端倪。对于"虚无即气则虚无"这一重要的哲学论断，程颐也持保留的态度。而张载论述中的"苦心极力之象"，则是以根本上的思理不契为基础的直觉上的洞察。由范育《正蒙序》可知，作为及门弟子的范育，也只是在熙宁九年（1076）才有机会"受其书而质问焉"。因此，二程在横

---

  ①  《范育序》，《张载集》，第4页。

  ②  程颐《再答横渠先生书》云："况十八叔、大哥皆在京师，相见且请熟议，异日当请闻之。内一事，云已与大哥议而未合者，试以所见言之。"（《程氏文集》卷九）从程颐的答复看，张载与程颢"议而未合"的，是对《孟子》"必有事焉而勿正心勿忘勿助长也"一句的理解。在程颐看来，张载信中所论，与程颢的观点并无本质的不同。这也透露出他对张载的思想进展还没有完整深透的把握。

  ③  《答横渠先生书》，《二程集》，第596页。

渠生前是否曾看到过《正蒙》的全貌，是很值得怀疑的。否则，《洛阳议论》中不至于全无相关讨论的记载。熙宁十年（1077），张载再次去职。归途经过洛阳，与二程得数日讲论之乐。此次洛阳相聚讨论的主要内容是井田和时政。在这方面，双方虽然在具体构想上小有异同，但大体上仍是相当契合的。而一旦涉及义理层面的讨论，他们之间的分歧就颇为显著了："二程解'穷理尽性以至于命'：'只穷理便是至于命。'子厚谓：'亦是失于太快，此义尽有次序。须是穷理，便能尽得己之性，则推类又尽人之性；既尽得人之性，须是并万物之性一齐尽得，如此然后至于天道也。其间煞有事，岂有当下理会了？学者须是穷理为先，如此则方有学。今言知命与至于命，尽有近远，岂可以知便谓之至也？'"[①]张载对于二程过于圆融的思想提出了批评，指出了具体实践上的次第的重要性。此次洛阳之行后不久，张载即病卒于西归途中。由此，他与二程之间的分歧就部分地以后者对其思想的根本误解为形式，经由朱子的阐发，融入到后世成熟的道学体系建构当中。

## 二、"清虚一大"与道器之辨

《朱子语类》有这样一段话：

> 问："横渠有'清虚一大'之说，又要兼清浊虚实。"曰：

---

① 《洛阳议论》，《二程集》，第115页。

"渠初云'清虚一大'，为伊川诘难，乃云'清兼浊，虚兼实，一兼二，大兼小'。渠本要说形而上，反成形而下，最是于此处不分明。"①

这里，朱子虚构了一个思想的对话过程：张载先提出"清虚一大"为本的观念，在遇到伊川的驳难后，才有了"清兼浊，虚兼实"的主张。事实上，二程对张载气本论思想的系统理解和批评，是在张载死后才开始的。所谓"清兼浊，虚兼实，一兼二，大兼小"，其实只是对张载所强调的"通乎昼夜之道"的再表述而已，而这一表述本身恰恰错失了张载思想的本旨。朱子对"清虚一大"的批评，无疑是在明道的相关论述基础上的进一步发挥。②

明道指出张载将"清虚一大"作为形上者，并非没有来由。因为张载的确是将作为气之本体的"太虚"视为无形者，而在张载的哲学话语当中，无形者即是形上者。但是值得注意的是，在张载的哲学当中，形上者是个同层次的。《横渠易说·系辞下》云：

> 故形而上者，得辞斯得象，但于不形中得以措辞者，已是得象可状也。……如言寂然湛然亦须有此象。有气方有

---

① 黎靖德编：《朱子语类》，王星贤点校，北京：中华书局，1986年，第2538页。

② 明道云："'形而上者谓之道，形而下者谓之器。'若如或者以清虚一大为天道，则乃以器言而非道也。"（《二程集》，第118页）

象，虽未形，不害象在其中。①

凡"不形以上"，只要是可以"措辞"的，就已经有了可以被描述的"象"。这类"可状"的象，张载提到的有"健""顺""动""止""浩然""湛然"和"寂然"。太虚应当属于虽无形但有"可状"之象的气。这里"得以措辞"和"可状"向我们暗示出，太虚仍是某种对象性的存在者。在这个意义上，太虚虽然也是形而上者，但它与有形之气的并存关系，仍是"地道"的"两"的关系。

还有更高的形而上者：

散殊而可象者为气，清通而不可象者为神。②

形而上者，得意斯得名，得名斯得象；不得名，非得象者也。故语道至于不能象，则名言亡矣。③

这里，"可象者"显然是兼有形无形而言的，其中既包括有形之气，也包括无形之太虚。而神则是"不可象"的。④ 神超越地道

---

① 《张载集》，第 231 页。

② 《正蒙·太和篇》，《张载集》，第 7 页。

③ 《正蒙·天道篇》，《张载集》，第 15 页。

④ 张载有的时候，也将形与象混在一处说。如说"若谓万象为太虚中所见之物，则物与虚不相资，形自形，性自性，形性、天人不相待而有，陷于浮屠以山河大地为见病之说"。这里，形和象就是混用的。但"不可象"这一表达里，"象"恰恰是无法以"形"来置换的，这一点单从语法上就可以看出来。

之两，而成就天道之参。"释氏元无用，故不取理。彼以有为无，吾儒以参为性，故先穷理而后尽性。"[1] 天道之参，正是儒释分判的根本所在。

如果细加考察，则可发现在张载的形上形下之辨中，有如下几个层次：其一，有形的气和万物；其二，无形而有象的太虚；其三，清通而不可象的神。而神并不在气外："气之性本虚而神，则神与性乃气所固有，此鬼神所以体物而不可遗也。"[2] 神鼓"天下之动"[3]，为气所固有的能动本性。析而言之，则有气、虚和神的分别；若统而言之，则已尽收于太和之"野马""氤氲"当中了。[4]

### 三、生死观之歧异

在二程以及后来的朱子看来，张载虚空即气的气化思想对于生死问题的解决，未能在根本上与释氏之教区别开来。如朱子所说："横渠辟释氏轮回之说。然其说聚散屈伸处，其弊却是大轮回。盖释氏是个个各自轮回，横渠是一发和了，依旧一大轮

---

① 《横渠易说·说卦》，《张载集》，第 234 页。
② 《正蒙·乾称篇》，《张载集》，第 63 页。
③ 《正蒙·神化篇》，《张载集》，第 16 页。
④ 详见拙文《气本与神化：张载本体论建构的再考察》，载《哲学门》，2005 年，第 199—224 页。

回。"① 而这一批评，也是本文开篇引述的《近思录》上那则伊川语录落脚处。

张载对虚气关系的种种道说，都有一个隐含着的宗旨，即建构起儒家独有的对生死问题的理解和安顿。比如在提出"太虚不能无气，气不能不聚而为万物，万物不能不散而为太虚"这一有关虚气关系的重要论断后，其议论的指向便立即转向对二氏的生死观念的批评："彼语寂灭者往而不反，徇生执有者物而不化，二者虽有间矣，以言乎失道则均焉。"② 在张载看来，如何超越释氏的"寂灭"和老氏的"徇生执有"这两种错误的思想倾向，是问题的关键所在。

众所周知，二程对于张载的气学思想，有着诸多的批评。而这些批评所针对的问题，又往往不甚明了。其中确有某些批评，是出自二程对张载的误解，或彼此间基本哲学架构的不同。但生死观上的根本差异，则构成两者间分歧的真正焦点。《近思录》卷一收入程颐一段极为重要的论述：

> 近取诸身，百理皆具。屈伸往来之义，只于鼻息之间见之。屈伸往来只是理。不必将既屈之气，复为方伸之气。生生之理，自然不息。如《复》卦言七日来复，其间元不断

---

① 《朱子语类》，第 2537 页。朱子这一批评是否谛当，是可以讨论的。牟宗三在《心体与性体》一书中，即对此类批评持否定的意见，参见《心体与性体》上册，第 416 页。事实上，张载对佛教生死观的批评，并非如朱子所说的那样，着眼于轮回之说。《正蒙》里对佛教批评的是"彼语寂灭者往而不反"，也就是说，佛教生死观的真正问题并不在于轮回，而在于其主张寂灭，是往而不反之理。

② 《正蒙·太和篇》，《张载集》，第 7 页。

续，阳已复生。物极必返，其理须如此。有生便有死，有始便有终。[①]

如前所述，程颐这一段议论，显然是针对《正蒙》中"气之为物，散入无形，适得吾体；聚为有象，不失吾常。太虚不能无气，气不能不聚而为万物，万物不能不散而为太虚"[②] 这样的论述而发。从最后"有生便有死，有始便有终"这样的表述看，此段关于气化的讨论，其立足点仍在于生死问题。[③]

在二程看来，张载"形聚为物，形溃反原"的思想，将天地生生之理拘限在了循环往复的气中，从而使气化的生生不已的过程，被把握为某种有限的东西。而在此基础上对于生死问题的解决，虽然超越了个体的形气之私，将"散入无形"的死看作回复本原、适得真体的过程，但在某种程度上仍为人"死后"的存续留下了余地。这其实也是朱子指出横渠的着眼点在于"死而不亡"的根据所在。

---

① 《近思录》，第16页。《宋元学案·伊川学案》中载有一段相近的论述："出入之息者，阖辟之机而已，所出之息非所入之气，但真元自能生气，所入之气正当辟时随之而入，非假此气以助真元也。若谓既反之气复将为方伸之气，必资于此，则殊与天地之化不相似。天地之化，自然生生不穷，更复何资于既毙之形，既返之气，以为造化？"《宋元学案》，北京：中华书局，1986年，第592页。

② 《正蒙·太和篇》，《张载集》，第7页。

③ 朱子对此有更为明确的批评："问：'横渠说："天性在人，犹水性之在冰，凝释虽异，为理一也。"又言："未尝无之谓体，体之谓性。"先生皆以其言为近释氏。冰水之喻，有还元反本之病，云近释氏则可。"未尝无之谓体，体之谓性"，盖谓性之为体本虚，而理未尝不实，若与释氏同不同。'曰：'他意不是如此，亦谓死而不亡耳。'"《朱子语类》，第2536页。

与张载要对治释氏的寂灭不同，二程对个体的寂灭是持肯定态度的："鬼是往而不反之义。"① 个体的死亡，就是往而不反的寂灭。只是这寂灭并不是宇宙的终结，而正是天地生生之理充分实现自身的环节。因为如果不从一己的形气之私上起见，我们将会发现每一个个体生命无非是天地生生之理的体现。而天地生生之理，如果不是每一刻都在创生着全新的生命，而是要"资于既毙之形，既返之气"，那么生生之理就有断绝灭息的可能。这在二程看来，是不可理解的。在这个意义上，个体生命的往而不反的寂灭，才成就了生生之理的不息。换言之，当一个人在充分实现了上天赋予他的存续天地生生之意的使命后死去，同时也意味着生生之理在另一个全新的生命里更为鲜活地实现。因此，从每一个终将寂灭的个体的角度看，对待自己的死亡，除了那些不可避免的长别的余哀外，更多的应该是内心中至深的大欢喜。在这个意义上，我们才能充分理解明道的这句话：

> 死生存亡皆知所从来，胸中莹然无疑，止此理尔。孔子言"未知生，焉知死"，盖略言之。死之事即生是也，更无别理。②

死不是别的，只是个体生命的结束。既然是生命的终结，从个体

---

① 《二程集》，第81页。

② 同上书，第17页。此条亦见于《经学理窟》，《张载集》，第279页。从思想倾向上看，这条材料并不符合张载的一贯论说。因此，应该是程颢的话被误编入张载的语录中了。

角度看，也就没有所谓"死后"。"死后"这回事只是在生者眼中存在，只对尚且在世的人有意义。既然没有所谓"死后"，而死又不过是生命的终结，因此说，"死之事即生是也"，人只需知道如何去生活也就够了，关于死的任何悬想，无非是幻妄之见，都既无必要，也无意义。

正是在此种生死观的基础上，二程对张载"气不能不聚而为万物，万物不能不散而为太虚"的思想含蓄地提出了批评：

> 若谓既返之气复将为方伸之气，必资于此，则殊与天地之化不相似。天地之化，自然生生不穷，更何复资于既毙之形，既返之气，以为造化？近取诸身，其开阖往来，见之鼻息，然不必须假吸复入以为呼。气则自然生。人气之生，生于真元。天之气，亦自然生生不穷。至如海水，因阳盛而涸，及阴盛而生，亦不是将已涸之气却生水。自然能生，往来屈伸只是理也。盛则便有衰，昼则便有夜，往则便有来。天地中如洪炉，何物不销烁了？①

在程颐看来，既然太虚之气是由万物消散而来，那就等于是万物的"既毙之形，既返之气"，而以这样得来的太虚之气作为新的生命的基础，就从根本上拘限了天地之化的生生不穷。天地之化的无可穷尽的生生之道，只能而且必然体现为不断地创生出全新的存有来。

---

① 《二程集》，第148页。

事实上，张载对自然之理的理解在很多方面，与二程都是一致的。比如程颐所说"《复》卦言七日来复，其间元不断续，阳已复生"，与《横渠易说》解"复其见天地之心"时所论的"适尽即生"之理并无不同。而且，张载对于虚气问题的种种论说，也自有其充分的自洽性，并没有二程所看到的那种思想理论结构上的缺陷。归根结底，二者的分歧其实出在对释氏生死观的问题所在的不同理解之上。二程批评释氏以生死恐动人，因而批评的着眼点在于轮回而非寂灭。而张载则把释氏所强调的寂灭视为问题的关键。

## 四、气化与死生

在张载看来，佛教的寂灭观和道教的长生论，各执一偏，俱非中道。前者"往而不返"，是持论过高的结果；后者"物而不化"，是见识浅陋所致。而真正正确的观念，只有在对二者的批评中才能建立起来。

对于道教长生久视的追求，张载的批评颇为简明：

> 《易》谓"原始反终故知死生之说"者，谓原始而知生，则求其终而知死必矣，此夫子所以直季路之问而不隐也。[1]
> 尽性然后知生无所得则死无所丧。[2]

---

[1] 《正蒙·乾称篇》，《张载集》，第65页。
[2] 《正蒙·诚明篇》，同上书，第21页。

这与二程强调的"有生便有死、有始便有终"并无二致。值得注意的是，"生无所得则死无所丧"的思想，其实是可以与《庄子》的生死观相贯通的。①

事实上，张载的思想与郭象《庄子注》之间的关系，是值得格外留意的。在《正蒙》的很多表述里，我们都能看到郭象的深刻影响。比如，《正蒙·神化篇》云："圣不可知谓神，庄生缪妄，又谓有神人焉。"②而郭象在注解《庄子·逍遥游》"藐姑射之山，有神人居焉"一句时说："此皆寄言耳。夫神人即今所谓圣人也。"③这里，虽然论述的指向有根本的不同，但在以"圣人"来消解"神人"一名之诞妄这一点上却是完全一致的。又如，《正蒙·中正篇》云："考求迹合以免罪戾者，畏罪之人也，故曰'考道以为无失'。"④这段议论可与《庄子·在宥》篇"自三代以下者，匈匈焉终以赏罚为事，彼何暇安其性命之情哉"一句的郭注合观："夫赏罚者，圣王之所以当功过，非以著劝畏也。故理至则遗之，然后至一可

---

① 《庄子·大宗师》有这样一则寓言："俄而子来有病，喘喘然将死，其妻子环而泣之。子犁往问之曰：'叱避，无怛化。'倚其户与之语曰：'伟哉造化，又将奚以汝为，将奚以汝适？以汝为鼠肝乎？以汝为虫臂乎？'子来曰：'父母于子，东西南北唯命之从。阴阳于人不翅于父母。彼近吾死而我不听，我则悍矣，彼何罪焉？夫大块载我以形，劳我以生，佚我以老，息我以死。故善吾生者乃所以善吾死也。今大冶铸金，金踊跃曰'我且必为镆铘'，大冶必以为不祥之金。今一犯人之形而曰'人耳人耳'，夫造化者必以为不祥之人。今一以天地为大炉，以造化为大冶，恶乎往而不可哉？'"顺任死生之自然是《庄子》对待生死的一贯态度。而这种态度在"纵浪大化中，不喜亦不惧"（陶渊明）这样的诗句中也有着明白的体现。张载受《庄子》一书的影响较深，这可以从《正蒙》开篇论"太和"一节中"野马"这样的措辞中清楚地看到。

② 《正蒙·神化篇》，《张载集》，第18页。

③ 《南华真经注疏》，第12页。

④ 《正蒙·中正篇》，《张载集》，第31页。

反也。而三代以下，遂寻其事迹，故匆匆焉与迹竞逐，终以所寄为事，性命之情何暇而安哉！"[1]这两段文字，不仅旨趣相同——都指向对在"迹"的层面追求苟免于惩罚的批评，而且在措辞上也彼此呼应。而更为重要的影响，则体现在生死观上。对于《庄子·大宗师》"人之有所不得与，皆物之情也"一句，郭象注曰：

> 夫真人在昼得昼，在夜得夜，以死生为昼夜，岂有所不得乎？[2]

此种在生安生、既死安死的思想，与张载的生死观至少在形式上是完全一致的。当然，这并不意味着张载在生死问题上的思考就因而流于庄老之途。其中的根本差别就在于对"生"的具体安顿。

佛教以超越生死轮回而达涅槃寂灭为目标，对此，张载批评道：

> 浮屠明鬼，谓有识之死受生循环，遂厌苦求免，可谓知鬼乎？以人生为妄〔见〕，可谓知人乎？天人一物，辄生取舍，可谓知天乎？孔孟所谓天，彼所谓道。惑者指游魂为变为轮回，未之思也。大学当先知天德，知天德则知圣人，知鬼神。今浮屠极论要归，必谓死生转流，非得道不免，谓之悟道可乎？[3]

---

① 《南华真经注疏》，第214页。

② 同上书，第142页。

③ 《正蒙·乾称篇》，《张载集》，第64页。

在张载看来，佛教的生死观犯了两个根本性的错误：其一是认为个体的灵明在死后轮转受生；其二是认为唯悟道方可脱此轮回。对于人死后个体的灵明存续与否的问题，张载的思想是非常明确的：一方面，"气于人，生而不离、死而游散者谓魂；聚成形质，虽死而不散者谓魄"①。也就是说，人死后个体的灵明即随之消散，而肉身的形质则仍然有所存续；另一方面，"道德性命是长在不死之物也，己身则死，此则常在"②。个体心灵中与个人的具体知觉相关的内容，也随死亡而消尽。但赋予人以知觉能力并借由人的具体知觉彰显出来的天道神化之生生不已的根源却是长存的。事实上，以个体的自我为中心的心灵内容，即使是人在世时，也是某种"贪天功为己力"的结果，是由于人的自私而生的幻相。③由此可知，朱子说张载的生死观在本质上依旧是"一大轮回"，是彻头彻尾的误解。在张载看来，佛教相信个体灵魂的轮回，已经在根本上错了，而在此基础上要超脱轮回、追求寂灭，则是犯了一个更为严重的错误。张载"知太虚即气，则无无"的气化宇宙观的建构，从根本上否定了寂灭的可能。构成人的要素中，有形质的体魄，在人死后仍有所遗存，并随时间的延伸逐渐地消散，而这一消散显然不是化为乌有，而是以别的形式重新进入到没有片刻息止的气化流行当中；而禀受自天的内在本性，原

---

① 《正蒙·动物篇》，《张载集》，第19页。

② 《经学理窟》，《张载集》，第273页。

③ 张载说："闻见不足以为己有，'仁者见之谓之仁，知者见之谓之知'，心各见本性，始为己有。"（《张载集》，第188页）个体意义上的闻见，并不是真正属于自己的。只有当人能真实地体贴出自己的真我——源自天的内在本性，并让这一内在本性充分实现出来，人才可能拥有真正属于自己的东西。

本就是天地鼓动万物的生生之意的体现，① 并不因个体生命的存没而有所增损；至于以个体自我为核心的那些"独见独闻"的私心小智，本就源出于自我的幻相，从来也不是什么真实的存在，就更谈不上什么寂灭了。由此，张载成功地建构起了"存，吾顺事；没，吾宁也"这一真正儒家意义上的生死观，以之安顿个体的生死，为对治二氏的生活方式和态度奠定了坚实的基础。

（本文原载《宋代新儒学的精神世界——以朱子学为中心》，

2009 年 7 月）

---

① 张载也强调天地生生之道："大抵言'天地之心'者，天地之大德曰生，则以生物为本者，乃天地之心也。"（《张载集》，第 113 页）而这一天地生生之道，在张载的哲学话语里，更多情况下是用"鼓万物"来表达的："天地则何意于仁？鼓万物而已。"（《张载集》，第 189 页）

# 体用与阴阳：朱子《太极图说解》的本体论建构

朱子自乾道九年（1173）完成《太极图说解》后，一直都在捍卫此书的基本立场。淳熙十三年（1186）与林栗、淳熙十五年和十六年与陆九渊、庆元三年（1197）与吕祖俭、庆元四年与袁枢之间的辩论，皆与《太极图说解》有关。①朱子在《太极图说解》中确立的本体论架构，可以说是他的中岁定法，自四十四岁撰成以后，始终没有改变。如何理解《太极图说解》中涉及的体用、阴阳概念，对于把握朱子思想中的理气关系等问题，有着至关重要的意义。

## 一、太极之体用

《太极图说解》正义前面有一段文字，是朱子对《太极图》的详细解说。开头一段文字，即颇费索解：

---

① 陈来：《朱子书信编年考证》，北京：生活·读书·新知三联书店，2007年。

○，此所谓无极而太极也，所以动而阳、静而阴之本体也。然非有以离乎阴阳也，即阴阳而指其本体，不杂乎阴阳而为言尔。……◖者，阳之动也，○之用所以行也；◗者，阴之静也，○之体所以立也。①

在朱子的表述中，太极即是理："问：'太极不是未有天地之先有个浑成之物，是大地万物之总名否？'曰：'太极只是天地万物之理。在天地言，则天地中有太极；在万物言，则万物中各有太极。未有天地之先，毕竟是先有此理。动而生阳，亦只是理；静而生阴，亦只是理。'②太极既然是理，则应是指体，而非用，但朱子这里又讲太极之体用。之所以会如此，并非朱子思想混乱，而是理论表述上的不得已。

　　一方面，从实存的角度看，天地间只是二气五行的周流不已，无始无终："阴静是太极之本，然阴静又自阳动而生。一静一动，便是一个辟阖。自其辟阖之大者推而上之，更无穷极，不可以本始言。"③另一方面，从哲学思辨的角度看，又不能不分解开来说："才说太极，便带着阴阳；才说性，便带着气。不带着阴阳与气，太极与性那里收附？然要得分明，又不可不拆开说。"④朱子一向反感含糊其词的理论表达。针对时人对《太极图

---

① 　朱杰人、严佐之、刘永翔主编：《朱子全书》（修订本），上海：上海古籍出版社，合肥：安徽教育出版社，2010年，第13册，第70页。

② 　《朱子语类》，第1页。

③ 　同上书，第2366页。

④ 　同上书，第2371页。

说解》"分裂已甚"的批评，朱子回应道："夫道体之全，浑然一致，而精粗本末、内外宾主之分，粲然于其中，有不可以毫厘差者。此圣贤之言，所以或离或合，或异或同，而乃所以为道体之全也。今徒知所谓浑然者之为大而乐言之，而不知夫所谓粲然者之未始相离也。"①

然而，分解的表达常会引出颇具歧义的理论探讨，比如理气先后的问题："问：'有是理便有是气，似不可分先后？'曰：'要之，也先有理。只不可说是今日有是理，明日却有是气；也须有先后。且如万一山河大地都陷了，毕竟理却只在这里。'"②这样的理论表述，容易使人产生理可以脱离气而独立存在的印象，而这种印象显然并不符合朱子的一贯主张：

"五行一阴阳也，阴阳一太极也。太极本无极也。"此当思无有阴阳而无太极底时节。若以为止是阴阳，阴阳却是形而下者；若只专以理言，则太极又不曾与阴阳相离。正当沉潜玩索，将图象意思抽开细看，又复合而观之。某解此云："非有离乎阴阳也；即阴阳而指其本体，不杂乎阴阳而为言也。"此句自有三节意思，更宜深考。③

无形体、无方所的理，总是顿放在气质当中的，并不存在独立的理本体。

---

① 周敦颐：《周敦颐集》，陈克明点校，北京：中华书局，1990 年，第 9 页。

② 《朱子语类》，第 4 页。

③ 同上书，第 2368 页。

如果确有"山河大地都陷了"的情况，那时候理的存在形态是怎样的呢？下面这段材料对这一问题讲得更为透彻：

> 问："'太极动而生阳，静而生阴'，见得理先而气后。"曰："虽是如此，然亦不须如此理会，二者有则皆有。"问："未有一物之时如何？"曰："是有天下公共之理，未有一物所具之理。"①

"天下公共之理"与"一物所具之理"的关系，涉及朱子"理一分殊"的思想，在此不作详细讨论。② 此处特别值得关注的是，"未有一物之时"，"天下公共之理"如何顿放？

在《太极图说解》和《通书解》的本体论建构中，万物的化生被分为"诚之通"与"诚之复"两个阶段：

> 诚者，圣人之本，物之终始，而命之道也。其动也，诚之通也，继之者善也，万物之所资以始也；其静也，诚之复也，成之者性，万物各正其性命也。③

> 元、亨，诚之通；利、贞，诚之复。元始，亨通，利遂，贞正，乾之四德也。通者，方出而赋于物，善之继也。复者，各得而藏于己，性之成也。此于《图》已为五行

---

① 《朱子语类》，第2372页。

② 参见陈来：《朱子哲学研究》，上海：华东师范大学出版社，2000年，第111—123页。

③ 《周敦颐集》，第4页。

之性矣。①

这里，"此于《图》已为五行之性矣"，应该指的是"诚之复"这个阶段。在这个阶段，五行之质已具。

在朱子那里，五行之质与五行之气是有着明确区别的：

> 阳变阴合，而生水、火、木、金、土。五气顺布，四时行焉。……然五行者，质具于地，而气行于天者也。以质而语其生之序，则曰水、火、木、金、土，而水、木，阳也，火、金，阴也。以气而语其行之序，则曰木、火、土、金、水，而木、火，阳也，金、水，阴也。又统而言之，则气阳而质阴也；又错而言之，则动阳而静阴也。②

这里强调五行之质与五行之气的区别，显然有其文本解释上的需要。因为《太极图说》里五行之生的顺序为水、火、木、金、土，但它同时又讲"五气顺布，四时行焉"，显然是以五行配四时，这样一来，五行的顺序又变成了木、火、土、金、水。为了协调其间的差异，引入五行之质与五行之气是十分必要的。五行之质是指五行的质性，而五行之气则是其质性的发用。当然，文本解释的需要只是一个方面，根本上还是源自哲学的理解。朱子虽然不像张载那样强调象和形的差别，但也有这样的区分。对于《易

---

① 《周敦颐集》，第 14 页。
② 同上书，第 4—5 页。

传·系辞》"在天成象，在地成形"一句，朱子注曰："象者，日月星辰之属；形者，山川动植之属。"于"鼓之以雷霆，润之以风雨。日月运行，一寒一暑"注曰："此变化之成象者。"于"乾道成男，坤道成女"则曰："此变化之成形者。"[1]与此相应，五行之质对应的是形，而五行之气对应的则是象。

从理论上讲，无形而有象的阶段的存在，是完全合乎逻辑的。而"山河大地都陷了"和"未有一物之时"，指的就是这种阶段。在这一阶段，虽然没有了有形之物，但无形而有象的阴阳之气仍然存在。"天下公共之理"即寓于这种没有具体形质的阴阳之气当中。

## 二、体用与阴阳

从《太极图解》"☽者，阳之动也，○之用所以行也；☾者，阴之静也，○之体所以立也"的表述看，"阳之动"对应的是用，而"阴之静"对应的是体。这样的理解在《朱子语类》中也可以得到印证：

> 问："《太极解》何以先动而后静，先用而后体，先感而后寂？"曰："在阴阳言，则用在阳而体在阴，然动静无端，阴阳无始，不可分先后。今只就起处言之，毕竟动前又是静，用前又是体，感前又是寂，阳前又是阴，而寂前又

---

是感，静前又是动，将何者为先后？不可只道今日动便为始，而昨日静更不说也。如鼻息，言呼吸则辞顺，不可道吸呼。"①

这段材料里，体与用显然是有时间上的先后关系的。用在体之先，只是从起处立言。实然的世界里，动静无端，阴阳无始。但要在理论上表达出来，又不能不勉强立一个开端。

关于体用问题，朱子有很多重要的讨论，比如：

问道之体用。曰："假如耳便是体，听便是用；目是体，见是用。"②

如水之或流，或止，或激成波浪，是用；即这水骨可流，可止，可激成波浪处，便是体。如这身是体；目视，耳听，手足运动处，便是用。如这手是体，指之运动提掇处便是用。③

这里，物的可能性是体，而可能性的具体实现便是用。

有的时候，朱子又从应然的角度说体用：

人只是合当做底便是体，人做处便是用。譬如此扇子，有骨，有柄，用纸糊，此则体也；人摇之，则用也。如尺与

---

① 《朱子语类》，第1页。
② 同上书，第3页。
③ 同上书，第101页。

秤相似，上有分寸星铢，则体也；将去秤量物事，则用也。①

"合当做底便是体"显然是从应然的角度上理解体。但后面的扇子、尺和秤的比喻，则似乎又是从可能性上来谈了。这里，朱子似乎无意区分应当与可能之间的不同。

朱子谈体用的材料中，也有以现在和将来讲体用的：

> 问："前夜说体、用无定所，是随处说如此。若合万事为一大体、用，则如何？"曰："体、用也定。见在底便是体，后来生底便是用。此身是体，动作处便是用。天是体，'万物资始'处便是用。地是体，'万物资生'处便是用。就阳言，则阳是体，阴是用；就阴言，则阴是体，阳是用。"②

以现在的为体，后来生的为用。那么，说体用在时间上有先后，也就不无道理了。

《太极图说解》成篇以后，引来各方面的质疑。面对种种辩诘，朱子专门作《附辩》一篇，对相关问题给出了有针对性的回答。其中就有关于体用问题的讨论：

> 又有谓体用一源，不可言体立而后用行者。……若夫所谓体用一源者，程子之言盖已密矣。其曰"体用一源"者，

---

① 《朱子语类》，第102页。
② 同上书，第101页。

以至微之理言之，则冲漠无朕，而万象昭然已具也。其曰
"显微无间"者，以至著之象言之，则即事即物，而此理无
乎不在也。言理则先体而后用，盖举体而用之理已具，是所
以为一源也。言事则先显而后微，盖即事而理之体可见，
是所以为无间也。然则所谓一源者，是岂漫无精粗先后之
可言哉？况既曰体立而后用行，则亦不嫌于先有此而后有
彼矣。①

在这里，朱子强调"体用一源，显微无间"立言角度的不同。"体
用一源"从理上说，理虽是形而上者，但其中已有万象；"显微无
间"从象上说，至著之象虽然是形而下者，但理即寓于其中。这
里，有一细微的差别值得注意：前面讲的是理虽"冲漠无朕"，
但"万象昭然已具"，而后面则讲"举体而用之理已具"，昭然之
万象与用之理相对应，已经暗示出理必有象的意思。"体立而后
用行"，体非独立之体，体自有象；用则是体之发用，体在其中。

## 三、仁义之体用阴阳

在《太极图说解》的《附辩》中，有一段话值得留意：

今徒知所谓浑然者之为大而乐言之，而不知夫所谓粲然
者之未始相离也。是以信同疑异，喜合恶离，其论每陷于一

---

① 《周敦颐集》，第8—10页。

偏，卒为无星之秤，无寸之尺而已。岂不误哉！①

这里的"无星之秤""无寸之尺"指的是没有任何具体规定性的本体，而很多学者正是这样来理解和把握的。

对于以虚空为本、凡有所分别皆视为用的思想，朱子有着极为明确的批评：

> 体是这个道理，用是他用处。如耳听目视，自然如此，是理也；开眼看物，着耳听声，便是用。江西人说个虚空底体，涉事物便唤做用。②
>
> 问："先生昔曰：'礼是体。'今乃曰：'礼者，天理之节文，人事之仪则。'似非体而是用。"曰："公江西有般乡谈，才见分段子，便说道是用，不是体。如说尺时，无寸底是体，有寸底不是体，便是用；如秤，无星底是体，有星底不是体，便是用。且如扇子有柄，有骨子，用纸糊，此便是体；人摇之，便是用。"③

这里所说的江西人应该就是指陆九渊："象山常要说此语，但他说便只是这个，又不用里面许多节拍，却只守得个空荡荡底。公更看横渠《西铭》，初看有许多节拍，却似狭；充其量，是甚么样大！合下便有个乾健、坤顺意思。自家身己便如此，形体便是

---

① 《周敦颐集》，第9页。

② 《朱子语类》，第101页。

③ 同上书，第101—102页。

这个物事，性便是这个物事。'同胞'是如此，'吾与'是如此，主脑便是如此。'尊高年，所以长其长；慈孤弱，所以幼其幼'，又是做工夫处。后面节节如此。'于时保之，子之翼也。乐且不忧，纯乎孝者也。'其品节次第又如此。横渠这般说话，体用兼备，岂似他人只说得一边！"①与陆九渊相比，张载的《西铭》义理节次分明，体用兼备。"无寸之尺""无星之秤"讲一个空荡荡的本体，以此空荡荡的本体为准则来应接事物，最终难免冥行妄作的结果。

虽然万物皆禀得太极之理，但随其分位不同，而有不同的发用。用不同，体亦因此而略有差异：

> 问："去岁闻先生曰：'只是一个道理，其分不同。'所谓分者，莫只是理一而其用不同？如君之仁，臣之敬，子之孝，父之慈，与国人交之信之类是也。"曰："其体已略不同。君臣、父子、国人是体，仁敬慈孝与信是用。"问："体、用皆异？"曰："如这片板，只是一个道理，这一路子恁地去，那一路子恁地去。如一所屋，只是一个道理，有厅，有堂。如草木，只是一个道理，有桃，有李。如这众人，只是一个道理，有张三，有李四；李四不可为张三，张三不可为李四。如阴阳，《西铭》言理一分殊，亦是如此。"又曰："分得愈见不同，愈见得理大。"②

---

① 《朱子语类》，第2370—2371页。

② 同上书，第102页。

既然本体会因发用而有相应的变化，那么，执持一个无规定性的、抽象的理，既无益于我们对世界的理解和把握，也无益于对社会生活的具体实践。

朱子在仁义中正间区分出体用的做法，也引来了众多的批评。对此，朱子在《附辩》中作了这样的驳正：

> 仁不为体，则亦以偏言一事者言之，而非指所谓专言之仁也。对此而言，则正者所以为中之干，而义者所以为仁之质，又可知矣。其为体用，亦岂为无说哉？①

朱子后来领会到，中、正即是礼、智。"问：'圣人定之以中正仁义，何不曰仁义中正？'曰：'此亦是且恁地说。当初某看时，也疑此。只要去强说，又说不得。后来子细看，乃知中正即是礼智，无可疑者。"②偏言之仁，与义、礼、智并列。而义、智为体，仁、礼为用。

关于仁义礼智的体用阴阳问题，朱子有很多讨论：

> 问仁义礼智体用之别。曰："自阴阳上看下来，仁礼属阳，义智属阴；仁礼是用，义智是体。春夏是阳，秋冬是阴。只将仁义说，则'春作夏长'，仁也；'秋敛冬藏'，义也。若将仁义礼智说，则春，仁也；夏，礼也；秋，义也；

---

① 《周敦颐集》，第11页。

② 《朱子语类》，第2381页。

冬，智也。仁礼是敷施出来底，义是肃杀果断底，智便是收藏底。如人肚藏有许多事，如何见得！其智愈大，其藏愈深。正如《易》中道：'立天之道，曰阴与阳；立地之道，曰柔与刚；立人之道，曰仁与义。'解者多以仁为柔，以义为刚，非也。却是以仁为刚，义为柔。盖仁是个发出来了，便硬而强；义便是收敛向里底，外面见之便是柔。"①

　　当然，仁义的体用阴阳问题，朱子还有很多非常详细的论述，也遇到了很多的质疑和问难，然而这些并不是本文所要关注的重点，所以这里不作过多的讨论。

　　在这个问题上，我们真正关心的是：仁义礼智既然是理，那么它们显然应该是体，而非用，那么为什么朱子要讲义智为体、仁礼为用？仁义礼智属于理，而阴阳属于气，为什么朱子要用气来界定理？

　　通过前面的分析，我们可以看到，理总是顿放在气当中的。即使"山河大地都陷了"，"未有一物之时"，无形而有象的气也仍然存在，天地公共之理即顿放其中。既然理必有气、理必有象，则仁义礼智亦自有其相应之象。而既然有相应之象，则自然就有了阴阳之分。有阴阳之分，体用的分别也就随之而生了。

---

① 《朱子语类》，第106页。

## 四、太极动静

《太极图说》里讲"太极动而生阳，静而生阴"，由此就引生了有关太极动静的讨论：

> 问"动静者，所乘之机也"。曰："太极理也，动静气也。气行则理亦行，二者常相依而未尝相离也。太极犹人，动静犹马，马所以载人，人所以乘马。马之一出一入，人亦与之一出一入。盖一动一静，而太极之妙未尝不在焉。此所谓'所乘之机'，无极、二五所以'妙合而凝'也。"①

在有关太极动静的讨论中，这一段材料是颇为典型的。人跨马的比喻，其实强调的仍然是"非有离乎阴阳也；即阴阳而指其本体，不杂乎阴阳而为言"的道理。《通书解》在诠释"动而无动，静而无静，神也"一句时说："神则不离于形，而不囿于形矣。"② "所乘之机"的"机"字，朱子有明确的解释："机，是关捩子。踏着动底机，便挑拨得那静底；踏着静底机，便挑拨得那动底。"③ 此处的关捩子，应该是枢轴的意思。枢轴中心的部分不动，属静；但周围动的部分又围着不动的轴心。其引申出来的意思就是，静的部分使动成为可能，而动的功能又是静的作用所在。

---

① 《朱子语类》，第 2376 页。
② 《周敦颐集》，第 27 页。
③ 《朱子语类》，第 2376 页。

太极作为理，"不离于形"，也"不囿于形"，所以朱子只说太极有动静，而不说太极兼动静：

> 梁文叔云："太极兼动静而言。"曰："不是兼动静，太极有动静。喜怒哀乐未发，也有个太极；喜怒哀乐已发，也有个太极。只是一个太极，流行于已发之际，敛藏于未发之时。[①]

朱子之所以强调"有动静"和"兼动静"的区别，恐怕是"兼动静"这样的表达，容易让人产生太极能动能静的印象。

与太极动静相关联的，还有理能否造作的问题。在朱子那里，理并没有主动的创造性，主动的创造性根源于气：

> 或问先有理后有气之说。曰："不消如此说。而今知得他合下是先有理，后有气邪；后有理，先有气邪？皆不可得而推究。然以意度之，则疑此气是依傍这理行。及此气之聚，则理亦在焉。盖气则能凝结造作，理却无情意，无计度，无造作。只此气凝聚处，理便在其中。且如天地间人物草木禽兽，其生也，莫不有种，定不会无种子白地生出一个物事，这个都是气。若理，则只是个净洁空阔底世界，无形迹，他却不会造作；气则能酝酿凝聚生物也。但有此气，则理便在其中。"[②]

---

① 《朱子语类》，第2372页。
② 同上书，第3页。

理无造作，但理必有气，气自然能凝结创造；理无动静，但既有理，便有气、有象，便有动静。

这里的问题是，朱子为什么要建构起这样的本体论系统来？这与朱子的理论关切和他可以接受的世界图景有着密不可分的关联。

气不能是由理产生的，因为理是至善无恶的，由至善之理生出的气应该也是善的，这无法解释气的世界中的清浊厚薄；理也不可能是气之条理，如明代的气学传统所说的那样，因为如果理是气之条理，世界将陷入必然性的铁幕当中，当然之则以及以当然之则为基础的伦常将无从安顿。在气的世界中，理至少要起到规范和约束的作用。朱子常令学者思量"天地有心无心"的问题。当有学者提出"天地无心"的观点时，朱子给出了这样的回答："如此，则《易》所谓'复其见天地之心'、'正大而天地之情可见'，又如何？如公所说，只说得他无心处尔。若果无心，则须牛生出马，桃树上发李花，他又却自定。程子曰：'以主宰谓之帝，以性情谓之乾。'他这名义自定，心便是他个主宰处，所以谓天地以生物为心。"① 这里所说的"定"，就是理的规范作用的体现。总体来讲，理可以说是一种"消极的必然性"，更多地从"不应如何"和"不能如何"的方面发挥作用。而朱子之所以以义、智为体，仁、礼为用，恐怕也正根源于此吧。

（本文原载《哲学研究》2012 年第 10 期）

---

① 《朱子语类》，第 4 页。

# 价值与秩序：从孟子出发的思考

## 一、"义，人路也"

如果将思想或文化间的冲突理解为生活道路选择上的分歧，那么，儒家的生活构想意味着怎样一条道路呢？至少在中国传统思想的脉络里，儒家对人性问题的关注和讨论，是最为突显的。如果我们不再将关注点放在人性善恶的问题上，我们将可以看到：关于人性的讨论最终指向的是对符合人的本质的生活道路的思考和探索。诚实地站在人的立场上，而不是超越人的立场去想象更好或更坏的生活可能，恐怕正是儒家的真意所在。从孟子开始，儒家就始终纠缠在与各种思想传统的论争当中。而所有这些论争的实质，都以其对人的本质的理解为基础。在这里，儒家拒绝从所有经由曲折的思辨过程达到的"哲学基础"出发，而是试图直观地照察人的本质。

个体与他者之间是有着本质的内在关联的，而不是先有个完整现成的个体，然后再将各种外在的关联组装上去。正是要摆脱以个体的自我为出发点的主体化哲学的思路，海德格尔特别强调人的"在世界中存在"，并将其与水在杯子中的那种"在……之中"区别开来。孟子对杨朱式的前现代个人主义思想的批驳，就是建立在这种对人的理解之上的。人是有限的存在，而不是拥有无限能力的完美者。僭居完美者的位置并以此为出发点的思想，将因错解人的基本处境而成为"穷途"。墨家的兼爱思想试图让具体有限的个人承担起抽象无疆的大爱，以此为信念的理想主义人生将成为无休无止的苦行。终有一死的人试图通过种种技术手段达到不朽，这是道教执迷的梦想。张载说"徇生执有者，物而不化"①，可谓知言。

人的在世总有各种各样的牵挂，因牵挂而在意，因在意而烦恼。程子说"有生便有死，有乐便有哀"②，本是自然而然的。因生了解脱的心，遂认牵挂为幻妄。"天地之间只有一个感与应而已，更有甚事？"③感与应是普遍存在的。以遍在的感与应为幻相，致程张之评讥，不亦宜乎？有了"这儿"和"那儿"的区别，就生出是非；有了存在与不存在的分界，就有了哀乐。庄子以逍遥为目而齐物，忘是非，冥死生。以矫情为自然，最终不免陷文明于混沌。以此自处，或可高尚其志、栖神冥累，但终不可以之作为一条可能的社会生活道路。

在世的种种处境展开为具体的情感，情感和情绪揭示出人与其生活之间关系的各种样态。情感的积郁会流为歌咏、形诸乐音，艺术的存在依据即在于此。法家、墨家以彻底功利主义的态度，斥逐一切与物质生产无关的行为。在他们构想的"刻苦"的

---

① 《张载集》，第 7 页。

② 《二程集》，第 152 页。

③ 同上。

理想国当中，儒家"乐"的精神里所涵盖的属于艺术的丰富世界完全没有存在的价值。此种前现代的"异化"思想，将使人成为没有任何精神性的纯粹物质性存在。

梳理思想史上儒家与各种思想的冲突，让我们从整体上看到了儒家对人的本质的理解：人始终是与他者有本质关联的、有牵挂、有分别的有限存在者。如果将这样的理解作为基础，我们能够为今天的世界构想一条也许更符合人的本质的生活道路吗？

## 二、"物之不齐，物之情也"

像孟子那样把差异作为前提，"普世"又是如何成为可能的呢？如果可以将人理解为桌椅之类的现成的存在者，那么，我们可以从功能意义上寻找人的共同的属性。然而，人显然是向着可能性开放的存在者。未来的可能性对于每个人来说，都是其当下的存在状态的决定性要素之一。对于桌椅之类的存在者而言，可能性意味着潜能，潜能总是低于现实的。人则是向着可能性存在的，未来的可能性与当下的存在状态一起展开出每个个体的生存境域。即使我们撇开总是开放着的可能性，完全着眼于人的当下的存在，人也与现成的物有本质的不同。哪怕仅是出于维持自身存在的目的，人也总要不断地"否定"周遭的物。从吸入第一口空气开始，人就开始向着这个世界去赢得自己的生存。在这个意义上，人可以说是一个彻头彻尾的动词。

作为动词的人的存在，总是依靠现成的事物，来维持自己"名词性"的存在。如果我们从需求的角度来理解"普世"，那么，这种"普世"将只能建立在最低的共通性上。这种最低的共通性将无法满足我们建立一个普遍适用的衡量"好的"或"坏的"标准的要求。同时这也就意味着，从最低限度的人的行动范围这个角度来构建"普世"，也同样不能从根本上解决问题。从人的行动着的在世出发，"普世"的具体内涵应界定为"可普遍化的"和"应普遍化的"。"可普遍化的"和"应普遍化的"不仅可以包含需求意义上的物的共通性，也可以涵盖对人的行动的普遍规范和要求。

## 三、"权，然后知轻重"

价值之所以重要，即在于根源性衡量标准和尺度的确立。一个社会的善恶、是非、美丑、贵贱，都要依此种根源性标准来衡度。如果我们脱离特定的社会历史语境，一般性地讨论某一行为的善恶，我们将会发现这种全无凭依的判断毫无意义。《孟子·公孙丑下》有这样一段："今有杀人者，或问之曰'人可杀与'？则将应之曰'可'。彼如曰'孰可以杀之'？则将应之曰：'为士师，则可以杀之。'"[①] 不考虑任何具体的条件，杀人这样的行为也是完全无法评判的。但如果完全没有"自然权利"或"自然正当"这样的基础，将一切都归诸具体的社会历史条件，那么，我们似乎就不可避免地落入历史主义或习俗主义的窠臼。超越"自然正当"和历史主义这两个极端，寻找"可普遍化的"和"应普遍化的"

---

① 《四书章句集注》，第 246 页。

价值是否是可能的？对这个问题的探索在今天显得尤为迫切。

每个人都有"自然－社会－历史"赋予他的位置。这一"自然－社会－历史"的位置，在儒家的哲学话语中，是以"分""位"来强调的。"分""位"是对每个人的权利和责任的明确界定。"分""位"的内容显然是"名词性"的，是人的"名词性"存在的内涵。然而，这些"名词性"的内涵在具体的历史当中总是随时代的变化而变化。"分""位"当然有其自然的基础，但不同的社会历史条件总会为这样的自然基础赋予不同意涵。这样一来，如果以"分""位"为基础来构建基础的价值观，似乎无论如何都摆脱不了历史主义或习俗主义的基调。而儒家的价值观又显然是以"分""位"为核心的。

在这里，我们似乎陷入无法解决的理论困境中。然而，这种困境其实是表面上的。由于我们习惯性地把作为"动词性"的人扁平化为"名词性"的存在，才会试图从"名词性"的内涵方面寻求价值的基础。而"名词性"的内容总是历史性的。如果我们把人还原为动词性的，我们将会发现衡量善恶的标准并不在于"分""位"的内涵，而在于人们对待自己的"分""位"的态度。我们甚至可以说：没有普世的内容，只有普世的态度。善与恶的区分端在于人们对待自己的"分""位"的态度。所谓的善其实不过就是做自己该做的，承担自己该承担的，收获自己该收获的，享受自己该享受的。而这里所有的"该"都以"分"为基础。

仁、义、礼、智、信讲的不是别的，就是这种"可普遍化的"而且"应普遍化的"的态度，就是人的知分、安分和尽分。仁者，觉其分也；义者，宜其分也；礼者，履其分也；智者，知其分也；信者，实其分也。指爱为仁之所以是错误的，即在于脱离了具体"分""位"的抽象的爱，廉价且空洞。"老吾老以及人之老，幼吾幼以及人之幼"，具体的爱总是建立在对自己的本分的自觉之上，饱满而深沉，"任重而道远"。

《大学》里面说："物有本末，事有终始，知所先后，则近道矣。"又说："其本乱而末治者，否矣。其所厚者薄，而其所薄者厚，未之有也。"① 《孟子》也说："于所厚者薄，无所不薄也。"儒家特别强调厚薄、轻重、先后的区别，原因在于这样的区分其实就是价值的具体体现。人作为有限的存在者，如果将有限的关切投入到无限的疆域，其结果只能是人的存在的抽象化。人无处不在，又哪儿都不在。该薄的地方不薄，到了应该厚的地方也就无从厚起。人的种种颠倒恍惚，究其根源皆在于厚薄、轻重、先后的倒错。以"分""位"为基础，构建起每个人在社会生活中厚薄、轻重、先后的明晰秩序，并以此来衡量善恶和是非。而厚薄、轻重的判断取决于人们对自己的"分"的领会和理解。正确地领会并承担起自己的"分"，是善的本质内涵。

朱子在解释《大学》的"格物致知"时，以"众物之表里精粗无不到，而吾心之全体大用无不明矣"② 为目标。"众物之表里精粗无不到"，则事物的秩序得到了明晰的确认；"吾心之全体大用无不明"，则心灵的秩序也以最为具体的方式确立起来。王阳

---

①　《四书章句集注》，第 3 页。

②　同上书，第 7 页。

明将理视为"心之条理"，人心的确有厚薄、轻重、先后的范畴，但这些范畴只有在经验世界中才能得到恰当的具体化。王阳明所讲的良知就像一把没有刻度的标尺，心体似乎浑然纯粹，但发用处的分寸却全无着落。

每个人在社会中的"分""位"是由礼来规定的。而这样一来，礼的秩序的来源也就成了问题的关键。礼的秩序显然是有其历史性的。虽然礼的秩序的历史性并不意味价值的历史性，因为，如前所述，善恶的分判取决于人们对待自己"自然－社会－历史"的位置的态度，但合理的社会秩序仍然应该被设想为前提。

## 四、"治地莫善于助"

合理的礼的秩序从来不是悬空建立的，而必须以对物质世界的合理安排为基础。孟子论政，必以"制民之产"为先："是故明君制民之产，必使仰足以事父母，俯足以畜妻子，乐岁终身饱，凶年免于死亡。"[1] 物的生产难免有"乐岁""凶年"之变，要想让人们无论在何种情况下都能维持基本的生存、整个社会维持起码的运作，合理的物的分配秩序是不可或缺的。如果没有合理的分配秩序，无论怎样努力增进整个社会的物质生产和积累，也无法使整个社会的成员得到恰当的安顿。

正是基于这样的考虑，儒家的制礼原则，才总是将物的分配秩序放在首位。《礼记·礼器》论及制礼的一般原则时，有这样

---

[1] 《四书章句集注》，第 211 页。

一段论述："礼也者，合于天时，设于地财，顺于鬼神，合于人心，理万物者也。是故天时有生也，地理有宜也，人官有能也，物曲有利也。故天不生，地不养，君子不以为礼，鬼神弗飨也。居山以鱼鳖为礼，居泽以鹿豕为礼，君子谓之不知礼。故必举其定国之数，以为礼之大经。礼之大伦，以地广狭；礼之厚薄，与年之上下。是故年虽大杀，众不匡惧，则上之制礼也节矣。"①这里，物的分配秩序要考虑天时之生、地理之宜、物曲之利，而且要以"定国之数"，即一个国家的物质生产的总量为基本准则。其中，最为复杂的就是"人官有能"。如何衡量人官之能，换言之，如何衡量人的劳动价值，是构想合理的物的秩序时最难解决的问题。

在孟子与农家的辩论中，对劳动的不同理解是论辩的核心。农家"贤者与民并耕而食，饔飧而治"的狭隘劳动观念，虽然是一个极端的特例，但对劳动的狭隘理解却是很多思想传统共有的问题。《韩非子·五蠹》《墨子·非乐》都是这方面的典型。在韩非子的世界里，学者和商工之民也在社会蛀虫之列，原因在于这些人不仅不从事直接的物质生产，还以不同的方式破坏国家的秩序。墨子并非以钟鼓琴瑟、刻镂华章为不美，但从社会物质的积累上看，这些装点性的东西毫无价值。在"治天下独可耕且为与"的反问中，孟子提出了"劳心者治人，劳力者治于人"的主张。在孟子看来，政治分工先于一切社会分工。对"劳心

---

① 郑玄注，孔颖达正义：《礼记正义》，吕友仁整理，上海：上海古籍出版社，2008年，第957页。

者治人，劳力者治于人"历来颇多误解，实际上，"劳心"与"劳力"的区别在《孟子》具体文本中是由后面"忧"字来规定的。"劳力者"忧的是"百亩之不易"，即私人的产业，而"劳心者"是"忧民"者。

《孟子·滕文公下》有一段涉及劳动价值的对话，有助于我们把握理解相关问题的儒家思路："彭更问曰：'后车数十乘，从者数百人，以传食于诸侯，不以泰乎？'孟子曰：'非其道，则一箪食不可受于人；如其道，则舜受尧之天下，不以为泰，子以为泰乎？'曰：'否。士无事而食，不可也。'曰：'子不通功易事，以羡补不足，则农有余粟，女有余布；子如通之，则梓匠轮舆皆得食于子。于此有人焉，入则孝，出则悌，守先王之道，以待后之学者，而不得食于子。子何尊梓匠轮舆而轻为仁义者哉？'"①这里彭更的疑问与陈相基于农家的立场提出的质疑异曲同工，都是出于狭隘的劳动理解对不直接创造物质价值的精神活动的批评。孟子在回应质疑时，提出了"通功易事"的原则，即建立在必要的社会分工基础上的等量的劳动交换。在孟子看来"为仁义者"的精神活动显然与梓匠轮舆的活动同样具有劳动的性质，且比后者具有更大的价值。

"劳动陶冶事物"，贺麟在翻译黑格尔《精神现象学》里有关"劳动"的论述时，显然想到了《孟子》当中的"以粟易械器者，不为厉陶冶；陶冶亦以其械器易粟者，岂为厉农夫哉"②。作为

---

① 《四书章句集注》，第267页。

② 同上书，第258页。

行动着的在世者，人存在着就要不断地否定周围的物。人对物的否定并没有在质料的层面上消减或增加物，而只是改变了物的形式，亦即物的结构和分布状态。凡符合社会生活的整体需求当中某个领域或部分的物的形式的改变，都应属于劳动，也就都有劳动价值。工人和农民由于是物的形式改变的直接承担者，他们的生产活动属于劳动，这是显而易见的。商人改变了事物在时空中的分布格局，比如将某地多余的作物转运到其他地方，其实也是一种劳动。从事精神劳动的人通过改变人们对自我与他人和世界的关系的理解，从而给人和人的关系与人和物的关系带来了调整和改变，当然也有其劳动的价值。狭隘化的劳动理解，将使得剥削的概念被过度地放大，从而使社会的合理分工的可能性受到极大的限制。

合理的物的分配秩序应该建立在劳动价值的基础之上。然而，劳动价值到底应该如何来衡量呢？即使是最简单的社会劳动，也很难建立起真正公平的量化的标准。衣食皆人所必需，但如何建立二者之间公平的等价关系呢？也许我们应该从每一种劳动在社会生活的整体当中的不可或缺性上来界定其劳动的价值，并"举其定国之数，以为礼之大经"，即在社会财富总量的基础上确定每一种劳动的单位劳动量和价值。而各种生产组织者的劳动价值，则可以以有组织的社会劳动与分散的社会劳动所创造的价值之间的差额为基准来确立衡量的尺度。

## 五、"天下有达尊三"

物的分配秩序是量化的秩序，既是可以量化的，也是应该量化的。但如果一个社会只有量化的秩序，那么，无论这一量化的标准是什么，无论其是否合理，都将导致单向度世界的出现。在这样的单向度的世界里，拥有的或可支配的物的数量将成为尊严的唯一尺度。人的文化和精神的存在维度将无法得到安顿。在一个鼓励道德追求的社会当中，尊重的秩序必须与物的分配秩序适度地区分开来。而要想构建起不取决于物的分配秩序的相对独立的尊重的秩序，就必须在人们的生活当中寻找到拒绝量化同时也不可量化的质。不可量化的质是人不可剥夺的尊严的根基所在。

孟子有这样一段话："欲贵者，人之同心也。人人有贵于己者，弗思耳。人之所贵者，非良贵也。赵孟之所贵，赵孟能贱之。《诗》云：'既醉以酒，既饱以德。'言饱乎仁义也，所以不愿人之膏粱之味也；令闻广誉施于身，所以不愿人之文绣也。"[1] "良贵"是人人固有的尊严，没有人可以剥夺。这种不可量化的尊严在孟子那里又被称为"天爵"。孟子说："有天爵者，有人爵者。仁义忠信，乐善不倦，此天爵也；公卿大夫，此人爵也。"[2] 在孟子所讲的"达尊三"当中，只有德这一个维度是拒绝量化的。

仁义忠信无不指向人们的"自然－社会－历史"的位置，指

---

[1] 《四书章句集注》，第336页。

[2] 同上书，第336页。

向每个人各自的"分""位"。能否觉知自己的"分""位",并以此为准则来判别、选择和期许,是一个人是否有德的标尺。只有在这个意义上,孟子所说的"人皆可以为尧舜"才不会是一个空洞的许诺,而是可以实现的切实的目标。"非其道,则一箪食不可受于人;如其道,则舜受尧之天下"①,这里道与非道是有其客观标准的,而这一客观的标准就是由每个人的"分""位"所规定的明晰的限界。

能否持守住自己的"分""位",取决于人的主体性的觉醒。"清斯濯缨,浊斯濯足,自取之也","夫人必自侮,然后人侮之"。②"自"这个字在儒家典籍中俯拾即是,可以说是理解儒家精神的关键词之一。孔子答颜渊问仁时说:"'克己复礼'为仁。为仁由己,而由人乎哉?"③主体性的自觉是人的意志自由的基础。在儒家的语境里,自由不是一个他人可以赐予或褫夺的行动范围,而是人的真正的自我主宰。只有真正做得了自己主的人,才能在所有的诱惑和威迫面前持守高贵的节制。作为人的不可量化的质的仁义忠信,其之所以是不可量化的,就在于由主体性自觉而生的高贵的节制,高于一切可量化的东西。

尊重的秩序不取决于社会地位的高下。尊重指向所有克尽本分的人。公平的物的分配秩序无疑有利于人们对自己的本分的克守,但如果没有人的欲望的自我节制,再公平的分配秩序也无法满足所有人的欲求,也可以被一部分人视为恶的秩序。即使完全

---

① 《四书章句集注》,第267页。

② 同上书,第280页。

③ 同上书,第131页。

从功利的角度看，恪守自己分位的德，也是一个社会能够正常运作的基本条件。"君子素其位而行，不愿乎其外"①，有德者总是扎根于自己的生活并承担起自己的生活来。如何面对自己现在的位置和处境，体现出一个人道德水准的高下。"德者，得也"，在这个意义上，儒家可以被理解为一种珍惜的智慧。珍惜握在手中的一切，而不是踮着脚尖去够不属于自己的东西。这既是智慧，也是道德。

当然，克尽本分不是意味着对一切不公正的默认。当社会的不公正在整体上超过了可容忍的限度时，革命也就具备了无可辩驳的正当性。忽视儒家思想的革命性格，可以说是对儒家的莫大误解。

## 六、"闻诛一夫纣矣，未闻弑君也"

"革命"一词出自《周易·革卦·象传》："汤武革命，顺乎天而应乎人。"②虽然这里的"革命"与今天的语义有很大的不同，但颠覆不公正的旧秩序、重新构建合理的新秩序的指向却是一致的。在回答齐宣王"汤放桀，武王伐纣"是否算"弑君"的质疑时，孟子将这种精神发挥到了极致："贼仁者谓之贼，贼义者谓之残，残贼之人谓之一夫。闻诛一夫纣矣，未闻弑君也。"③

---

① 《四书章句集注》，第24页。
② 王弼注，孔颖达疏：《周易正义》，李申、卢光明整理，北京：北京大学出版社，1999年，第203页。
③ 《四书章句集注》，第221页。

司马光曾质疑孟子的这一主张，以为这是为乱臣贼子提供了借口。司马光用他那个时代狭隘的君臣大义来批判孟子，既是一种时代的错位，也是其保守主义性格极端化的表现。孟子的"贵民"思想，根源于《尚书·泰誓》的"天视自我民视，天听自我民听"①。一个社会正义与否，是以底层百姓的感受为根本的。要求底层的百姓在"仰不足以事父母，俯不足以畜妻子，乐岁终身苦，凶年不免于死亡"的处境里恪守本分，这本身就是极端不道德的。

孟子一再提醒："若民，则无恒产，因无恒心。"②哪个社会人为地制造出大量的无产者，也就等于制造出了革命的主体——这个不义的社会的掘墓者。然而，生活在战国那样一个不义的时代，孟子却并没有选择成为一个今天意义上的革命者。他只是寄望于寻找到或教化出一个汤、武意义上的"革命者"，一个通过天命的变换而赢得重建秩序的机会的人。这也许就是所谓的时代局限性吧。或者，也与儒家的固有性格不无关联？以这样的方式质疑孟子，对于思考今天的世界没什么意义。也许更值得我们思考的是，孟子究竟在顾虑什么。

革命如何才能不转变为无秩序的颠覆，这也许是首先应该考虑的问题。而更根本的问题则在于，革命了以后怎么办？革命的目标如果是新秩序的建立，那么革命者自身的品质就至为关键了。而且，人作为行动着的存在者，行动取决于人的品质，行动

---

① 孔安国注，孔颖达疏：《尚书正义》，廖名春、陈明整理，北京：北京大学出版社，1999年，第277页。

② 《四书章句集注》，第211页。

也改造人的品质。孟子说："无为其所不为，无欲其所不欲，如此而已矣。"在具体的行动中，什么样的人才能始终保持自己"不为""不欲"的初衷呢？

推翻一个旧秩序是很容易的，真正艰难的是建构一个更好的新秩序。我们以《中庸》第二十八章的话作为此文的结尾。孔子曰："非天子，不议礼，不制度，不考文。今天下车同轨，书同文，行同伦。虽有其位，苟无其德，不敢作礼乐焉；虽有其德，苟无其位，亦不敢作礼乐焉。"[1]这里当然有其深思熟虑的审慎。但也许是太过审慎了？

（本文原载《江苏社会科学》2015 年第 6 期）

---

[1] 《四书章句集注》，第 36 页。

# 天理的内涵：朱子天理观的再思考

天理是朱子哲学的核心概念。历来研究对此多有论述和阐发。对诸如理与气、形上与形下等概念的梳理和诠释，使我们对朱子哲学的整体框架和基本理路有了较为明确的理解。然而，天理的内涵到底是什么，换言之，对于什么是天理这个问题，却仍然没有给出有足够说服力的回答。本文将以此为目标，通过对朱子相关论述的细致的哲学分析，以求对天理的内涵给出具体而明确的界说。

## 一、格物观与"理"的涵摄范围

朱子哲学中的理，涵括甚广。以"即物而穷其理"解释《大学》的"格物"，是朱子对程颐的"格物"观的继承和发展。既然格物就是即物穷理，那么，所穷之理的范围也自然就构成了朱子哲学中理的涵摄范围。朱子关于格物的讨论很多，此处略引数条以为佐证：

问："程子言：'今日格一件，明日格一件，积习既久，自当脱然有贯通处。'又言：'格物非谓尽穷天下之理，但于一事上穷尽，其他可以类推。'二说如何？"曰："既是教类推，不是穷尽一事便了。且如孝，尽得个孝底道理，故忠可移于君，又须去尽得忠。以至于兄弟、夫妇、朋友，从此推之无不尽穷，始得。且如炭，又有白底，又有黑底。只穷得黑，不穷得白，亦不得。且如水虽是冷而湿者，然亦有许多样，只认冷湿一件也不是格。但如今下手，且须从近处做去。若幽奥纷拏，却留向后面做。所以先要读书，理会道理。盖先学得在这里，到临时应事接物，撞著便有用处。且如火炉，理会得一角了，又须都理会得三角，又须都理会得上下四边，方是物格。若一处不通，便非物格也。"①

行夫问："明道言致知云：'夫人一身之中以至万物之理，理会得多，自然有个觉悟处。'"曰："一身之中是仁义礼智，恻隐羞恶，辞逊是非，与夫耳目手足视听言动，皆所当理会。至若万物之荣悴与夫动植小大，这底是可以如何使，那底是可以如何用，车之可以行陆，舟之可以行水，皆所当理会。"②

在既有的朱子哲学研究中，《语类》当中的材料受到了极大的关注。然而，由于《语类》当中的材料都是朱子弟子所记，其准确性本身不无可虑之处。另外，语录当中的问答一般都出于相

---

① 《朱子语类》，第397页。
② 同上书，第394—395页。

对随意的语境，其条理性和逻辑性也相对较弱。因此，对于朱子这样有大量著述和书信存世的哲学家的研究，还是应该以《文集》和著作的资料为主，而以《语类》为辅。上面引用的这两则材料所涉及的理的范围，颇为芜杂，不成系统，但总结起来主要有如下六类：其一，社会生活的伦理准则；其二，事物的客观属性；其三，人生的根本价值；其四，人的心性之理；其五，人的感官能力的原理；其六，器物的具体功用。如何从上述的内容中得出一个贯通的理解，是理解朱子的天理内涵的关键所在。

与《语类》中相对散乱的论述不同，《四书或问》对格物过程当中所穷之理的论述就系统得多了：

> 昔者圣人盖有忧之，是以于其始教，为之小学，而使之习于诚敬，则所以收其放心，养其德性者，已无所不用其至矣。及其进乎大学，则又使之即夫事物之中，因其所知之理，推而究之，以各到乎其极，则吾之知识，亦得以周遍精切而无不尽也。若其用力之方，则或考之事为之著，或察之念虑之微，或求之文字之中，或索之讲论之际。使于身心性情之德，人伦日用之常，以至天地鬼神之变，鸟兽草木之宜，自其一物之中，莫不有以见其所当然而不容已，与其所以然而不可易者。①

---

① 《朱子全书》（修订本）第 6 册，第 527—528 页。

在此朱子清楚地将天理界说为万事万物的"所当然而不容已"和
"所以然而不可易"。这一界说有几个问题有待进一步的疏解：其
一，"所当然"也就是应然，而"不容已"则是必然，二者如何
统一？其二，"不容已"的"所当然"与"不可易"的"所以然"
之间有着怎样的关联？其三，在前面引证的《语类》中所涉及的
理的内容，如事物的客观属性、器物的具体功用等，又如何以
"所当然"和"所以然"来贯通呢？

## 二、能然、必然、当然与自然

绍熙二年（1191），朱子答陈淳的信中，对陈淳关于理的一
段论述倍加赞赏。在这段论述中，陈淳对理的"必然""当然"
等方面做了系统的梳理：

> 理有能然，有必然，有当然，有自然处，皆须兼之，方
> 于"理"字训义为备否。且举其一二。如恻隐者，气也；其
> 所以能是恻隐者，理也。盖在中有是理，然后能形诸外，为
> 是事。外不能为是事，则是其中无是理矣。此能然处也。
> 又如赤子之入井，见之者必恻隐。盖人心是个活底，然其
> 感应之理必如是，虽欲忍之，而其中惕然，自有所不能以已
> 也。不然，则是槁木死灰，理为有时而息矣。此必然处也。
> 又如赤子入井，则合当为之恻隐。盖人与人类，其待之理当
> 如此，而不容以不如此也。不然，则是为悖天理而非人类
> 矣。此当然处也。当然亦有二，一就合做底事上直言其大义

如此，如入井当恻隐，与夫为父当慈，为子当孝之类是也。一泛就事中又细拣别其是是非非，当做与不当做处。如视其所当视而不视其所不当视，听其所当听而不听其所不当听，则得其正而为理。非所当视而视与当视而不视，非所当听而听与当听而不听，则为非理矣。此亦当然处也。又如所以入井而恻隐者，皆天理之真流行发见，自然而然，非有一毫人为预乎其间，此自然处也。其他又如动静者，气也；其所以能动静者，理也。动则必静，静必复动，其必动必静者，亦理也。事至则当动，事过当静者，亦理也。而其所以一动一静，又莫非天理之自然矣。……凡事皆然，能然、必然者，理在事先；当然者，正就事而直言其；自然，则贯事理言之也。四者皆不可不兼该，而正就事言者，必见理直截亲切，在人道为有力。所以《大学章句》《或问》论难处，惟专以当然不容已者为言，亦此意熟则其余自可类举矣。①

对于陈淳的阐发，朱子评论说："此意甚备。"在这里，理是能然、必然、当然、自然的结合。以见孺子将入于井而生恻隐之心为例，能然体现在人心中有恻隐之理，必然体现在恻隐之心的不容或已，当然体现为在此情境下有恻隐之心的理所当然，自然则体现在此恻隐之心的产生非人为造作而成。恻隐之心这个例子，因为有人的因素掺杂其中，所以还有含糊之处。以动静为例，则更能得到清楚的展现。动静之所以可能，是因为"理有动静"，

---

①　《朱熹集》，第2926—2928页。

是为能然；动必有静，静必有动，是为必然；当动则动，当静则静，是为当然；动静并非人为所生，乃天地万物所固有，是为自然。在议论的结尾处，陈淳对《大学章句》与《大学或问》中专门以"当然不容已者"来界说理这个概念，提出了自己的理解，认为在对理这一概念的理解圆熟之后，仅举当然一义，则其他诸义已包含在其中了。朱子对此回答说："《大学》本亦更有'所以然'一句，后来看得且要见得所当然是要切处，若果得不容已处，即自可默会矣。"朱子首先指出《大学或问》中有对"所以然而不可易"的强调，接下来又特别指出"所当然"才是理解理这一概念的关键，认为如果真的理解了"所当然"的"不容已"，则其他方面都可以得到恰当的理解。

在上述讨论中，陈淳揭示出理的能然、必然、当然、自然诸义，的确是极具洞见的，这也正是朱子对其倍加赞赏的原因。但在陈淳那里，理的能然、必然、当然与自然等方面仅仅笼统地结合在一起，而缺少一个主次的分别。所以，朱子在评点时，特别强调了"所当然"的重要性。

## 三、所当然与所以然

在理的诸义当中，朱子特别指出"所当然是要切处"。但在某些论述中，似乎又是以"所以然"为重点的：

> 《或问》："莫不有以见其所当然而不容已，与其所以然而不可易者。"先生问："每常如何看？"广曰："'所以然

而不可易者'，是指理而言；'所当然而不容已'者，是指人
心而言。"曰："下句只是指事而言。凡事固有'所当然而不
容已'者，然又当求其所以然者何故。其所以然者，理也。
理如此，固不可易。又如人见赤子入井，皆有怵惕、恻隐之
心，此其事'所当然而不容已'者也。然其所以如此者何故，
必有个道理之不可易者。今之学者但止见一边。如去见人，
只见得他冠冕衣裳，却元不曾识得那人。且如为忠，为孝，
为仁，为义，但只据眼前理会得个皮肤便休，都不曾理会得
那彻心彻髓处。以至于天地间造化，固是阳长则生，阴消则
死，然其所以然者是如何？又如天下万事，一事各有一理，
须是一一理会教彻。"[①]

从这则对话看，朱子是完全以"所以然"为理的。虽然他不同意
辅广以"所当然而不容已"指人心而言的观点，但总体来说，他
是将"所当然"放在具体的事物这个层面上的。而这样的说法就
与他的其他论述不相符合。如说"性是合当底"[②]、"人只是合
当做底便是体，人做处便是用"[③]，这些论述显然都是以当然或
应然为理。《语类》中辅广记录的材料均在绍熙五年（1194）以后。
从"今之学者但止见一边"的话看，似乎有针对当时学者的某种
倾向的意味。此处朱子用来说明"所当然而不容已"的例子是人

---

① 《朱子语类》，第414—415页。

② 同上书，第83页。

③ 同上书，第102页。

见赤子入井而自然生怵惕恻隐之心，而这又正是性理的表现。

"所当然而不容已"在朱子那里有时也体现在无法改变的自然规律中：

> 问："《或问》云：'天地鬼神之变，鸟兽草木之宜，莫不有以见其所当然而不容已。'所谓'不容已'，是如何？"曰："春生了便秋杀，他住不得。阴极了，阳便生。如人在背后，只管来相趱，如何住得！"[①]

这里所说的春生秋杀的"不容已"与上一节见孺子将入井而生恻隐之心的"不容已"，在朱子看来完全是同构的，都属于人的主观意志无法抗拒的必然性。但春生秋杀、阴极阳生是作为必然规律，必然会在现实世界中充分实现，而恻隐之心则不必然会转化为相应的行动。

如果"所当然"具有必然性，那也就意味着善是必然会得到实现的。这在现实的伦理实践中显然是不能成立的。从朱子讨论"不容已"的时候所举的例子看，"不容已"应该有两种含义：其一，不可抗拒的必然性；其二，义所当行的不得不为，即应理解为"不应已"。第二种含义上的"不容已"，其实就是对"所当然"的强调。因此，关键的问题仍然是："所当然"与不可抗拒的必然性如何才能统一起来呢？

---

① 《朱子语类》，第413—414页。

## 四、抽象的所当然与具体的所当然

综合朱子的各方面论述，我们可以看到，在理的各种含义中，"所当然"处在核心的位置。在朱子的著述中，这一点尤为明显。在解释《大学》的"至善"时，朱子说："至善，则事理当然之极也。"[1] 而在解释《中庸》首章时，朱子说："道者，日用事物当行之理，皆性之德而具于心，无物不有，无时不然，所以不可须臾离也。"[2]

然而如果"所当然"仅仅停留在抽象的层面上，就会成为空洞的道德律令，比如"做应该做的事"。这种空洞抽象的"所当然"，看似玄妙，其实全无用处：

> 人多把这道理作一个悬空底物。《大学》不说穷理，只说个格物，便是要人就事物上理会，如此方见得实体。所谓实体，非就事物上见不得。且如作舟以行水，作车以行陆。今试以众人之力共推一舟于陆，必不能行，方见得舟果不能以行陆也，此之谓实体。[3]

这里所讲的"实体"正与"悬空底物"相对，也就是我们讲的抽象与具体之别。抽象的"所当然"脱离具体的情况，"悬空"地讲一个应然，实践上全无着落。而具体的"所当然"则总是与实

---

① 《四书章句集注》，第3页。

② 同上书，第17页。

③ 《朱子语类》，第288页。

际的情况相结合，从而对人的行为有真正的指导意义。

正因朱子强调要通过格物把握理的"实体"，所以对程子弟子的格物说基本持批评和否定态度：

> 程子之说，切于己而不遗于物，本于行事之实而不废文字之功，极其大而不略其小，究其精而不忽其粗，学者循是而用力焉，则既不务博而陷于支离，亦不径约而流于狂妄，既不舍其积累之渐，而其所谓豁然贯通者，又非见闻思虑之可及也。是于说经之意，入德之方，其亦可谓反复详备，而无俟于发明矣。若其门人，虽曰祖其师说，然以愚考之，则恐其皆未足以及此也。……程子之言，其答问反复之详且明也如彼，而其门人之所以为说者乃如此，虽或仅有一二之合焉，而不免于犹有所未尽也，是亦不待七十子丧而大义已乖矣，尚何望其能有所发而有助于后学哉！ ①

而李侗对朱子的指点，则具体而切实得多："间独惟念昔闻延平先生之教，以为'为学之初，且当常存此心，勿为他事所胜，凡遇一事，即当且就此事反复推寻，以究其理，待此一事融释脱落，然后循序少进，而别穷一事，如此既久，积累之多，胸中自当有洒然处，非文字言语之所及也'。" ② 李侗引导朱子在某一事物上反复推寻，穷究其间道理，以达到"融释脱落"的地步。这

---

① 《朱子全书》（修订本）第 6 册，第 529—532 页。

② 同上书，第 532 页。

样做的目的，正是要见理的"实体"，将"所当然"落在实处。

具体化的"所当然"，体现出丰富的条理和层次，必须经过细致详密的格物工夫，方能穷尽：

> 问："格物最难。日用间应事处，平直者却易见。如交错疑似处，要如此则彼碍，要如彼则此碍，不审何以穷之？"曰："如何一顿便要格得恁地！且要见得大纲，且看个大胚模是恁地，方就里面旋旋做细。如树，初间且先斫倒在这里，逐旋去皮，方始出细。若难晓易晓底，一齐都要理会得，也不解恁地。但不失了大纲，理会一重了，里面又见一重；一重了，又见一重。以事之详略言，理会一件又一件；以理之浅深言，理会一重又一重。只管理会，须有极尽时。'博学之，审问之，慎思之，明辨之，'成四节次第，恁地方是。"①

理有浅深之异，需"理会一重又一重"，层层推进，才能得到透彻的理解。当然，这里的关键在于如何理解"一重又一重"的具体内涵。在朱子那里，理的"一重又一重"指的到底是什么呢？抽象的所当然，只悬空立一个道德的律令，全无层次。而具体的所当然，则涵括了所以然、能然、必然、自然等丰富的层面。如果说抽象的所当然只是空洞地说"做应该做的事"，那么具体的所当然就包含了"何以应该做这事"和"具体应该怎样做"等道理的层次。抽象的所当然在道德实践上全无意义，持一个空洞的

---

① 《朱子语类》，第285—286页。

善良意志来应对变化丰富的现象世界，陷入恍惚笼统而不自知，最终往往以"冥行妄作"为天理。而具体的所当然则以其丰富具体的层次，使人们的道德实践成为可能，从而确立起一种真正可实践的实践理性，成为道德生活的指南。

## 五、理是具体的所当然

如前所述，朱子对陈淳关于理的"能然""必然""当然""自然"等层面的阐发极为赞赏。从陈淳信中所说的"所以《大学章句》《或问》论难处，惟专以当然不容已者为言，亦此意熟则其余自可类举矣"看，陈淳读到的《章句》和《或问》的稿本中，朱子是专门以"当然不容已"来解释理的。陈淳对此做了疏通性的解释，以弥合自己的义理发挥与朱子的论述的差别。对此，朱子从两个方面做了切要的回答：首先，朱子指出自己原来是讲了"所以然"一句的，但后来发现"所当然"才是真正关键所在，所以将"所以然"一句删去了；① 其次，朱子强调，如果学者真的理解了"所当然"的"不容已"之处，则其他的各个层面也就自然默会于心了。所以，朱子的理的内涵，其实就是以"所当然"为核心，"能

---

① 这与《朱子全书》中的《大学或问》不合。《朱子全书》的《四书或问》，是"以上海图书馆所藏元刻《四书章句集注》所含《大学章句或问》《中庸章句或问》及康熙中吕氏宝诰堂重刊《论语或问》《孟子或问》为底本，以上海图书馆所藏宋刻《纂要》本、明正德本、清《四库全书》本、日本正保本为校本"整理而成的。从校刊记看，所用各本在此处均无不同。所以朱子这里所讲的应该是指《大学章句》。《章句》撰成以后，朱子曾不断地加以修改。而对于《或问》，则无暇修订，以致仍然保存了早期未定之论。

然""必然"和"自然"的完整展开。而这一完整展开，也就是
所当然的具体化。

当然与必然的统一，是所当然的具体化的一种基本形态。在
解释《临》卦《彖》传"至于八月有凶，消不久也"时，朱子说："言
虽天运之当然，然君子宜知所戒。"① 这里所说的"天运之当然"，
就涵括了当然与必然的完整展开。当然，这种必然并不是自然而
然就能在人的行为选择中充分实现的。在《无妄》卦《彖》传"天
命不佑，行矣哉"一句的注释中，朱子说：

> 以卦变、卦德、卦体言卦之善如此，故其占当获大亨而
> 利于正，乃天命之当然也。其有不正，则不利有所往，欲何
> 往哉？盖其逆天之命而天不佑之，故不可以有行也。②

"天命之当然"也需要人的正确的主观意识，方能得到充分实现，
而人是可以选择"逆天之命"的。这里，正确的行为一定源自于
对"天命之当然"的认知和主动的服从。在朱子那里，"天命之当然"
是有其价值内涵的。在《恒》卦《彖》传"天地之道，恒久而
不已也"一句的注释中，朱子说："恒固能亨且无咎矣，然必利
于正，乃为久于其道，不正则久非其道矣。天地之道所以长久，
亦以正而已矣。"③ 这里，天地之道也被赋予了道德含义。在"天
运之当然"或"天命之当然"这个意义上的"所当然"，其具体

---

① 《朱子全书》（修订本）第 1 册，第 94 页。
② 同上书，第 96 页。
③ 同上书，第 98 页。

含义可以表述为"因为不得不这样，所以应当这样做"。如阴阳之消长、四季之推移、万物之终始，皆有其必然性，人自当安而顺之，不必做徒劳无益之举。人们因不明此理，所以才有种种颠倒错乱的行径。

在朱子那里，此种当然与必然的统一，可以称之为正理。既有正理，自然也就有反常之理。在《论语·述而》篇"子不语怪、力、乱、神"注中，朱子说："怪异、勇力、悖乱之事，非理之正，固圣人所不语。"[①]在《语类》中，有关于此种反常之理的详细讨论：

> 若论正理，则似树上忽生出花叶，此便是造化之迹。又如空中忽然有雷霆风雨，皆是也。但人所常见，故不之怪。忽闻鬼啸、鬼火之属，则便以为怪。不知此亦造化之迹，但不是正理，故为怪异。如《家语》云："山之怪曰夔魍魉，水之怪曰龙罔象，土之怪羵羊。"皆是气之杂揉乖戾所生，亦非理之所无也，专以为无则不可。如冬寒夏热，此理之正也。有时忽然夏寒冬热，岂可谓无此理！但既非理之常，便谓之怪。孔子所以不语，学者亦未须理会也。[②]

这里，朱子讲了两层意思：其一，造化之迹本身就有不可思议处，只不过人们习以为常，不以为怪而已；其二，非常之理也不

---

① 《四书章句集注》，第98页。

② 《朱子语类》，第37页。

是"全无道理"，是气化过程所难免的，只是不常见，所以无须理会，其实也无从理会。显然，只有正理才是常理。常与正，在义理上是相互涵摄的。

在具体的实践层面，所当然之理有更为丰富的内涵。比如，"车之可以行陆，舟之可以行水"，车与船因物理属性的不同，而各有适合发挥作用的场合，所以不应当以船来行陆、以车来渡水。这里，事物的客观性质显然是所当然之具体化的不可或缺的内容。《语类》中有这样一段，颇耐寻味："且如赤子入井，一井如彼深峻，入者必死，而赤子将入焉！自家见之，此心还是如何？"[①]值得注意的是，即使是"见孺子入井"这样常常被用作道德情感的先验性的例证，其实也离不开具体的客观知识："一井如彼深峻，入者必死。"如果没有这样的知识，恻隐之心也就无从产生了。

（本文原载《中国哲学史》2014 年第 2 期）

---

① 《朱子语类》，第 285 页。

# 朱子理气动静思想再探讨

关于理气问题的讨论，始终是朱子哲学的核心。程颐用"所以"二字建立起形上、形下的严格界限，从而也埋下了与理气关系有关的各种问题的种子。当然，这些问题是到了朱子那里才真正得到充分展开的。

在与此相关的诸多问题当中，理气动静问题最难索解。虽然此前的研究对此也提出了一些看起来颇具说服力的观点，但其中仍有难以通贯的地方，有待进一步疏解。本文将"理生气"与"理气动静"结合起来加以考察，以期对此问题的理解有所推进。

## 一、从程颐对张载的批评说起

《近思录》第一卷中有这样一段程子的话：

> 近取诸身，百理皆具。屈伸往来之义，只于鼻息之间见之。屈伸往来只是理。不必将既屈之气，复为方伸之气。生生之理，自然不息。如《复》卦言"七日来复"。其间元不断续，阳已复生。物极必返。其理须如此。有生便有死，有

始便有终。①

正文后小注曰："此段为横渠形溃反原之说而发也。"

《程氏遗书》卷十五"伊川先生语一"中有两段话，与此章相关：

> 若谓既返之气复将为方伸之气，必资于此，则殊与天地之化不相似。天地之化，自然生生不穷，更何复资于既毙之形，既返之气，以为造化？近取诸身，其开阖往来，见之鼻息，然不必须假吸复入以为呼。气则自然生。人气之生，生于真元。天之气，亦自然生生不穷。至如海水，因阳盛而涸，及阴盛而生，亦不是将已涸之气却生水。自然能生，往来屈伸只是理也。盛则便有衰，昼则便有夜，往则便有来。天地中如洪炉，何物不销铄了？②

> 凡物之散，其气遂尽，无复归本原之理。天地间如洪炉，虽生物销铄亦尽，况既散之气，岂有复在？天地造化又焉用此既散之气？其造化者，自是生气。③

这几段论述都是在批评张载的虚气循环的气化宇宙论。在张载那里，太虚聚而为气，气聚而为万物，万物散而为太虚。这样一来，太虚之气也就成了由万物消散而来的气的某种形态，也就是

---

① 《近思录》，第 16 页。
② 《二程集》，第 148 页。
③ 同上书，第 163 页。

程颐所说的"既毙之形，既返之气"。在程颐看来，万物一旦消散，也就灭尽无余了，不会回复到"太虚"这一气的原初状态，更不会成为新的创生过程的材料和基础。

程颐对张载的批评，朱子是完全认同的。《朱子语类》卷九十五有一则材料，与上引《近思录》中程子的话有直接的关联：

> 又问："屈伸往来，只是理自如此。亦犹一阖一辟，阖固为辟之基，而辟亦为阖之基否？"曰："气虽有屈伸，要之方伸之气，自非既屈之气。气虽屈，而物亦自一面生出。此所谓'生生之理'，自然不息也。"①

这段话里，朱子充分肯定了程颐不能以"既返之气"复为"方伸之气"的观点。其中，"物亦自一面生出"强调的是创生的单向性，而不是像张载所讲的那样的循环。

上引《近思录》"近取诸身，百理皆具"一章下，江永集注中有这样一段解说：

> 果斋李氏曰：往而屈者，其气已散；来而伸者，其气方生。生生之理，自然不穷，若以既屈之气复为方伸之气，则是天地间只有许多气来来去去，造化之理不几于穷乎？释氏不明乎此，所以有轮回之说。②

---

① 《朱子语类》，第2437页。

② 《近思录》，第16页。

这里提到的"果斋李氏"即朱子弟子李方子。李方子这段解说尤为透彻，也充分体现出了朱子对此一问题的看法。如果像张载所说的那样，既散之气反归为太虚，太虚又聚而为气和万物，那么，宇宙间的气就有了恒定的量。所谓的造化不过是形态的改变，新的创造也就无从谈起了。

综上所述，程、朱对张载的虚气循环思想的批评，可以总结为如下四点：其一，虚气循环论等于肯定了气作为材料的永恒存在。而程、朱认为，气作为有具体规定的存在者，是有限的，终究会灭尽无余。其二，既然肯定了气或材料的永恒存在，理就只能是气的形式或结构，因此是附属于气的。这样一来，以理为根源的道德价值也就会失去它的根源性。程、朱当然认为理是永恒存在的，气是有成有毁的。其三，如果有永恒的气或材料，那么，天地造化就只是永恒材料在形态上的改变而已，不会有真正意义上生生不已的创造。不再是生生不已，而只是永恒变化。其四，以永恒的气或材料为基础的造化，也就不再是无条件的，而是要依赖有恒定量的既有材料。这在程子和朱子那里，是完全不可理解的。

## 二、理生气与理必"有"气

既然消散的气是灭尽无余的，也就意味着气的产生不是源自既有的材料，而是完全"凭空"而来的。当然，讲气是凭空而来的，并不是道家意义上的无中生有。道家意义上的无中生有，是强调世界有其开端，万物产生之前，有一个绝对空无的阶段。朱子显然是认为，世界作为一个整体，是无始无终的。在这没有开端和终结的世界里，具体的、有限的万物有始有终。具体的、有限的万物的产生，根源于凭空而来的有限的、分化的气。这实际上与郭象万物"自生"的观念是基本一致的。[①] 与郭象不同的是，朱子认为气的产生根源于理。

在朱子那里，理是天地生生不已的根本。所以，"理生气"是很自然的一种理论的表达。朱子讲"理生气"，有两条材料。其一为《性理大全》中所引："太极生阴阳，理生气也。阴阳既生，太极在其中，理复在气之内也。"此条材料经陈来先生考证，出自朱子弟子杨与立所编《朱子语略》。[②] 另一条见于《朱子语类》：

> 谦之问："天地之气，当其昏明驳杂之时，则其理亦随而昏明驳杂否？"曰："理却只恁地，只是气自如此。"又问："若气如此，理不如此，则是理与气相离矣！"曰："气虽是理之所生，然既生出，则理管他不得。如这理寓于气了，日用间运用都由这个气，只是气强理弱。"[③]

这里特别值得注意的是，当朱子讲到"气虽理之所生"时，并没有受到学生的质疑。由此可见，在当时的日常讨论当中，这一表达并不令人惊异。至少，"理生气"的观念是受到普遍认可和接受的。

---

① 赵金刚：《动静生生与"理生气"》，《中国哲学史》2014年第1期。
② 陈来：《中国近世思想史研究》，北京：商务印书馆，2003年，第201—203页。
③ 《朱子语类》，第71页。

既然"理生气"的观念确是朱子的主张，且为门下弟子普遍接受，那么，为什么在现存的思想资料当中，"理生气"的明确表述却如此鲜见呢？可见，"理生气"或"气虽理之所生"这样的理论表述，并不是以理作为气产生的根源的思想之准确表达。《语类》卷一有两条观念一致但表述上略有区别的材料，可以给我们提供一个重要的线索：

> 有是理后生是气，自"一阴一阳之谓道"推来。此性自有仁义。①
>
> 问理与气。曰："有是理便有是气，但理是本，而今且从理上说气。"……又问："有是理而后有是气，未有人时，此理何在？"曰："也只在这里。如一海水，或取得一杓，或取得一担，或取得一椀，都是这海水。但是他为主，我为客；他较长久，我得之不久耳。"②

前一段材料中的"有是理后生是气"与后一段材料中的"有是理而后有是气"，表达的是相同的观念。也就是说，在朱子涉及理气关系的论述中，"生"和"有"是可以互换使用的。而朱子之所以很少讲"理生气"，则是因为"有是理便有是气"这样的表达更为准确。"理生气"其实只是"理必有气"思想的一种较为随意的表达而已。

---

① 《朱子语类》，第 2 页。
② 同上书，第 2—3 页。

"理必有气"的观念充分体现在朱子关于仁义阴阳的论述当中。在朱子的哲学当中，仁义属理，本不应分阴阳，但朱子又明确有仁阳义阴的论述：

> "仁礼属阳，属健；义智属阴，属顺。"问："义则截然有定分，有收敛底意思，自是属阴顺。不知智如何解？"曰："智更是截然，更是收敛。如知得是，知得非，知得便了，更无作用，不似仁义礼三者有作用。智只是知得了，便交付恻隐、羞恶、辞逊三者。他那个更收敛得快。"[①]

仁阳义阴的观念，绝非朱子一时之论。朱子晚年曾与袁枢就此问题论难往复。仁义虽是理，但有仁之理，便有仁之气，有义之理，便有义之气。仁义虽然属理，但已不像太极之理那样的无分别，而是分了段子的。仁作为理，自身便涵一种发舒伸展的倾向；义作为理，则有一种截断收敛的倾向。理必有其固有的"势"，而"势"就落入气的层面了。

理必有其固有倾向。也就是说，理必有气。天下没有不体现出某种气质性倾向的"孤露"之理。太极之理虽无分别，但既是"诚"之理，就体现出实的倾向来。只虚实的定向，已有了气质层面的趋向了。

既然理有其固有的倾向，这固有的倾向又必然有其气质层面的表现。理的气质层面的表现就是气。太极是实有的生生之理。

---

① 《朱子语类》，第106—107页。

一切根源于太极生生之理的东西，有始必有终。始就是阳，就有动的意思；终就是阴，就有静的意思。动静互涵，阴中涵阳、阳中涵阴而成水、火。所以，天地间最初只有水、火二气：

> 天地初间只是阴阳之气。这一个气运行，磨来磨去，磨得急了，便拶许多渣滓；里面无处出，便结成个地在中央。气之清者便为天，为日月，为星辰，只在外，常周环运转。地便只在中央不动，不是在下。①
>
> "天地始初混沌未分时，想只有水火二者。水之滓脚便成地。今登高而望，群山皆为波浪之状，便是水泛如此。只不知因甚么时凝了。初间极软，后来方凝得硬。"问："想得如潮水涌起沙相似？"曰："然。水之极浊便成地，火之极清便成风霆雷电日星之属。"②

由水、火二气，再凝结成天地万物。朱子的宇宙论就是以此为基础的。

## 三、理"有"动静

理气动静问题根源于周敦颐的《太极图说》。《太极图说》有"太极动而生阳，动极而静；静而生阴，静极复动"的表述。这一表

---

① 《朱子语类》，第6页。
② 同上书，第7页。

述就自然引生了太极是否有动静的问题。在程颐以"所以"二字特别强调出形而上与形而下的分别之前，这个问题还并不构成真正的理论挑战。但在严格地区别了形上、形下，特别是理、气之后，理的动静问题就成了不能回避的哲学困境。在《太极图说解》中，朱子解释说：

> 太极之有动静，是天命之流行也，所谓"一阴一阳之谓道"。诚者，圣人之本，物之终始，而命之道也。其动也，诚之通也，继之者善，万物之所资以始也。其静也，诚之复也，成之者性，万物各正其性命也。……盖太极者，本然之妙也；动静者，所乘之机也。太极，形而上之道也；阴阳，形而下之器也。是以自其著者而观之，则动静不同时、阴阳不同位，而太极无不在焉。自其微者而观之，则冲漠无朕，而动静阴阳之理已悉具于其中矣。[1]

这里，特别值得注意的是"太极之有动静"这一表述。细读整段解说，我们可以看到其中表述上的张力。单看"自其微者而观之，则冲漠无朕，而动静阴阳之理已悉具于其中矣"这样的论述，朱子似乎是在说，理当中有动静之理，而这动静之理是气的动静的根源。如果确是如此，那么，动就有动之理，静就有静之理。由此出发，就难免落入柏拉图式的分有说的困境。朱子哲学

---

[1] 朱熹：《太极图说解》，《朱子全书》（修订本）第 13 册，第 72—73 页。

既强调一本，不可能在根源处便如此支离。①

关于理的动静问题，朱子有很多不同的表述。至少从表面上看，这些表述是有着很大差别的。但如能深入思考，我们会发现其中思想的一致性。《语类》卷九十四《周子之书》有几则相关的材料：

> 问："动静者，所乘之机。"曰："理搭于气而行。"
>
> 问："动静者，所乘之机。"曰："太极理也，动静气也。气行则理亦行，二者常相依而未尝相离也。太极犹人，动静犹马；马所以载人，人所以乘马。马之一出一入，人亦与之一出一入。盖一动一静，而太极之妙未尝不在焉。此所谓'所乘之机'，无极、二五所以'妙合而凝'也。"
>
> 周贵卿问"动静者，所乘之机"。曰："机，是关捩子。踏著动底机，便挑拨得那静底；踏著静底机，便挑拨得那动底。"②

这几条材料讨论的都是《太极图说解》中的"动静者，所乘之机"这句话。其中，人乘马的比喻被广泛征引，用以说明朱子的理气动静观。但实际上，这是一个非常含糊的比喻。万物皆禀得太极之理，那么，太极之理是否会随万物的运动而运动呢？太极为形而上者，无形迹可言，因此无所谓动静。既然万物皆禀有太极，

---

① 当然《朱子语类》中的确有"太极自是涵动静之理"这样的说法，但详读那段文字，显然是在强调"静即太极之体，动即太极之用"，不是说另有静之理和动之理。

② 《朱子语类》，第 2376 页。

也可以说太极寓于动静之中。所以朱子说："盖一动一静，而太极之妙未尝不在焉。"这里，朱子对"机"的解释值得留意。"机，是关捩子"，指能转动的机械。"踏著动底机，便挑拨得那静底；踏著静底机，便挑拨得那动底"，强调的是静以动为基，动以静为基，动静互为条件。因此，在解释《通书》中的"动而无动，静而无静，非不动不静也"时，朱子说："动中有静，静中有动。"①

实际上，"太极之有动静"，其中的"有"字显然是经过了朱子深思熟虑的。《语类》卷九十四载：

> 梁文叔云："太极兼动静而言。"曰："不是兼动静，太极有动静。喜怒哀乐未发，也有个太极；喜怒哀乐已发，也有个太极。只是一个太极，流行于已发之际，敛藏于未发之时。"②

在这里，朱子特别强调不能说太极兼动静。不仅不能说太极兼动静，甚至也不能说太极贯穿在动静之中。

《语类》卷九十四里有一段对话，对太极贯动静的说法，提出了明确的批评：

> 问："动静，是太极动静？是阴阳动静？"曰："是理动静。"
> 问："如此，则太极有模样？"曰："无。"问："南轩云'太

---

① 朱熹：《通书注》，《朱子全书》（修订本）第 13 册，第 112 页。
② 《朱子语类》，第 2372 页。

极之体至静'，如何？"曰："不是。"问："又云'所谓至静者，贯乎已发未发而言'，如何？"曰："如此，则却成一不正当尖斜太极！"①

从表面上看，张栻的讲法与朱子所说静为太极之体、动为太极之用的思想并无二致。朱子之所以不能接受"至静者，贯乎已发未发"的说法，应该是因为如果至静之太极贯穿于动静之中，那也就等于在动静之外别立一太极，从而将太极与动静分隔开来了。

综上所述，我们可以看到，"太极有动静"这个讲法，是朱子关于理气动静问题的究竟说法。实际上，太极"有"动静与我们前面所讨论的理必"有"气，是相统一的。既然形而上之理，即使是无内在分别的太极，也有其固有的倾向，如太极就有实的意思，仁就有动和生的意思，义就有静和杀的意思，那么，这种固有的倾向就必然体现出某种气质层面的表现。理的气质层面的表现，就是气。天下没有不具气质性倾向的理，无"孤露"之理。既然理必有气，气则在动静之中。所以，必然的结论就是：理有动静。而这也就是朱子理气动静问题的最终结论。

（本文原载《云南大学学报［社会科学版］》2015 年第 1 期）

---

① 《朱子语类》，第 2375 页。

# 敬、慕之间：儒家论"孝"的心性基础

"孝"是儒家伦理生活的基础，对儒家伦理具有组建性的作用。对"孝"的心性论基础的研讨，将使我们对"孝"在儒家思想系统当中所发挥的作用有更为深入的理解，同时也将使我们对儒家思想在当代世界中可能发挥的作用有更为明晰的认识。本文从孔子与孟子论"孝"的差异入手，并在此基础上尝试分析此种差异背后的心性基础的不同，由此进一步探讨"孝"对儒家道德的重要作用。

## 一、《论语》《孟子》论孝之异

"孝"在儒家伦理生活中的基础作用，在《论语》开篇的章节中即有明确的体现。《论语·学而》记录了这样一段话：

> 有子曰："其为人也孝弟，而好犯上者，鲜矣；不好犯上，而好作乱者，未之有也。君子务本，本立而道生。孝弟也者，其为仁之本与！"①

---

① 《四书章句集注》，第47—48页。

对于这段话，朱子引用了程子一节讨论："或问：'孝弟为仁之本，此是由孝弟可以至仁否？'曰：'非也。谓行仁自孝弟始，孝弟是仁之一事。谓之行仁之本则可，谓是仁之本则不可。盖仁是性也，孝弟是用也，性中只有个仁、义、礼、智四者而已，曷尝有孝弟来。然仁主于爱，爱莫大于爱亲，故曰孝弟也者，其为仁之本与！"①程子严于形上形下之辨，故从"用"的层面理解"孝弟"与"为仁之本"的关系。在他看来，"仁之本"涉及的是性或理的层面，而"为仁之本"则是发用这个层面的事情，二者不可混同。虽然我们不能径以"孝弟"作为仁之根本，但在具体的道德实践中，"孝弟"却总是发挥着根源性的作用。而之所以如此，与儒家以人的有限性立场为出发点的基本价值有关。

《论语》《孟子》中都有不少关于孝的论述。这些论述表面看来，似乎并没有什么大的差异。但如果深入研究，我们将会看到《论语》和《孟子》的相关论述之间在基本取向上是有着很大的不同的。

《论语》当中关于孝的论述，具有典型性的是如下两章：

> 孟懿子问孝。子曰："无违。"樊迟御，子告之曰："孟孙问孝于我，我对曰'无违'。"樊迟曰："何谓也？"子曰："生，事之以礼；死，葬之以礼，祭之以礼。"②
>
> 子游问孝。子曰："今之孝者，是谓能养。至于犬马，皆

---

① 《四书章句集注》，第48页。

② 同上书，第55页。

能有养；不敬，何以别乎？"[①]

这两段关于孝的论述，分别引出了"礼"和"敬"这两个关键词。关于养与敬的关系，《礼记·祭义》篇中有一段更为周详的议论："曾子曰：'……君子之所谓孝也者，国人称愿然曰"幸哉有子如此"，所谓孝也已。众之本教曰孝，其行曰养。养可能也，敬为难；敬可能也，安为难；安可能也，卒为难。父母既没，慎行其身，不遗父母恶名，可谓能终矣。'"[②]在《礼记》这段话当中，敬不仅指向父母，也指向了自身，因为"身也者，父母之遗体也。行父母之遗体，敢不敬乎？"[③]

实际上，"礼"和"敬"之间的关系，在儒家的话语系统中是紧密关联在一起的。《礼记·乐记》里说："礼者，殊事合敬者也。乐者，异文合爱者也。"[④]又说："乐者为同，礼者为异。同则相亲，异则相敬。"[⑤]《孟子》里面更是直接将二者等同起来："恻隐之心，仁也；羞恶之心，义也；恭敬之心，礼也；是非之心，智也。"[⑥]从上面的材料可知，敬正是礼的精神实质。结合上引《论语》里关于孝的论述，我们可以看到，孔子所说的孝是以敬为根本的。

与《论语》中更多一般性的论述不同，《孟子》一书中有关

---

[①]   《四书章句集注》，第 56 页。

[②]   孙希旦：《礼记集解》，沈啸寰、王星贤点校，北京：中华书局，1989 年，第 1226 页。

[③]   同上。

[④]   同上书，第 989 页。

[⑤]   同上书，第 986 页。

[⑥]   《四书章句集注》，第 328 页。

孝的讨论多与具体人物的评价有关。其中，最值得关注的是对舜
和匡章的评价。《孟子·离娄下》载：

> 公都子曰："匡章，通国皆称不孝焉。夫子与之游，又
> 从而礼貌之，敢问何也？"孟子曰："世俗所谓不孝者五：惰
> 其四支，不顾父母之养，一不孝也；博弈好饮酒，不顾父母
> 之养，二不孝也；好货财，私妻子，不顾父母之养，三不孝
> 也；从耳目之欲，以为父母戮，四不孝也；好勇斗很，以危
> 父母，五不孝也。章子有一于是乎？夫章子，子父责善而不
> 相遇也。责善，朋友之道也；父子责善，贼恩之大者。夫章
> 子，岂不欲有夫妻子母之属哉？为得罪于父，不得近。出妻
> 屏子，终身不养焉。其设心以为不若是，是则罪之大者，是
> 则章子已矣。"①

这一段对话里，孟子充分体现出了对他人的处境的深刻理解。正
如朱子所说："此章之旨，于众所恶而必察焉，可以见圣贤至公
至仁之心矣。"②但如果因此反以匡章为孝，则又走向了另一个极
端："后世因孟子不绝之，则又欲尽雪匡子之不孝而以为孝，此
皆不公不正，倚于一偏也。"③

　　关于舜的一段至为关键，载于《孟子·万章上》：

---

① 《四书章句集注》，第299—300页。

② 同上书，第300页。

③ 《朱子语类》，第1356页。

万章问曰："舜往于田，号泣于旻天，何为其号泣也？"孟子曰："怨慕也。"万章曰："父母爱之，喜而不忘；父母恶之，劳而不怨。然则舜怨乎？"曰："长息问于公明高曰：'舜往于田，则吾既得闻命矣；号泣于旻天，于父母，则吾不知也。'公明高曰：'是非尔所知也。'夫公明高以孝子之心，为不若是恝，我竭力耕田，共为子职而已矣，父母之不我爱，于我何哉？帝使其子九男二女，百官牛羊仓廪备，以事舜于畎亩之中。天下之士多就之者，帝将胥天下而迁之焉。为不顺于父母，如穷人无所归。天下之士悦之，人之所欲也，而不足以解忧；好色，人之所欲，妻帝之二女，而不足以解忧；富，人之所欲，富有天下，而不足以解忧；贵，人之所欲，贵为天子，而不足以解忧。人悦之、好色、富贵，无足以解忧者，惟顺于父母，可以解忧。人少，则慕父母；知好色，则慕少艾；有妻子，则慕妻子；仕则慕君，不得于君则热中。大孝终身慕父母。五十而慕者，予于大舜见之矣。"①

孟子这段关于孝的论述，触及几种与孝有关的情感。舜之号泣于旻天，被孟子解读为"怨慕"。"怨慕"显然不同于"怨"，而是一种因"慕"而生的悲戚。此种悲戚与后面谈到的"忧"是紧密关联的。然而，这里的"忧"并没有被进一步强调为孝的基础性情感，而只是在"不顺于父母"的特定情况下的心境。此种"忧"是可解的。在后面的讨论中，孟子将重心放在了"慕"上。这里

---

① 《四书章句集注》，第302—303页。

的"慕"字，赵岐解为"思慕"①。他将人的不同年龄阶段的关切和欲求，统一放置到了"慕"这一情感之下。在孟子看来，真正的孝应该有从孩童时期延续下来的对父母的依恋为内在的基础。对父母之"慕"应该超越各年龄阶段其他的关切和欲求，成为人生始终不变的重心。孟子的这一段论述，有将不同的关切和欲求混同的危险。这一点我们后面会做更详细的讨论。

尽管孟子并没有将"慕"作为孝的一般标准，但"慕"的引入本身，已经与孔子关于孝的论述形成了差异。理解这一差异的实质，对于我们今天讨论孝的问题有格外重要的意义。

## 二、大孝与达孝

《中庸》里有"大孝"和"达孝"的提法，且都是以"子曰"的形式出现的。有关子思子作《中庸》的记载，历史上有颇多争议。但目前看，持异议者提出的证据都不够充分。所以一般情况下，我们还是将《中庸》视为子思的作品。而既然作为子思的著述，其中的"子曰"可信度应该是很高的。《中庸》第十七章谈"大孝"：

> 子曰："舜其大孝也与！德为圣人，尊为天子，富有四海之内。宗庙飨之，子孙保之。故大德必得其位，必得其禄，必得其名，必得其寿。"②

---

① 焦循：《孟子正义》，沈文倬点校，北京：中华书局，1987年，第615页。

② 《四书章句集注》，第25页。

孔子这段对"大孝"的论述，着眼的完全是舜的德和位。没有直接涉及与父母的关系。此种指向自身之成德的孝，与上引《礼记·祭义》中曾子的"敬身"之孝，是基本一致的。这与《孟子》将"大孝"更多地定位在对父母的思慕是有着很大不同的。

《中庸》第十九章论"达孝"："子曰：'武王、周公，其达孝矣乎！夫孝者：善继人之志，善述人之事者也。'"① 所谓"达孝"，指的应该是普遍的孝。而作为"达孝"标准的"善继人之志，善述人之事"，指向的也是行孝者自身的成德。"达孝"与"大孝"的区别并非孝心是否纯至，而在于德业之不同。武王、周公继文王之志，述文王之事，其德业之成就主要是继承和发扬。而舜则无可继之志、可述之事，其德业远超拔于父辈之上。只有从这个角度，我们才能理解《中庸》第十八章中关于武王、周公的那段论述：

> 子曰："……武王末受命，周公成文武之德，追王大王、王季，上祀先公以天子之礼。斯礼也，达乎诸侯大夫，及士庶人。父为大夫，子为士；葬以大夫，祭以士。父为士，子为大夫；葬以士，祭以大夫。期之丧达乎大夫，三年之丧达乎天子，父母之丧无贵贱一也。"②

在这一段里，父子之间身份的升降，是决定丧祭之礼的标准。这

---

① 《四书章句集注》，第27页

② 同上书，第26页。

一原则与我们上面所说的"达孝"与"大孝"的区别是一致的。

同样是论及"大孝"，孔子更多地着眼于行孝者自身的德业成就，而孟子则更强调为人子者内心对父母的思慕和依恋。这一差别与我们前一节讨论的敬与慕的不同，是有着密切关联的。

## 三、对敬、慕的哲学阐释

以"敬"为情感基础的孝，首先指向的是个人的成德。宋明理学的修养工夫中，敬字始终处在核心的位置。[①] 对于任何个体，敬都意味着收敛凝聚。朱子在解释敬字的时候说道："敬有甚物？只如'畏'字相似。不是块然兀坐，耳无闻、目无见、全不省事之谓。只收敛身心、整齐纯一，不恁地放纵，便是敬。"[②] 此种收敛凝聚，既有助于个体边界的建立，也有助于对个人分限的清醒认识。正是通过敬，个体明确了自己在自然–社会–历史中的特定位置，也明确了这个特定位置的责任和权利。在这个意义上，敬是一个人能够做到"克己复礼"的前提。

从作用的方向上看，敬和礼是一致的，都指向个体间边界的明确。《礼记·乐记》中所说的"礼胜则离"，强调的正是这一点。敬作为一种内在的情感，最为可贵的地方就在于能引生对礼的清醒认识，从而为主观的情感引入了某种客观的尺度。此种客观的尺度也就为人的行为确立了可以持循的标准。

---

① 参见陈来：《宋明理学》，北京：生活·读书·新知三联书店，2011 年，第 114—120、193—195 页。

② 《朱子语类》，第 208 页。

孔子在回答子游问孝时，特别强调的是敬，而不是爱，这是大有深意的。《礼记·檀弓》里有这样的记载：

> 子路有姊之丧，可以除之矣，而弗除也。孔子曰："何弗除也？"子路曰："吾寡兄弟而弗忍也。"孔子曰："先王制礼。行道之人皆弗忍也。"子路闻之，遂除之。①
>
> 曾子谓子思曰："伋！吾执亲之丧也，水浆不入于口者七日。"子思曰："先王之制礼也，过之者，俯而就之；不至焉者，跂而及之。故君子之执亲之丧也，水浆不入于口者三日，杖而后能起。"②

礼作为社会生活的一般准则，就是要为主观且变动不居的情感赋予客观的标准。而这样的标准必须既有其可行性，又能够发挥厚风俗、敦人伦的作用。

通过对个体边界的明确，敬也在礼俗社会中起到了维持和促进个体的精神自立的作用。在传统的中国社会里，父母在世时，为人子者不得自专③。在这种情况下，个体时时都会有在对伦常的顺服当中失去其精神上的成熟的危险。孔子对服从的强调，并不是要以精神的自立和成熟为代价的。一个连基本的判断力都丧失了的孝子，绝不是孔子所欣赏的。《论语·里仁》载：

---

① 《礼记集解》，第 183 页。
② 同上书，第 189 页。
③ 《礼记·坊记》云："父母在，不敢有其身，不敢私其财，示民有上下也。……父母在，馈献不及车马，示民不敢专也。"《礼记集解》，第 1292 页。

子曰："事父母几谏。见志不从，又敬不违，劳而不怨。"①

由这段材料可知，子女对父母的决定和判断是可以持不同见解的。只是当劝说不为父母接受，仍然要按照父母的意见做。这里面，独立的判断力是不可或缺的。可以说，孔子讲的孝不排斥人的成长和成熟。

"慕"则与此不同，作为一种向外的关切和欲求，更多地指向了对个体界限的超逾和忽视。从孟子所说的"人少，则慕父母；知好色，则慕少艾"这样的表达看，"慕"显然是某种接近异性之间的思恋的情感。当然，从孟子的论述中，我们可以看到不同成长阶段"慕"的内涵不同，比如"仕则慕君，不得于君则热中"，所以，不能说孟子因此混同了五伦之间的差别。但从"大孝终身慕父母"的论述中，我们可以看到某种延续年少时对父母的依恋的倾向。此种倾向，至少会有削弱人的精神自立的危险，从而延阻人的成长和成熟。《艺文类聚·孝》引《列女传》："老莱子孝养二亲。行年七十，婴儿自娱，著五色采衣。尝取浆上堂，跌仆。因卧地为小儿啼。或弄乌鸟于亲侧。"②这样的孝行之所以会传为美谈，恐怕与孟子的这类强调不无关联。

与"敬"更多地强调个体分限的明确不同，"慕"容易在对个体界限的超逾中忽忘掉自己的本分。如果一个人始终在精神上

---

① 《四书章句集注》，第 73 页。

② 欧阳询:《艺文类聚》，汪绍楹校，上海：上海古籍出版社，1982 年，第 369 页。

拒绝成龄，那么又怎能承担起"老者安之"的责任呢？奇怪的是，孟子在为舜的行为做辩护的那段话中，分明提到了另一种重要的情感——"忧"，却未能将此作为孝的基础情感。"忧"与"慕"不同。虽然两种都指向与他者的关联，但"慕"是对他者的依恋，而"忧"则是自己对他者的责任的感知。子女对于父母的"忧"不可解于心，一同父母之于儿女，以这种情感为出发点的关爱，难道不是更合乎情理的孝吗？

当然，一味地强调"敬"也有危险。敬所蕴涵的疏离的倾向，有可能将孝当中所应有的温情荡涤净尽，从而使孝成为一种源自于外在规范的纯粹负担。

孝作为儒家伦理的重要基础，深刻地塑造了中国人的基本品格。在未来的中国文化建设当中，孝无疑仍是我们构建基本的道德秩序的核心。但究竟以什么样的情感底色为基础，来确立现代社会的伦理准则，恐怕是值得我们深思的。也许在孔子的"敬"与孟子的"慕"之间，我们可以找到更契合时代的孝的情感基础。

（本文原载《江苏社会科学》2017 年第 5 期）

# 《周易本义》中的卦变说

朱子《周易本义》以卦变释《彖传》之辞，《本义》卷首九图亦列《卦变图》[①]，并以为："《彖传》或以卦变为说，今作此图以明之。盖《易》中之一义，非画卦作《易》之本指也。"[②] 对于朱子《卦变图》的来源，朱伯崑先生指出："宋明时期的易学家和哲学家，都不否认卦变说。其说法，虽不尽同于虞翻，但其根源则出于荀爽和虞翻。朱熹于《周易本义》中，取虞翻义，作卦变图，补五阴五阳之卦各六，自夬剥而来，是对虞翻说的发挥。"[③]

卦变说在《周易本义》的解经系统中，有着不容忽视的重要作用。然而，朱子在具体卦象中言及的卦变与《卦变图》之间的关系，却有颇多令人费解之处。本文将详细疏解朱子的卦变说及其理论基础，借以阐明朱子释《易》体例与其哲学思想之间的关联。

---

① 王懋竑以为"《易》九图非朱子之作"，但理由颇为牵强，与《文集》中明确涉及《易》图的资料不符。参见王懋竑：《朱子年谱》，北京：中华书局，1998年，第335—340页。

② 《朱子全书》（修订本）第1册，第23页。

③ 朱伯崑：《易学哲学史》第1册，北京：昆仑出版社，2005年，第244页。

# 一、程子的卦变说

关于《程氏易传》的卦变说，朱伯崑先生论之甚详："程氏提出卦变说，解释卦爻辞的内容。王弼于《周易注》中，曾依荀爽乾升坤降说，解释《彖》文的刚柔往来说，如其对贲卦的解释。程颐吸收了这一观点，提出卦变说。其释贲卦《彖》文'柔来而文刚故亨。分刚上而文柔，故小利，有攸往'说：'下体本乾，柔来文其中而为离。上体本坤，刚往文其上而为艮，乃为山下有火，止于文明而成贲也。'（《易传·贲》）贲卦☲，艮上离下。下体离卦，为乾卦二爻变为阴爻；上体艮卦，为坤卦上爻变为阳爻，程氏认为此即'柔来而文刚'和'分刚上而文柔'。此说本于王弼注。但他不赞成爻有往来升降说，而主乾坤卦变说。"①

在对《贲》卦《彖传》的解释中，程子详细地阐发了他的卦变说：

> 如刚上柔下、损上益下，谓刚居上，柔在下，损于上，益于下，据成卦而言，非谓就卦中升降也。如《讼》《无妄》云刚来，岂自上体而来也？凡以柔居五者，皆云柔进而上行，柔居下者也，乃居尊位，是进而上也，非谓自下体而上也。卦之变，皆自《乾》《坤》，先儒不达，故谓《贲》本是《泰》卦，岂有乾坤重而为泰，又由泰而变之理？下离，

---

① 朱伯崑：《易学哲学史》第 1 册，第 203 页。

本乾中爻变而成离；上艮，本坤上爻变而成艮。离在内，故云柔来，艮在上，故云刚上，非自下体而上也。乾坤变而为六子，八卦重而为六十四，皆由乾坤之变也。[①]

在六十四卦由来的问题上，程子主张的是由三画卦的《乾》《坤》变而为《震》《兑》《坎》《离》《艮》《巽》六卦，再由三画卦重叠而为六十四卦。在此基础上所说的卦变，强调的就是卦的由来，因此说"卦之变，皆自《乾》《坤》"。值得注意的是"凡以柔居五者，皆云柔进而上行，柔居下者也，乃居尊位，是进而上也"这句话，《周易》六十四卦，以阴爻居五位的共三十二卦，其中仅有《噬嗑》《晋》《鼎》等卦的《象》辞有"柔进而上行"的说法。所以，这里的"凡"不应理解为所有包含六五爻的卦，而是指有可能需要以卦变说来解释《象传》的卦。

虽然在《程传》中，程子坚持了自己的《乾》《坤》卦变说，而且对于有卦变意味的卦象都给出了自己的解释，但很多地方还是有回避牵强的嫌疑。比如对于《讼》卦《象传》的"刚来而得中"，程子解释说：

　　二以阳刚，自外来而得中，为以刚来讼而不过之义，是以吉也。[②]

---

① 《二程集》，第808—809页。

② 同上书，第728页。

按照程子的理解，"自外来而得中"一定不是自上卦而来，这样一来，"自外来"在卦象上便完全没有了着落。

正因为《程传》在解释体例和原则上的种种问题，所以朱子对其评价也颇为复杂："《易传》义理精，字数足，无一毫欠阙。他人着工夫补缀，亦安得如此自然！只是于本义不相合。"①

## 二、朱子的卦变说

"卦变独于《彖传》之词有用。"②而"彖即文王所系之辞。……传者，孔子所以释经之辞也"③。朱子认为卦辞为文王所作，而《彖传》则为孔子所作。在朱子看来，《周易》显然是由不同的文本层渐次发展而来的："孔子之《易》，非文王之《易》；文王之《易》，非伏羲之《易》。"④《彖传》虽然是为解释卦辞（朱子有时亦称为《彖》）而作的，但也不尽合卦辞原意。比如《乾》卦《彖传》以"四德"释"元亨利贞"，朱子就认为"其文义有非文王之旧者"⑤。但总体看来，朱子更多时候还是强调《彖传》与卦辞的一致。

在很多情况下，不用卦变说是难以建立起《彖传》的解释与卦辞之间的统一性的。这一点，我们从朱子对程子的批评中可以

① 《朱子语类》，第 1651 页。
② 《朱熹集》，第 2731 页。
③ 《朱子全书》（修订本）第 1 册，第 90 页。
④ 《朱子语类》，第 1648 页。
⑤ 《朱子全书》（修订本）第 1 册，第 91 页。

清楚地看到：

> 伊川不取卦变之说。至"柔来而文刚"，"刚自外来而为
> 主于内"，诸处皆牵强说了。王辅嗣卦变，又变得不自然。
> 某之说却觉得有自然气象，只是换了一爻。非是圣人合下作
> 卦如此，自是卦成了，自然有此象。①

朱子的卦变说，只是彼此相邻的阴阳爻之间的升降。这样的升降
变化使得《彖传》中"刚自外来而为主于内"之类的解释很自然
地得到了落实。朱子这种"只是换了一爻"的卦变说是对朱震的
《汉上易》的修正和发展："汉上《易》卦变，只变到三爻而止，
于《卦辞》多有不通处。某更推尽去，方通。如《无妄》'刚自
外来而为主于内'，只是初刚自《讼》二移下来。《晋》'柔进而
上行'，只是五柔自《观》四挨上去。此等类，按汉上卦变则通
不得。"②

《本义》言及卦变者凡十九卦，除掉其中不能确定的《咸》《恒》
二卦，共有十七卦，即《讼》《泰》《否》《随》《蛊》《噬嗑》《贲》《无妄》
《大畜》《晋》《睽》《蹇》《解》《升》《鼎》《渐》《涣》。这十七
卦的《彖传》中，大都有需要用卦变来解释的文字。比如，《讼》
卦的"刚来而得中"，《随》卦的"刚来而下柔"，《噬嗑》卦的"柔
得中而上行"，《贲》卦的"柔来而文刚"，《无妄》卦的"刚自外

---

① 《朱子语类》，第 1666 页。
② 同上。

来而为主于内"，《晋》卦的"柔进而上行"等等。其中有些卦并不一定要用卦变说才解释得通，比如《随》卦。《随》卦《彖传》曰："随，刚来而下柔，动而说，随。"朱子在解释此卦卦辞时说："以卦变言之，本自困卦，九来居初；又自噬嗑，九来居五；而自未济来者，兼此二变。皆刚来随柔之义。"① 单就此卦《彖传》"刚来而下柔"来说，《随》䷐震下兑上，震为阳为刚，兑为阴为柔，完全可以用上下二体义来加以解释。当然，朱子解《易》特别重视义例的统一，对"大""小""上""下""往""来""进""退"等语汇皆有一致的理解。所以，统一用卦变说来解释，是有其一贯的考虑的。

但是，《泰》《否》二卦也要用卦变来解释，不能不说是一个例外。以《泰》卦为例，其《彖传》云：

> "泰，小往大来，吉亨"，则是天地交而万物通也，上下交而其志同也。内阳而外阴，内健而外顺，内君子而外小人，君子道长，小人道消也。②

很明显，《泰》卦的《彖传》并没有必须用卦变才能解释得通的字句。此卦䷊乾下坤上，为地在上而天在下之象，因此说"天地交而万物通"，而内阳外阴之象，正是阴阳消长的趋势的体现，故曰"君子道长，小人道消"。而朱子在解释《泰》卦卦辞时却说：

---

① 《朱子全书》（修订本）第 1 册，第 46 页。

② 同上书，第 93 页。

"又自归妹来，则六往居四，九来居三也。"①

从《泰》《否》二卦的解释来看，朱子的卦变说并不仅仅是用来疏解《彖传》中的相关解释，而是不可或缺的"《易》中之一义"。而具体这"《易》中之一义"的内容，则需与所谓先天之学和卦变图联系起来加以考察，才能得到确解。

## 三、卦变与先天卦序图

关于《周易》六十四卦的来由，朱子在《易学启蒙·原卦画第二》中有概括性的论述：

> 《大传》又言包羲画卦所取如此，则《易》非独以《河图》而作也。盖盈天地之间，莫非太极、阴阳之妙，圣人于此仰观俯察，远求近取，固有以超然而默契于其心矣。故自两仪之未分也，浑然太极，而两仪、四象、六十四卦之理已粲然于其中。自太极而分两仪，则太极固太极也，两仪固两仪也。自两仪而分四象，则两仪又为太极，而四象又为两仪矣。自是而推之，由四而八，由八而十六，由十六而三十二，由三十二而六十四，以至于百千万亿之无穷，虽其见于摹画者，若有先后而出于人为，然其已定之形、已成之势，则固已具于浑然之中，而不容毫发思虑作为于其间也。程子所谓加一倍法者，可谓一言以蔽之；而邵子所谓画前有

① 《朱子全书》（修订本）第1册，第41页。

易者，又可见其真不妄矣。世儒于此或不之察，往往以为圣人作《易》，盖极其心思探索之巧而得之，甚者至谓凡卦之画必由蓍而后得，其误益以甚矣。①

朱子此说完全是对邵雍《易》学的继承和发明。以一奇一偶为序，自下而上叠加，最终形成六十四卦，也就是程子所说的"加一倍法"。依此先奇后偶的顺序，至八卦成象，则自然形成《乾》《兑》《离》《震》《巽》《坎》《艮》《坤》的次第。而依这一次第推演至六十四卦，而形成《伏羲六十四卦次序》。按照这一次序，自初爻至上爻之间按顺序选取三爻，比如初爻至三爻或二爻至四爻，我们都能看到《乾》《兑》《离》《震》《巽》《坎》《艮》《坤》的排列。朱子强调这样的画卦由来是自然而然的，其中有不容或已的"已定之形、已成之势"，并非出于人的主观发明。

由于六十四卦是由两仪、四象渐次叠加而成，自然也就不存在某一卦象从别一卦象变转而来的问题。对此，朱子有详尽的阐发：

> 太极、两仪、四象、八卦者，伏羲画卦之法也。《说卦》"天地定位"至"坤以藏之"以前，伏羲所画八卦之位也。"帝出乎震"以下，文王即伏羲已成之卦而推其义类之词也。如卦变图刚来柔进之类，亦是就卦已成后用意推说，以此为

---

① 《朱子全书》（修订本）第 1 册，第 217—218 页。

自彼卦而来耳，非真先有彼卦而后方有此卦也。古注说《贲》卦自《泰》卦而来，先儒非之，以为《乾》《坤》合而为《泰》，岂有《泰》复变为《贲》之理？殊不知若论伏羲画卦，则六十四卦一时俱了，虽《乾》《坤》亦无能生诸卦之理。若如文王、孔子之说，则纵横曲直，反覆相生，无所不可。要在看得活络，无所拘泥，则无不通耳。

《易》中先儒旧法皆不可废，但互体五行、纳甲飞伏之类未及致思耳。卦变独于《象传》之词有用，然旧图亦未备。顷尝修定，今写去，可就空处填画卦爻，而以《象传》考之，则卦所从来皆可见矣。然其间亦有一卦从数卦而来者，须细考之，可以见《易》中象数无所不通，不当如今人之拘滞也。①

这里的"先儒非之"，指的显然是程颐。朱子将《说卦传》的"天地定位"一节理解为伏羲的八卦位序，与《伏羲六十四卦次序图》同属先天之学。这是继承了邵雍的《易》学思想。在朱子看来，伏羲画卦，是"六十四卦一时俱了"。如以体用概念来区别，这是《易》之体。而伏羲画卦，只有卦象而无卦爻辞，卦爻辞为文王、周公所系。文王、周公之所以作卦爻辞，其目的在于"教人卜筮而可以开物成务"。②此为后天之学，可以算是《易》之用。③卦变说所论卦与卦之间的生变，显然是《易》之用的范围。

---

① 《朱熹集》，第 2730—2731 页。

② 《朱子全书》（修订本）第 1 册，第 31 页。

③ 朱子在论及《文王八卦方位》时，引邵雍的话说：'此文王八卦，乃入用之位，后天之学也。"《朱子全书》（修订本）第 1 册，第 22 页。

## 四、卦变与《卦变图》

《周易本义》卷首《卦变图》，其中列"一阴一阳之卦"至"五阴五阳之卦"等五种情况，并指出"凡一阴一阳之卦各六，皆自复、姤而来""凡二阴二阳之卦各十有五，皆自临、遁而来"等。然考之《本义》中具体卦象的卦变解释，大都不合。首先，《本义》中的卦变，基本上都不是从《临》《遁》（二阴二阳之卦）或《泰》《否》（三阴三阳之卦）而来。其次，彼此之间有卦变关系的卦，在《卦变图》中也并非都彼此相邻，比如《涣》卦自《渐》卦而来，但在《卦变图》中，中间却隔了《咸》《旅》两卦。

考察《本义》中明确用到卦变说的十七卦的分布情况，我们会发现，它们都属于二阴二阳（或四阴四阳）和三阴三阳的卦。一阴一阳之卦以及《乾》《坤》《震》《巽》《坎》《离》《艮》《兑》等卦的解释，皆未涉及卦变。此外，除《泰》《否》两卦，《复》《临》《大壮》《夬》等十二月卦，也都没有运用卦变说来加以解释。由此我们可以推测，卦变说是用于理解阴阳变动趋向不够明朗的卦的。由于很多二阴二阳和三阴三阳的卦，不能明确地表现出阴阳变动的趋势，所以，通过卦变说的引入，可以在静态的卦象中看出刚柔往来的变化。这一点，我们从《讼》卦的卦变中即可得到印证：

　　　且于卦变，自遁而来，为刚来居二，而当下卦之中，有有孚而见窒，能惧而得中之象。①

---

① 《朱子全书》（修订本）第 1 册，第 37 页。

朱子认为，《讼》卦☰自《遁》卦☰而来，《遁》卦九三下至九二，而六二上为六三。《讼》卦卦辞为"有孚窒，惕中吉"，九二居中，为"有孚"之象，但"窒"字却无着落，通过卦变的解释，则九二为《遁》卦九三"刚来居二"，九三阳爻，不进反退，故有"见窒"之意。

《泰》《否》二卦之所以要用卦变来解释，应该也是因为两卦皆三阴三阳之卦，而仅从静态的卦象看，阴阳的变动趋势不甚明朗。而引入卦变说以后，"小往大来"和"大往小来"这样的卦辞也就更能落在实处了。

朱子的卦变说，都是由彼此相邻的阴阳爻互换而来，朱子认为这样的说法有"自然气象"。但朱子在《卦变图》中所说的"凡一阴一阳各六，皆自复、姤而来""凡二阴二阳之卦各十有五，皆自临、遁而来"等又如何理解呢？

详考《卦变图》，我们会发现，如果去掉《乾》《坤》二卦，那么《卦变图》从"一阴一阳之卦"至"五阴五阳之卦"，皆自十二月卦而来。由此，我们可以看到汉代"卦气说"的痕迹。朱子认为"《易》中先儒旧法皆不可废"，那么，"卦气说"当然也在"不可废"之列。朱子显然是接受十二月卦的观念的，比如《姤》卦，《本义》中说："决尽则为纯乾四月之卦，至姤然后一阴可见，而为五月之卦。"①这种说法与孟喜的十二月卦正相吻合。当然，与汉代卦气说不同，朱子并不试图将《周易》六十四卦与历法勉强附会，而是展现出了一种更为广泛的阴阳消长的图式。这一图

---

① 《朱子全书》（修订本）第1册，第70页。

式使得卦气说的适用泛围得到了极大的拓展。

　　由上述分析可见，在朱子的《易》学思想中，《先天卦序图》与《卦变图》正构成了一种非常明确的体用关系。而在这种体用关系当中，我们又可以清楚地看到《太极图说解》当中阴阳五行关系的映象。在解释《太极图说》"阳变阴合，而生水、火、木、金、土。五气顺布，四时行焉"这句话时，朱子写道：

> 有太极，则一动一静而两仪分；有阴阳，则一变一合而五行具。然五行者，质具于地，而气行于天者也。以质而语其生之序，则曰水、火、木、金、土，而水、木，阳也，火、金，阴也。以气而语其行之序，则曰木、火、土、金、水，而木、火，阳也，金、水，阴也。①

这里，很明显，五行之质为体，而五行之气为用。五行之气的运行，自然形成四季的变化。而这样一个模式，也正体现出了《先天卦序图》与《卦变图》之间的关系：《伏羲六十四卦卦序图》为《易》之体，而《卦变图》为《易》之用，《易》之用的阴阳消长变化才使得的《易》的"因占设戒"的功能成为可能。由此我们可以看到，朱子的《易》学哲学还是以周敦颐的《太极图说》为根柢的。

　　　　　　　　（本文原载《哲学门》第二十九辑，2014年6月）

---

① 《周敦颐集》，第4—5页。

# 物化与所待:《齐物论》末章的哲学阐释

《齐物论》"庄周梦为胡蝶"一章,作为中国哲学史上脍炙人口的名篇,素为论者所重。历来注《庄》者于此章皆有训释,对其中之意趣亦多发挥。然而,此章所涉道理之深致,尚多笼统含糊处。本文将通过文本的细致解析、概念的深入讨论,阐明此章的哲学意涵。藉此,于中国哲学所造之境,或可略见一斑。

## 一、梦觉与死生

以梦觉喻死生,将梦蝶故事解读为庄子对生死问题的领会,并以之为齐物之一义,是理解此章的一般趣向。郭象《庄子注》云:"夫时不暂停,而今不遂存,故昨日之梦,于今化矣。死生之变,岂异于此,而劳心于其间哉!"① 成玄英《疏》亦曰:"而庄生晖明镜以照烛,〔泛〕上善以遨游,故能托梦觉于死生,寄自他于物化。"② 然而,细检《庄子》内篇,我们却并不能找到以

① 郭庆藩:《庄子集释》,王孝鱼点校,北京:中华书局,2004 年,第 113 页。
② 同上书,第 112 页。

梦觉喻生死的例证。

《庄子》内篇能够将梦与生死问题关联起来的，主要有两处：其一是《齐物论》"瞿鹊子问乎长梧子"章；其二是《大宗师》"颜回问仲尼"章。这两处的郭象注都引入了对生死问题的思考。[①]

而事实上，这两章中的《庄子》文本，都没有直接将觉梦与生死问题关联起来。"瞿鹊子问乎长梧子"章，以"弱丧"忘归和"丽之姬"适晋的前后变化论"恶死""蕲生"之惑，其中梦觉一段言论，承续的是前文"而丘也何足以知之"。"颜回问仲尼"章论孟孙才明生死之理，而"吾特与汝其梦未始觉者邪"是文本中的孔子在讲颜回与自己尚惑于斯理，并无以觉梦喻死生之义。

在《庄子》全书中，梦与生死问题联系最密切的是外篇《至乐》的"庄子之楚，见空髑髅"章。此章从叙事结构看，完全是对《人间世》"匠石之齐"章的模仿，显然是庄子后学的作品。然而，即使在这一章，也只是通过"髑髅见梦"引出以死为至乐的议论，而没有以梦觉来喻指死生。

事实上《庄子》中用来喻指生死的并不是梦觉，而是昼夜：

> 死生，命也；其有夜旦之常，天也。(《大宗师》)
> 生者，假借也，假之而生；生者，尘垢也。死生为昼

---

① 对于《齐物论》"梦饮酒者"一节，郭注曰："此寤寐之事变也。事苟变，情亦异，则死生之愿不得同矣。故生时乐生，则死时乐死矣，死生虽异，其于各得所愿一也，则何系哉！"郭庆藩：《庄子集释》，第105页。对于《大宗师》"吾特与汝，其梦未始觉者邪"，则注曰："夫死生犹觉梦耳，今梦自以为觉，则无以明觉之非梦也；苟无以明觉之非梦，则亦无以明生之非死矣。"同上书，第276页。

夜。(《至乐》)

昼夜之喻与梦觉之喻，表面上似有关联，其实是有着本质区别的：昼夜是外境的变化，梦觉则是主体境域的不同。

然而，自郭象《庄子注》依此立说，后世学者多为其笼罩。[1]章太炎《齐物论释》自立一家之言，亦以梦觉论死生：

> 觉梦之喻，非谓生梦死觉。大觉知大梦者，知生为梦，故不求长生；知生死皆梦，故亦不求寂灭。[2]

虽然"知生死皆梦"较之"谓生梦死觉"所造深浅不同，但皆错会庄子宗旨，其失一也。

## 二、"梦为鱼而没于渊"

详味《大宗师》"颜回问乎仲尼"章，我们会发现，其主题与《齐物论》末章是有着密切关联的：

> 仲尼曰："夫孟孙氏尽之矣，进于知矣。唯简之而不得，

---

① 当然，也有一些注者对此章的释读与此异趣。参见吕惠卿《庄子义》(《庄子义集校》，北京：中华书局，2009年)、林希逸《庄子鬳斋口义》(《庄子鬳斋口义校注》，北京：中华书局，1997年)、王夫之《庄子解》(北京：中华书局，2009年)等。

② 章太炎：《齐物论释》，《章太炎全集》第一辑，上海：上海人民出版社，2014年，第53页。

夫已有所简矣。孟孙氏不知所以生，不知所以死；不知就先，不知就后。若化为物，以待其所不知之化已乎！且方将化，恶知不化哉！方将不化，恶知已化哉！吾特与汝其梦未始觉者邪！且彼有骇形，而无损心；有旦宅，而无情死。孟孙氏特觉人哭亦哭，是自其所以乃。且也相与吾之耳矣，庸诅知吾所谓吾之乎！且汝梦为鸟而厉乎天，梦为鱼而没于渊。不识今之言者，其觉者乎！其梦者乎！造适不及笑，献笑不及排，安排而去化，乃入于寥天一。"

此节的主题几乎是对"庄周梦为胡蝶"章的重复，而语境更为丰富：其一，"梦为鸟而厉乎天，梦为鱼而没于渊"与"梦为胡蝶"，所述梦境虽异，其思想指向却是相同的；其二，种种"不知"的强调，与"不知周之梦为胡蝶与，胡蝶之梦为周与"，只有详略之异；其三，"若化为物，以待其所不知之化已乎"，与"梦蝶"章结尾的"此之谓物化"，可以相发明。

当然"颜回问乎仲尼"章也有"梦蝶"章没有出现过的概念——"待"。而"待"恰好是"梦蝶"章前面的"罔两问景"章的关键词。由此《齐物论》末尾两章看似并不相关的主题，在这一章里建立起了某种内在的联系。

## 三、"不知"之知

前面的讨论，为我们此下的深入解读提供了基础。《齐物论》末章：

> 昔者庄周梦为胡蝶，栩栩然胡蝶也。自喻适志与！不知周也。俄然觉，则蘧蘧然周也。不知周之梦为胡蝶与，胡蝶之梦为周与！周与胡蝶，则必有分矣。此之谓物化。

"梦蝶"章第一个层次里，有两个突出强调的"不知"。而两个"不知"中间，则隐含着一个不易察觉的"知"。

梦为蝴蝶之时，蝴蝶是不知有庄周的。这是一个确定的"不知"。醒来以后，惊觉自己还是庄周。与梦为蝴蝶时不同，此时的庄周，是知道"昔者"的蝴蝶之梦的。然而，这里的"知"是值得怀疑的。

没有人能确定地证明自己不在梦中。庄子对此有详尽的讨论："方其梦也，不知其梦也。梦之中又占其梦焉，觉而后知其梦也。且有大觉，而后知此其大梦也。而愚者自以为觉，窃窃然知之。君乎，牧乎，固哉！丘也，与女皆梦也；予谓女梦，亦梦也。是其言也，其名为吊诡。"唯有"大觉"，方能知此为"大梦"。但即使是"大觉"，亦在"大梦"中，而无法超然于梦外。"大觉"与"愚者"的不同在于，"大觉"知道自己在梦中，而"愚者"却以为自己醒了。

既然无法确证醒来后的庄周不在梦中，则无法确证此时的庄周不是蝴蝶所梦。由此引出第二个强调性的"不知"。

关于知的不确定性，庄子有极为深刻的认识：

> 知天之所为，知人之所为者，至矣。知天之所为者，天而生也；知人之为者，以其知之所知，以养其知之所不知，

终其天年，而不中道夭者，是知之盛也。虽然，有患。夫知有所待而后当，其所待者，特未定也。庸讵知吾所谓天之非人乎！所谓人之非天乎！

在庄子那里，即使是天人之分这样看似确定的知识，也在根本上是缺乏确定性的。这样一来，似乎只有对"不知"的知是确然无疑的，其他的肯定性的知都没有无可置疑的真理性。

然而《齐物论》末章却由"不知周之梦为胡蝶与？胡蝶之梦为周与"引出了无比确定的认识："周与胡蝶，则必有分矣"。

## 四、何谓"必有分矣"

对于"周与胡蝶，则必有分矣"，郭象做了引申性的注释：

夫觉梦之分，无异于死生之辩也。今所以自喻适志，由其分定，非由无分也。[1]

值得注意的是，郭象首先将这里的"分"字解释为"分别"，但随后又引入了"性分"这一层意思。

将"必有分矣"中的"分"与"性分"的含义联系起来，这样的解读取向也影响了后世的学者。比如，王叔岷就做了这样的解读和发挥：

---

[1]　郭庆藩：《庄子集释》，第113页。

> 案庄周梦为胡蝶，忘其为庄周。庄周与胡蝶，各有其
> 自然之分也。各有其自然之分，则在觉适于觉，在梦适于
> 梦矣。①

强调万物皆有"自然之分"，在义理上并无不妥，但于文本则偏
离甚远。

"分"的概念，是庄子思考的一个重要环节。就"分"与"成"
的关联，《齐物论》中有这样一段阐述：

> 故为是举莛与楹，厉与西施，恢恑憰怪，道通为一。其
> 分也，成也；其成也，毁也。凡物无成与毁，复通为一。②

在万物生生的过程中，事物之间分别开来，才各自成为某个具体
的物。从这个角度看，是一种"成"。而从另外的角度看，则是
一种"毁"。③成与毁的相对性，同时也就意味着是非的相对性。
然而"分"的界限是真实的，尽管并非恒久不变。

正是由"不知周也"和"不知周之梦为胡蝶与，胡蝶之梦为
周与"这两个确定无疑的"不知"，才得出"周与胡蝶，则必有分矣"
这一确定无疑的知。因为，如果当梦为蝴蝶时，仍然知道自己是

---

① 王叔岷：《庄子校诠》，北京：中华书局，2007 年，第 96 页。

② 《庚桑楚》篇有一段基本相同的论述："道通，其分也〔成也〕；其成也，毁也。
所恶乎分者，其分也以备；所以恶乎备者，其有以备。"

③ 《庚桑楚》篇有一段文字与此相近，而语意更为完整，且别具深致。陆长庚
疑杂篇为"庄子平生绪言，摭拾于内、外篇之后者"，是很有见地的。参见钱穆：《庄
子纂笺》，北京：九州出版社，2011 年，第 183 页。

庄周，醒觉之后，又确定无疑地知道蝴蝶之境仅仅是梦境，那么，"栩栩然胡蝶"的生存境域与"蘧蘧然周也"的生存境域就是相通相融的了，也就不能确定地得出"周与胡蝶，则必有分矣"的结论。

## 五、"物化"的哲学含义

对于此章结尾所说的"此之谓物化"，郭象注曰：

> 夫时不暂停，而今不遂存，故昨日之梦，于今化矣。死生之变，岂异于此，而劳心于其间哉！方为此则不知彼，梦为胡蝶是也。取之于人，则一生之中，今不知后，丽姬是也。而愚者窃窃然自以为知生之可乐，死之可苦，未闻物化之谓也。①

成玄英《疏》的旨趣与此相同："夫新新变化，物物迁流，譬彼穷指，方兹交臂。是以周蝶觉梦，俄顷之间，后不知前，此不知彼。而何为当生虑死，妄起忧悲！故知生死往来，物理之变化也。"②我们前面已辨明此章主题与生死问题无直接的关联。关于"物化"之旨，亦当别寻正解。

在整体概括这一章的宗旨时，成玄英《疏》中有一个值得注

---

①    郭庆藩：《庄子集释》，第 113 页。
②    同上书，第 114 页。

意的区分：

> 而庄生晖明镜以照烛，〔泛〕上善以遨游，故能托梦觉于
> 死生，寄自他于物化。①

与后面将"物理之变化"与"生死往来"关联起来不同，在这一
段疏释当中，成玄英点明"物化"之说关注的主要是"自他"的
问题。

　　在前面的解析中，我们指出：此章恰恰是通过两个"不知"，
证明了"周与胡蝶，则必有分矣"。然而，这两个"不知"是有
区别的。"梦为胡蝶"时的"不知周也"是完全意义上的不知，
而"不知周之梦为胡蝶与，胡蝶之梦为周与"则是知道自己刚刚
"梦为胡蝶"、只是无法证明自己不是蝴蝶所梦的思辨意义上的不
知。后者尤具深意。

　　若觉醒之后完全不知曾经梦为蝴蝶，就像"梦为胡蝶"时的
"不知周也"，则不同生存境域之间就完全地隔绝了。这样的话，
最多能够确证的只是"必有分矣"。而恰恰是后一个"不知"——
既知道自己"昔者梦为胡蝶"，又无法证明自己此时不是蝴蝶所
梦，才能确证每一生存境域都从另外的物境转化而来。"自"的
境域必从"他"的境域而来，这才是"物化"的宗旨所在。

　　既然一切"自"的境域皆自"他"的境域而来，则自我正处
身其中的境域之外必有别的境域存在。由此《齐物论》中的"物

---

① 　　郭庆藩：《庄子集释》，第 112 页。

化"，非但没有否定外境，相反却证明了与自我有别的外境的存在。

## 六、化与待

我们前面已经指出《大宗师》"颜回问乎仲尼章"与《齐物论》卒章的主题的相关性。其中关于"化"的论述值得特别留意：

> 若化为物，以待其所不知之化已乎！且方将化，恶知不化哉！方将不化，恶知已化哉？

在这里"化"的主题与"待"的观念被直接关联起来。"待"是《齐物论》末章中没有出现的观念。但"颜回问乎仲尼"章里"化"与"待"的联系，则给我们提示出了更进一步理解"梦蝶"章的线索。

《齐物论》里"待"的主题集中体现在倒数第二章"罔两问景"章中：

> 罔两问景曰："曩子行，今子止；曩子坐，今子起；何其无特操与？"景曰："吾有待而然者邪？吾所待又有待而然者邪？吾待蛇蚹、蜩翼邪？恶识所以然？恶识所以不然？"

以《大宗师》"颜回问乎仲尼"章为媒介，《齐物论》结尾看似无关的两章——"罔两问景"章和"梦为胡蝶"章，就构成了某种相互发明的关系。

如前所论，"物化"的观念强调了一切"自"的境域都从"他"的境域转化而来，由此证明了外在于自我的境域的存在。然而，外境的真正含义还并不明确，有待进一步的揭示。而"待"的观念的引入，则为我们提供了根本的线索。

虽然已经确证了自我之外的他者境域的存在，但从何处转化来、如何转化以及转化到何处等，皆属于"不知之化"的范围。既然不知，则无可如何，唯有"待"之而已。由此，庄子又一次通过确凿无疑的"不知"，得出了确定的真知：客体或外境的本质不是别的，就是人不得不面对的种种"不得已"。

与试图探寻感觉经验背后是否有真实存在的客体和试图寻找觉梦之间的确定界线的哲学努力不同，庄子通过他的蝴蝶之梦证实了确定无疑的客体——"物化"及与之相关联的种种"不得已"。"梦为胡蝶"的"不知"不是虚无的界碑，而是真知之路的路标。

（本文原载《中国哲学史》2019 年第 1 期）

# 所以与必然：朱子天理观的再思考

在《四书或问》中，朱子将所穷之理概括为"所当然而不容已，所以然而不可易"①。然而《朱子语类》卷十七又载："或问'格物'章本有'所以然之故'。曰：'后来看得，且要见得'所当然'是要切处。若果见得不容已处，则自可默会矣。"②由此可知，"所当然"之"不容已"当中已经包含了"所以然而不可易"的意思。在《答陈安卿》三（"泰伯篇"）中，针对陈淳"所以《大学章句》《或问》论难处，惟专以当然不容已者为言，亦此意"的理解，朱子答曰："《大学》本亦更有'所以然'一句，后来看得且要见得所当然是要切处，若果得不容已处，即自可默会矣。"③这则答问，与前引《语类》一则文字基本一致。按《答陈安卿》三作于 1191 年④，距《大学或问》成篇已逾十载⑤。朱子对相关问题的思考，已经有了进一步的深化。

---

① 《朱子全书》（修订本）第 6 册，第 528 页。

② 《朱子语类》，第 384 页。

③ 《朱子全书》（修订本）第 23 册，第 2737 页。

④ 陈来：《朱子书信编年考证》，第 344 页。

⑤ 《大学或问》的成篇时间，应该与《论语或问》《孟子或问》的完成相去不远。参见《朱子全书》（修订本）第 6 册，第 492 页。

所以然、所当然、自然、必然等概念，是理解朱子天理观的关键。考虑到现代汉语语境的巨大变化，重新梳理这些概念在朱子哲学话语中的含义，考察其中的古今之异，对于更深入、准确地把握朱子的天理概念将是不无裨益的。

## 一、天运有差

认识到天运有差的问题，显然与历法有关。历代制作历法的尝试，都无法做到与天体的运行完全一致。对此，朱子说：

> 只有季通说得好，当初造历，便合并天运所差之度都算在里。几年后差几分，几年后差几度，将这差数都算做正数，直推到尽头，如此庶几历可以正而不差。今人都不曾得个大统正，只管说天之运行有差，造历以求合乎天，而历愈差。元不知天如何会有差，自是天之运行合当如此。此说极是，不知当初因甚不曾算在里。①

这里，值得注意的是，"天运有差"是"天之运行合当如此"。换言之，天行之差是符合天理的。

朱子对蔡元定有关历法的观点的评价，《朱子语类》中有另一则记载，与此正好相反：

---

① 《朱子语类》，第2213页。

季通尝言："天之运无常。日月星辰积气，皆动物也。其行度疾速，或过不及，自是不齐。使我之法能运乎天，而不为天之所运，则其疏密迟速，或过不及之间，不出乎我。此虚宽之大数纵有差忒，皆可推而不失矣。何者？以我法之有定而律彼之无定，自无差也。"季通言非是。天运无定，乃其行度如此，其行之差处亦是常度。但后之造历者，其为数窄狭，而不足以包之尔。①

与前引一则不同在于，朱子明确地表达了对蔡元定的批评。但细致比较将会发现，两者的基本思想是一致的：其一，天之运行是有差的；其二，天行之差自有其常度。天运之差既有常度，则造历时将此常度算入其中，就应该可以与天体运行相一致了。但朱子又明确指出"后之造历者"的问题在于"为数窄狭"。关于"阔"和"窄"的问题，朱子曾有过专门的讨论：

或问："康节何以不造历？"曰："他安肯为此？古人历法疏阔而差少，今历愈密而愈差。"因以两手量桌边云："且如这许多阔，分作四段，被他界限阔，便有差。不过只在一段界限之内，纵使极差出第二三段，亦只在此四界之内，所以容易推测；便有差，容易见。今之历法于这四界内分作八界，于这八界内又分作十六界，界限愈密，则差数愈远。何

---

① 《朱子语类》，第 25 页。

故？以界限密而逾越多也。"①

从这则议论可知，朱子并不认为可以完全精确地计算出天行之差，只是要这差误落在预先确定的界限内。这样的好处在于容易推测，差处也易见。天之运行既然无法完全精确地计算，则根本上讲还是无定的。朱子之所以不能完全认同蔡元定"天之运无常"的说法，恐怕还是考虑到了天之运行的确定性对于人类社会生活的重要性。简单强调"天运无定"，有可能从根本上动摇人的生活经验中最具确定性的东西。所以，一方面要看天之行度的无定，又要看到其差错当中的"常度"。事实上，天之运行既在大化流行的总体当中，其"无定"是理所当然的：

> 问："地何故有差？"曰："想是天运有差，地随天转而差。今坐于此，但知地之不动耳，安知天运于外，而地不随之以转耶？天运之差，如古今昏旦中星之不同，是也。"②

朱子并不认为地是不动的。地随天而转。只是人在地中，无法觉察其运动而已。天行有差，以致地亦有差。

---

① 《朱子语类》，第2213页。

② 同上书，第2212页。

## 二、不　齐

始终在阴阳的相互作用中的实然世界，自然有种种"不齐"：

> 又问："一阴一阳，宜若停匀，则贤不肖宜均。何故君子
> 常少，而小人常多？"曰："自是他那物事驳杂，如何得齐！
> 且以扑钱譬之：纯者常少，不纯者常多，自是他那气驳杂，
> 或前或后，所以不能得他恰好，如何得均平！且以一日言
> 之：或阴或晴，或风或雨，或寒或热，或清爽，或鹘突，一
> 日之间自有许多变，便可见矣。"又问："虽是驳杂，然毕竟
> 不过只是一阴一阳二气而已，如何会恁地不齐？"曰："便是
> 不如此。若只是两个单底阴阳，则无不齐。缘是他那物事错
> 揉万变，所以不能得他恰好。"①

如果天地间只有"两个单底阴阳"，即使相互作用、感应，也不
会生出不齐之物。但天道生生不已，阴阳总在不断相互转化当
中，阳之动必生阴之静，阴之静又感应出阳之动，无尽日新的阴
阳两体，"错揉万变"，所以不可能有完全"恰好"的物事。

气的世界的"不齐"，有方方面面的体现。当然，最突出的
表现还是在德福之间的不一致上：

> 问："夫子不答南宫适之问，似有深意。"曰："如何？"

---

① 《朱子语类》，第79—80页。

过谓："禹稷之有天下，羿奡不得其死，固是如此。亦有德如禹稷而不有天下者，孔子终身为旅人是也；亦有恶如羿奡而得其终者，盗跖老死于牖下是也。凡事应之必然，有时而或不然。惟夫子之圣，所以能不答。君子之心，亦为其所当为，而不计其效之在彼。"（蜀录云："必然之中，或有不然者存。学者之心，惟知为善而已，他不计也。夫子不答，固有深意，非圣人不能如是。"）曰："此意思较好。"[①]

"必然之中，或有不然者存"不是朱子本人的话，是弟子王过的体会。从朱子的回应看，他是认同王过的观点的。这里的"凡事应之必然，有时而或不然"，提示出道学话语中的"必然"与我们今天所讲的客观规律的必然之间的不同。有一物则必定会产生与之相关联的某一物，或做这事儿就必定会产生某种结果，这样的必然在两宋道学的世界观里是不存在的。现代自然科学的笼罩性影响，根本上宰制了当代人的世界观。自然科学的规律被普遍当作必然的铁律。而实际上，自然科学规律的普遍性和必然性并没有在思理的层面上得到真正意义上的证明。

## 三、所以与所以然

自程子以"所以"强调性地区分形上、形下，"所以"和"所以然"就成为天理概念的基本内涵。然而，"所以"一词在朱子

---

① 《朱子语类》，第 1121—1122 页。

哲学话语中的具体含义，仍然有含糊之处。"所以"一词在朱子那里，大体上有三种用法：其一，引出某一现象的原因。如，"雪花所以必六出者，盖只是霰下，被猛风拍开，故成六出。如人掷一团烂泥于地，泥必溅开成棱瓣也。又，六者阴数，太阴玄精石亦六棱，盖天地自然之数"①。其二，用以、用来之义。如，"人常读书，庶几可以管摄此心，使之常存。横渠有言：'书所以维持此心。一时放下，则一时德性有懈。其何可废！'"②其三，决定义。如，"耳目之视听，所以视听者即其心也，岂有形象"③。最后这种用法是理解天理概念的关键，但"决定"是在什么意义上的"决定"，还有待深思。

在朱子那里，"所以然"基本上都是与知相关联的：

> 如事亲当孝，事兄当弟之类，便是当然之则。然事亲如何却须要孝，从兄如何却须要弟，此即所以然之故。如程子云："天所以高，地所以厚。"若只言天之高，地之厚，则不是论其所以然矣。④

这则语录中的"所以然"指道德规范的根据和自然现象的原因，是格物致知的目标。在朱子看来，道德实践能否真正落在实处，是由知的深浅决定的。"所以然"更多地指向道德行为背后的根

---

① 《朱子语类》，第 23 页。
② 同上书，第 176 页。
③ 同上书，第 87 页。
④ 同上书，第 414 页。

据。"所以然"既然是知的内容，其中虽然包含对天理的认识，但严格说来，我们不能说天理就是万物的所以然。因为天理并不依赖于人的认知。

"所以然"有时也被表达为"所以当然"。在解释《论语》"五十而知天命"时，朱子即将"天命"解释为"事物所以当然之故"：

> 又云："天命处，未消说在人之性。且说是付与万物，乃是事物所以当然之故。如父之慈，子之孝，须知父子只是一个人，慈孝是天之所以与我者。"①

既然强调天之"付与"，"事物所以当然之故"也就有了普遍、决定的意思。

## 四、当然与自然

朱子讲"当然"，常与"自然"关联在一起：

> （炎录云："天下事合恁地处，便是自然之理。"）如"老者安之"，是他自带得安之理来；"朋友信之"，是他自带得信之理来；"少者怀之"，是他自带得怀之理来。圣人为之，初无形迹。季路颜渊便先有自身了，方做去。如穿牛鼻，络

---

① 《朱子语类》，第552页。

马首，都是天理如此，恰似他生下便自带得此理来。①

"合恁地处"即是"当然"。而天下事的"当然"就是"自然之理"的体现。"穿牛鼻，络马首"是对待牛、马的"当然"，同时也就是牛、马的"自然"。"自然"又有"必然"之义：

> （砺录云："毕竟是阳长，将次并进。"）以至于极，则有朋来之道而无咎也。"反复其道，七日来复，天行也"，消长之道自然如此，故曰"天行"。处阴之极，乱者复治，往者复还，凶者复吉，危者复安，天地自然之运也。②

在朱子的哲学中，阴阳消长最具我们今天意义上的客观必然性，因此，此处的"自然"是有着极为突出的必然义的。在后面的讨论中，会有相关问题的进一步探究。

对于《周易·节卦·彖传》中的"天地节而四时成"，朱子有一段值得注意的阐发：

> 天地转来，到这里相节了，更没去处。今年冬尽了，明年又是春夏秋冬，到这里厮匝了，更去不得。这个折做两截，两截又折做四截，便是春夏秋冬。他是自然之节，初无人使他。圣人则因其自然之节而节之，如"修道之谓教"，"天

---

① 《朱子语类》，第 757 页。
② 同上书，第 1789 页。

秩有礼"之类，皆是。天地则和这个都无，只是自然如此。[①]

"到这里厮匝了"是说进入到了一个往复循环当中。"更去不得"的说法，与朱子讨论无极、太极之"极"时的话基本一致："无极之真是包动静而言，未发之中只以静言。无极只是极至，更无去处了。至高至妙，至精至神，更没去处。濂溪恐人道太极有形，故曰'无极而太极'，是无之中有个至极之理。如'皇极'，亦是中天下而立，四方辐凑，更没去处；移过这边也不是，移过那边也不是，只在中央，四畔合凑到这里。"[②] 天运循环的"更去不得"与太极、无极之"极"的"更没去处"，皆是"自然"。这里的"自然"，无疑更具必然的意味。朱子既强调"自然之节"是"无人使他"的，则"自然"就有不为别的因素支配和影响的意思。这对于我们理解朱子哲学中的必然义和主宰义是极有帮助的。在朱子与其弟子的讨论中，有时也用"合当如此"说"当然"：

> 道夫言："向者先生教思量天地有心无心。近思之，窃谓天地无心，仁便是天地之心。若使其有心，必有思虑，有营为。天地曷尝有思虑来！然其所以'四时行，百物生'者，盖以其合当如此便如此，不待思维，此所以为天地之道。"[③]

---

① 《朱子语类》，第 1866 页。

② 同上书，第 2369 页。

③ 同上书，第 4 页。

这段话是朱子弟子杨道夫所说。从朱子的回答看，朱子只是对其中"天地无心"的说法有保留。"四时行，百物生"是天道之必然，杨道夫却将其理解为"合当如此"。由此可知，"当然"也有必然义。

## 五、不容已与必然

朱子说"不容已"，大体上有两种含义：其一，不应该不如此；其二，天运自然意义上的不得不如此。后一种含义更具哲学的意义：

> 问："《或问》云：'天地鬼神之变，鸟兽草木之宜，莫不有以见其所当然而不容已。'所谓'不容已'，是如何？"曰："春生了便秋杀，他住不得。阴极了，阳便生。如人在背后，只管来相趱，如何住得！"①

这里谈到的"不容已"有非常突出的必然的含义。这种必然意义上的"不容已"在朱子论及历史的理势时，是与"自然""必然"等概念完全等同起来的：

> 问："其所阙者宜益，其所多者宜损，固事势之必然。但圣人于此处得恰好，其他人则损益过差了。"曰："圣人便

---

① 《朱子语类》，第413—414页。

措置一一中理。如周末文极盛，故秦兴必降杀了。周恁地柔弱，故秦必变为强戾；周恁地纤悉周致，故秦兴，一向简易无情，直情径行，皆事势之必变。但秦变得过了。秦既恁地暴虐，汉兴，定是宽大。故云：'独沛公素宽大长者。'秦既鉴封建之弊，改为郡县，虽其宗族，一齐削弱。至汉，遂大封同姓，莫不过制。贾谊已虑其害，晁错遂削一番，主父偃遂以谊之说施之武帝诸侯王，只管削弱。自武帝以下，直至魏末，无非划削宗室，至此可谓极矣。晋武起，尽用宗室，皆是因其事势，不得不然。"贺孙问："本朝大势是如何？"曰："本朝监五代，藩镇兵也收了，赏罚刑政，一切都收了。然州郡一齐困弱，靖康之祸，寇盗所过，莫不溃散，亦是失斟酌所致。又如熙宁变法，亦是当苟且惰弛之余，势有不容已者，但变之自不中道。"①

又问："韩柳二家，文体孰正？"曰："柳文亦自高古，但不甚醇正。"又问："子厚论封建是否？"曰："子厚说'封建非圣人意也，势也'，亦是。但说到后面有偏处，后人辨之者亦失之太过。如廖氏所论封建，排子厚太过。且封建自古便有，圣人但因自然之理势而封之，乃见圣人之公心。且如周封康叔之类，亦是古有此制。因其有功、有德、有亲，当封而封之，却不是圣人有不得已处。若如子厚所说，乃是圣人欲吞之而不可得，乃无可奈何而为此！不知所谓势者，乃

---

① 《朱子语类》，第599页。

自然之理势，非不得已之势也。"①

这里，特别值得注意的是"不得不然"的"事势"或"自然之理势"与"不得已之势"的区别。"不得已"和"无可奈何"就有个"想做而不能做、不想做却偏又不得不做"的被动意思。之所以有此被动，是仅仅知道历史趋势的无法阻挡，而不知其中的义理之当然。"不得不然"则是真实见到了历史趋势中的"当然"。比如封建，是当时的历史情势下对"有功"者、"有德"者、"有亲"者合当有的德义，不是仅仅出于力所不及和治理的需要才不得已而为之的。至于周末文盛柔弱变而为秦之简易强戾，秦之暴虐转为汉之宽大，则是极则必反的必然之理的体现。到了这里，"更去不得"，所以只能转向相反的方向。

在充满各种"不齐"的气的世界里，阴阳之间的循环消长是"天生自然铁定"②的。天理就是这"一阴一阳循环而不已"的"所以"：

> 问："屈伸往来，气也。程子云'只是理'，何也？"曰："其所以屈伸往来者，是理必如此。'一阴一阳之谓道。'阴阳气也，其所以一阴一阳循环而不已者，乃道也。"③
>
> "一阴一阳之谓道"。阴阳是气，不是道，所以为阴阳者，乃道也。若只言"阴阳之谓道"，则阴阳是道。今曰"一

---

① 《朱子语类》，第 3303 页。

② 同上书，第 253 页。

③ 同上书，第 2437—2438 页。

阴一阳",则是所以循环者乃道也。"一阖一辟谓之变",
亦然。①

我们在前面分析过朱子哲学话语中"所以"的几种含义。这里的
"所以"应该是决定的意思。朱子特别指出《易传》所说的不是"阴
阳之谓道",而是"一阴一阳之谓道"。形而上的道或理是一阴一
阳循环不已的决定者、主宰者。值得深思的是:这里的决定和主
宰是什么意义上的呢?理又是如何主宰和决定气的流行的呢?

## 六、主　宰

通过前面的分析,我们可以看到,朱子论及天理的本质的相
关概念——"当然""自然""必然""所以"在很多情况下都是
交互使用的,且都有与"不容已"和"不得不"的意思关联起来
的用法。而这样一种必然的意味又与我们现在所说的客观规律意
义上的必然不同:

> 问:"'道不可离',只言我不可离这道,亦还是有不能
> 离底意思否?"曰:"道是不能离底。纯说是不能离,不成错
> 行也是道!"②

---

① 《朱子语类》,第 1896 页。
② 同上书,第 1498 页。

道不是自动实现的客观必然。如果是客观规律意义上的必然，就根本谈不上对错了。朱子所说的"不能离"，只能在无法摆脱的形式和倾向的意义上来理解：

> 问："'视听、思虑、动作，皆天也，人但于中要识得真与妄耳。'真、妄是于那发处别识得天理人欲之分。如何？"曰："皆天也，言视听、思虑、动作皆是天理。其顺发出来，无非当然之理，即所谓真；其妄者，却是反乎天理者也。虽是妄，亦无非天理，只是发得不当地头。譬如一草木合在山上，此是本分，今却移在水中。其为草木固无以异，只是那地头不是。恰如'善固性也，恶亦不可不谓之性'之意。"①

"妄者"也是自然倾向的体现，也具有当然的形式，只是发在了不恰当的地方。当羞恶时全无羞恶之心，不当羞恶处却羞恶了。以行道为志向，却以恶衣恶食为耻。羞恶之心是人普遍的自然倾向、善的具体形式之一，发错了地方，就流为恶了。

基于对"必然"的这种理解，我们可以进一步讨论朱子所说的"主宰"的真正含义：

> "不窥密"，止"无测未至"。曰："许多事都是一个心，若见得此心诚实无欺伪，方始能如此。心苟涣散无主，则心皆逐他去了，更无一个主。观此，则求放心处，全在许多事

---

① 《朱子语类》，第2452页。

上。将许多事去拦截此心教定。"①

"主"就是不受他者影响和左右，就有个"定"的意思。而"定"
就是"不易"，也就是保持自身的同一。而"定"和"不易"又
不是僵死的、无变化的，反而是在变化当中方能恒常的。朱子论
《恒》卦曰：

> 《恒》非一定之谓，故昼则必夜，夜而复昼；寒则必暑，
> 暑而复寒，若一定，则不能常也。其在人，"冬日则饮汤，
> 夏日则饮水"；"可以仕则仕，可以止则止"；今日道合便从，
> 明日不合则去。又如孟子辞齐王之金而受薛宋之馈，皆随时
> 变易，故可以为常也。②

恒常贯通于变易。或者说，同一是贯通在差异的不断作用和产
生当中的。普遍和必然的同一，不受不断产生的差异的影响和
左右。

## 七、理、神与一

在朱子的哲学里，理是主宰者：

---

① 《朱子语类》，第 2249 页。
② 同上书，第 1821 页。

问："天地之心，天地之理。理是道理，心是主宰底意否？"曰："心固是主宰底意，然所谓主宰者，即是理也，不是心外别有个理，理外别有个心。"①

又问："有是理而后有是气。未有人时，此理何在？"曰："也只在这里。如一海水，或取得一杓，或取得一担，或取得一椀，都是这海水。但是他为主，我为客，他较长久，我得之不久耳。"②

在天或理与人的关系中，人是被动的。这一被动性根本上源自天对人的"付与"。在朱子那里，天或理的主宰义、主动义和恒久义是确定无疑的。理与神是同等层次的概念。当然，这里所说的神不是"鬼神"这个概念层面的神：

曰："所谓神者，是天地之造化否？"曰："神，即此理也。"③

理作为形而上者，是"动而无动，静而无静"的："理则神而莫测，方其动时，未尝不静，故曰'无动'；方其静时，未尝不动，故曰'无静'。"④神妙万物。昼夜、阴阳皆为神所变，而神却并不为昼夜、阴阳所变：

---

① 《朱子语类》，第4页。
② 同上书，第2—3页。
③ 同上书，第2404页。
④ 同上书，第2403页。

问："动而无动，静而无静。"曰："此说'动而生阳，动极而静，静而生阴，静极复动'。此自有个神在其间，不属阴，不属阳，故曰'阴阳不测之谓神'。且如昼动夜静，在昼间神不与之俱动，在夜间神不与之俱静。神又自是神，神却变得昼夜，昼夜却变不得神。神妙万物。如说'水阴根阳，火阳根阴'，已是有形象底，是说粗底了。"[1]

神既不为昼夜所变，则是始终如一的。"神又自是神"，神贯通于一切对立的两体当中，始终自身同一。朱子对张载的"一物两体"说极为赞赏，以为"'神化'二字，虽程子说得亦不甚分明，惟是横渠推出来"[2]。对于张载的"一故神，两故化"，朱子阐发说：

两所以推行乎一也。张子言："一故神，两在故不测；两故化，推行于一。"谓此两在，故一存也。"两不立，则一不可见；一不可见，则两之用或几乎息矣"，亦此意也。如事有先后，才有先，便思量到末后一段，此便是两。如寒，则暑便在其中；昼，则夜便在其中；便有一寓焉。[3]

"先"的自身同一，已包含"后"。"寒"的自身同一，已包含"暑"。一切差异皆是对立的两体的体现，而对立的两体在各自的自身同

---

[1]  《朱子语类》，第 2403 页。

[2]  同上书，第 2512 页。

[3]  同上。

一中，已必定包含了对方。"一"不是独立于相互依存、相互作用的两体之外的"一"。无分别的"一"只能是始终处在无分别的僵死状态，这样的"一"并不存在。"一"只是对立的两体各自的自身同一。而两体中的任何一方的自身同一，同时就意味着对立一方的存在："阴中有阳，阳中有阴，阳极生阴，阴极生阳，所以神化无穷。"①

动静、阴阳并没有一个开端，所以，程子说："动静无端，阴阳无始。"对此，朱子明确说道："这不可说道有个始。他那有始之前，毕竟是个甚么？他自是做一番天地了，坏了后，又怎地做起来，那个有甚穷尽？"②有形之物即使大如天地，终有坏灭。然而，坏灭并不是一切对立和差别的消失。所以，朱子说："天地始初混沌未分时，想只有水火二者。"③这里所说的"水火"，应该只是阴阳二者。阴中涵阳，则有水之象；阳中涵阴，则有火之象。无穷无尽的大化流行，只是相互依存的对立两体的相互作用和转化的体现。然而两体之"立"，又各是其自身同一的体现："凡天下之事，一不能化，惟两而后能化。且如一阴一阳，始能化生万物。虽是两个，要之亦是推行乎此一尔。"④

阳之自身同一必以阴为条件，反之亦然。所以，对立两体各自的自身同一，又是对立一方的自身同一的根本。由对立的两体构成的无限差异"推行乎此一"。无限的差异各自的自身同一相互

---

① 《朱子语类》，第 2511 页。

② 同上书，第 2377 页。

③ 同上书，第 7 页。

④ 同上书，第 2512 页。

感应、作用，就产生出万变"不齐"的世间万有。天理不是别的，就是遍在于对立的两体以及由两体构成的无限差异的"一"，所以朱子说："若理，则只是个净洁空阔底世界，无形迹，他却不会造作；气则能醖酿凝聚生物也。"[①] 所谓的"净洁空阔"，就是纯一无杂之义。理不是别有一物，"分付"和"主宰"万物。理只是一切差异和存有的自身同一。实有的世界虽然万变"不齐"，但总体而言又自有其"定"处："若果无心，则须牛生出马，桃树上发李花，他又却自定。"[②] 这"定"处，就是万有之自身同一的体现。

## 八、结　语

朱子的形上学思想与程子、周子的渊源，在既往的研究中，已经受到了充分的关注。而关于朱子对张载的本体论的汲取，也许是囿于理本与气本的僵化分别，却并没有引起足够的重视。对于张载的本体论建构，朱子一方面继承了程子对"清虚一大"的批判，另一方面又对"一物两体"的思想做了创造性的深入阐释和发展。而这一深化、发展对于朱子的天理观的形成，产生了根本的影响。

综合前面的分析，我们可以得出如下结论：其一，在朱子的哲学中，气的世界里的具体存有之间并没有确定的必然规律。换言之，气的世界在根本上是"不齐"的；其二，对立的两体（如

---

① 《朱子语类》，第 3 页。

② 同上书，第 4 页。

阴阳、动静）之间的消长、转化的必然性，其实是理的必然性的体现。消长、转化是永恒和必然的，而具体的过程则是或然的、没有确定性的。其三，天理作为形上者，其实就是一切层面的存有和一切存有的层面自身同一的倾向。对立的两体的每一方在维持其自身同一的同时，也在维持其对立面的自身同一。在这个意义上，同一和差异是互为条件的。由此而来的大化流行的统体，才能维持其变化和生生的自身同一，才能永恒变化、生生不已。天理就是"净洁空阔"的"一"。这"一"遍在于一切差异和变化当中。一切差异和变化都是"一"的推行和实现。天理的主宰义和决定义即在于此。"所以""当然""必然"的根本意涵亦根源于此。

（本文原载《深圳社会科学》2019 年第 1 期）

# 隐显与有无：再论张载哲学中的虚气问题

在北宋道学的奠基性努力当中，张载的气本论哲学以其高度的完成性独树一帜。与程颢的高明圆融不同，张载"苦心极力"的致思状态和"改得一字即是进得一字"①的为学功夫，使其在极富张力的概念思辨中开展出独到的义理空间。自中国哲学学科创建以来，张载哲学就始终是研究的重点。特别是近四十年来，各方面的丰富积累和深入推进，使得我们对于张载哲学有了更全面周到的理解。然而，随着哲学阐释的深化，对张载哲学的基本认识的分歧非但没有消解，反而隔阂更甚了。特别是在太虚与气的关系问题上，表现得尤为突出。张岱年先生在 20 世纪 30 年代撰写的《中国哲学大纲》中已经指出："太虚即气散而未聚无形可见之原始状态。"②这一理解与冯友兰先生《中国哲学史》基本一致。然而，从 60 年代开始，以牟宗三先生为代表的部分港台学者开始强调张载的"神"的观念，主张太虚与气是相即不离的关系。这一阐释路向对 90 年代以来的大陆学界也产生了相当

---

① 《张载集》，第 275 页。

② 张岱年：《张岱年文集》第二卷，北京：清华大学出版社，1990 年，第 74 页。

的影响。之所以会产生这样根本的不同，与张载的关键哲学表述本身不无歧解的可能有莫大关联。通过深入细致的文本解析，寻找并确立有关虚气问题的无可争议的文本证明，是本文的立意所在。分析产生误读的原因，澄清对张载本体论的误解，也是本文关注的重点。

## 一、张载哲学中的有、无概念

《河南程氏遗书》卷十收《洛阳议论》一卷，是张载与二程最后的思想交流的记录。因《洛阳议论》中有程颢与张载谈邵雍临终前说"试与观化一遭"事，则只能发生在张载熙宁十年（1077）去职礼官西归，途经洛阳之时。[①]《洛阳议论》的记录者是苏季明。《正蒙》范育《序》云：

> 子张子校书崇文，未伸其志，退而寓于太白之阴，横渠之阳，潜心天地，参圣学之源，七年而道益明，德益尊，著《正蒙书》数万言而未出也，间因问答之言，或窥其一二。熙宁丁巳岁，天子召以为礼官，至京师，予始受其书而质问焉。……友人苏子季明离其书为十七篇以示予。昔者夫子之书盖未尝离也，故有"枯株晬盘"之说，然斯言也，岂待好之者充且择钦？特夫子之所居也。今也离而为书，以推明夫

---

① 《河南程氏遗书》卷十，《二程集》，第110—116页。

　　子之道，质万世之传，予无加损焉尔。①

　　据此，则张载熙宁三年回到横渠，才开始著《正蒙》。写作和修改过程中的稿本，弟子们都没有见过。范育受《正蒙》之传，已经是熙宁十年。吕大临《横渠先生行状》里记述了张载传授《正蒙》的缘由："熙宁九年秋，先生感异梦，忽以书属门人，乃集所立言，谓之《正蒙》。"②推详《行状》的语气，则张载授《正蒙》时，吕大临并不在身边。范育《序》中提到的"枯株晬盘"之说，出自苏昞（季明）《序》。《行状》则只提到了"老木之株"。《河南程氏文集》卷九载答张载书信二通，其《再答》中有"十八叔大哥皆在京师，相见且请熟议"语。③通过上述材料的相互印证，我们可以复原《正蒙》传授和编定的过程：熙宁九年秋，张载赴京任职太常礼院之前，将《正蒙》授予苏季明。在京师时，与程颢讨论《正蒙》中的思想，已多有不合。故致书程颐以资印证。范育受读《正蒙》，也在这一时期，但很可能所见并非全帙。熙宁十年秋冬间，④张载道经洛阳，与二程兄弟会聚讨论。苏季明此时亦在洛阳。离开洛阳西归途中，张载病故。根据苏《序》和范《序》，将《正蒙》"会归义例""以类相从"，离为十七篇，是张载去世后苏季明所为。牟宗三先生说："《乾称篇》

---

① 《张载集》，第 4 页。

② 同上书，第 384 页。

③ 同上书，第 596 页。

④ 按程颢《邵尧夫先生墓志铭》，邵雍卒于熙宁十年孟秋，《洛阳议论》中既已言及康节临终语，则张载道经洛阳时应该已在秋末冬初了。参见《二程集》，第 502 页。

内容与规模与《太和篇》相似。吾详为比读，觉横渠恐是先有《乾称篇》，后复经消化，重新撰成《太和篇》。"①误以为《正蒙》之分篇出自张载本人，应是一时偶然的失察。

张载为学，极重视书写的作用："学者潜心略有所得，即且志之纸笔，以其易忘，失其良心。若所得是，充大之以养其心。立数千题，旋注释，常改之，改得一字即是进得一字。始作文字，须当多其词以包罗意思。"②这段话既是对学者的告诫，也是张载本人志道精思的具体实践的写照。张载曾有这样的自述：

> 某比年所思虑事渐不可易动，岁年间只得变得些文字，亦未可谓辞有巧拙，其实是有过。若果是达者，其言自然别，宽而约，没病痛。有不是，到了是不知。知一物则说得子细必实。圣人之道，以言者尚其辞，辞不容易，只为到其间知得详，然后言得不错，譬之到长安，极有知长安子细者。然某近来思虑义理，大率亿度屡中可用，既是亿度屡中可用则可以大受。③

这段话应该是张载晚年的语录。"岁年间只得变得些文字"，则自熙宁三年回横渠镇后开始的《正蒙》的著述，已基本完成。由此可以推断，熙宁九年秋授给苏季明的《正蒙》一书，是累年修改而成的定稿，其中的文字经过了反复的推敲和锤炼。

---

① 牟宗三：《心体与性体》上册，第382页。
② 《张载集》，第275页。
③ 同上书，第329页。

对有、无概念的破除，是张载成熟期思想的一个重要的方面。《太和篇》说："诸子浅妄，有有无之分，非穷理之学也。"[1]《大易篇》也说："《大易》不言有无，言有无，诸子之陋也。"[2]据此，则《正蒙》中应该没有关于有、无概念的正面讨论。然而，实际情况却并非如此：

> 物无孤立之理，非同异、屈伸、终始以发明之，则虽物非物也；事有始卒乃成，非同异、有无相感，则不见其成，不见其成则虽物非物，故一屈〔一〕伸相感而利生焉。[3]

> 有无虚实通为一物者，性也；不能为一，非尽性也。饮食男女皆性也，是乌可灭？然则有无皆性也，是岂无对？庄、老、浮屠为此说久矣，果畅真理乎？[4]

在《正蒙》的这两则论述中，都出现了有、无的概念。这有两种可能的解释：其一，张载将《正蒙》授予弟子时，尚有未及改定的部分，故有个别残留下来的习用概念；其二，张载虽然已经从根本上破除了有、无概念，但为了回应同时代的哲学讨论，不得不在一定限度内有所保留。我们前面关于《正蒙》成书和传授过程的讨论，基本上排除了第一种可能。那么，张载在《正蒙》中保留有、无的概念，应该是如牟宗三先生所说的"顺通"而"辨

---

① 《张载集》，第 9 页。
② 同上书，第 48 页。
③ 同上书，第 19 页。
④ 同上书，第 63 页。

别之"。①

《横渠易说》里有一段以有、无为核心概念的讨论，应该是张载开始撰写《正蒙》之前的文字，值得留意：

> 凡不形以上者，皆谓之道，惟是有无相接与形不形处知之为难。须知气从此首，盖为气能一有无，无则气自然生，〔气之生即〕是道是易。②

张岱年先生认为《横渠易说》可能是张载的"早年著作"。③这个讲法虽不无可商榷处，④但《易说》作为未完成作品，其中肯定包含张载早期的一些思想资料。这段论述虽然仍围绕有、无概念展开，但已经隐含了《正蒙》中以虚、气为核心的思考的基本形态和规模。其中与本文的主题关联最密切的是"惟是有无相接与形不形处知之为难"这一论断。从"有无相接"与"形不形处"的表述看，这一段显然是张载尚未明确以虚、气为核心概念展开相关思考时的文字。既说"有无相接"，则有与无是同时并存且相互作用的。在有与无相接处，介于有形、无形之间的最难察知。这一时期张载的思想和表述都不无问题，因为，如果说有与

---

① 牟宗三先生在论及张载的"虚空"一词时说："言'虚空'者，乃是想以一词顺通佛老而辨别之也。"这一理解也可用在《正蒙》中的有、无概念上。参见牟宗三：《心体与性体》上册，第393页。

② 《张载集》，第207页。

③ 张岱年：《关于张载的思想和著作》，见《张载集》卷首，第15页。

④ 参见拙著《气本与神化：张载哲学述论》，北京：北京大学出版社，2008年，第162—165页。

无并存且互动，那也就等于肯定了独立于实际存有的无的存在。正因为有这样的问题，张载才会在进一步的思想发展中以虚、气概念从根本上破除并取代有、无的概念。这样的思想演进，也为将张载的虚、气关系理解为循环的观念提供了佐证。当然，这里的麻烦在于：如果有学者执意要将"有无相接"解读为"有与无相即不离"，由于没有更充分的上下文以资印证，虽然明知道这样的解读太过勉强，但也并不能给出足够有力的反驳。也就是说，要从根本上解决关于张载虚、气问题理解上的争议，还需要更加确凿的文本证明。

## 二、虚、气循环的文本根据

牟宗三先生明确将"虚空即气"解释为虚体与气相即不离："'虚空即气'，顺横渠之词语，当言虚体即气，或清通之神即气。……是以此'即'字是圆融之'即'，不离之'即'，'通一无二'之'即'，非等同之即，亦非谓词之即。"[①]单就《太和篇》"知虚空即气，则有无、隐显、神化、性命通一无二"一章看，牟先生的解释至少是无法被明证为误读的。然而，将其放到《正蒙》的整体当中，问题就非常明显了：

　　气之聚散于太虚，犹冰凝释于水，知太虚即气，则无无。[②]

---

① 牟宗三：《心体与性体》上册，第 393 页。

② 《张载集》，第 8 页。

陈来先生明确指出："'太虚即气'的意义是由前一句'气之聚散于太虚，犹冰凝释于水'和后一句'则无无'所规定了的。故'太虚即气'的意义即是指气与太虚的关系犹如冰与水的关系，所谓'气之本体'的意义亦由此冰水之喻可见；而肯定太虚即气，其目的乃是为了彻底在宇宙和人生上反对'无'的虚无主义世界观，强调虚空不是虚无，无形的虚空仍然是气的实在。"①水凝而为冰、冰融释而为水，以之比喻太虚聚而为气、气聚而为万物、万物散而为太虚，实在是再明白不过了。然而，系统性的误读还是发生了。文本上存在歧解的可能，应该是争议的根源所在。如果说"气之聚散于太虚，犹冰凝释于水"可能产生歧义的话，唯一的可能是对其中的"于"字的不同解释。此处的"于"作为介词，可以有"在"和"对于"二解。如果是"在"的意思，则气在太虚当中聚散，如冰在水中凝释。一部分太虚之气聚为气和万物，另一部分则处在气的"原始状态"，凝聚状态的气与原初状态的太虚之气之间有不间断地屈伸相感的作用。而如果解释为"对于"，则太虚贯通在气的聚散当中。无论气聚气散，皆有相即不离的太虚之体。仿佛冰凝冰释，不过水的不同形态，水之性并未改变。而后一种解读在《正蒙》里似乎也能找到佐证："天性在人，正犹水性之在冰，凝释虽异，为物一也；受光有小大、昏明，其照纳不二也。"②"水性之在冰"这一表述，至少使得水冰之喻的指向不再简单明晰。

---

① 陈来：《〈气本与神化：张载哲学述论〉序》，见拙著《气本与神化：张载哲学述论》，第3页。

② 《张载集》，第22页。

　　如果张载哲学中的虚与气是相即不离的关系，那也就意味着太虚没有气和万物之外的独立存在。换言之，太虚不是气的聚散过程中的阶段。然而，这明显与《正蒙》里与太虚有关的文本不相符合：

　　　　恒星所以为昼夜者，直以地气乘机左旋于中，故使恒星、河汉因北为南，日月因天隐见，太虚无体，则无以验其迁动于外也。①

　　　　阴性凝聚，阳性发散，阴聚之，阳必散之，其势均散。阳为阴累，则相持为雨而降，阴为阳得，则飘扬为云而升。故云物班布太虚者，阴为风驱，敛聚而未散者也。②

由这两段材料可知，太虚不仅与恒星、河汉、云物等并存，而且有其内在的运动，只是太虚既无形体，其运动变化也就无从验证和感知。由于统体而言，宇宙大化只是一气流行的过程，所以，能独立存在于凝聚态的气和万物之外的太虚当然也是气化的一个阶段，即张岱年先生所说的气的"原始状态"。

　　面对如此明确的文本，如果还要为太虚与气相即不离的解释勉强辩护的话，大概只能强调前面引用的两则材料是张载自然哲学的论述，进而将本体论层面的太虚与自然哲学层面的太虚区分开来。因此，在《正蒙》的本体论道说中找到无可争议的文本，

---

　　①　《张载集》，第 11 页。
　　②　同上书，第 12 页。

仍是问题的关键所在。《正蒙·太和篇》云：

> 气聚则离明得施而有形，气不聚则离明不得施而无形。方其聚也，安得不谓之客？方其散也，安得遽谓之无？故圣人仰观俯察，但云"知幽明之故"，不云"知有无之故"。盈天地之间者，法象而已；文理之察，非离不相睹也。方其形也，有以知幽之因；方其不形也，有以知明之故。①

这段材料里的"气聚""气不聚"的表达，明确道出了气有不凝聚的原初状态。"方其散也，安得遽谓之无"，则指向对根本性的误解的破除："气不聚"的"不形"状态，被烛理不明者错误地当成了"无"。与"知太虚即气，则无无"正好相互印证。将两段材料对比起来，则太虚对应的只能是"方其散也"和"方其不形也"的"气不聚"的体段。再联系另一段广为征引的材料，可以看得更加清楚："太虚不能无气，气不能不聚而为万物，万物不能不散而为太虚。"②气聚而为万物，对应的是"方其聚也，安得不谓之客"；万物散而为太虚，则对应"方其散也，安得遽谓之无"。如果太虚与凝聚态的气、具有客形的万物是相即不离的关系，那又谈何"散而为太虚"呢？在张载那里，太虚、气、万物是相互作用和转化过程中的不同形态和体段，是确凿无疑的。

---

① 《张载集》，第 8 页。
② 同上书，第 7 页。

那么，张载为何不说"太虚不能不聚而为气"，而说"太虚不能无气"呢？牟宗三先生认为："'虚空即气'即上段'太虚不能无气'一语之义。'不能无气'即不能离气。"[①] 我们前面已经确证了太虚是"气不聚"的、"不形"的体段，因此，太虚不能离气的理解是明显的误读。然而，由于《正蒙》是张载累年修订而成的，其刻意使用的表达背后的考虑值得深究。张载立太虚即气的主张，其目的在于从根本上破除佛、老的虚无观念。对于老氏，张载批评说："若谓虚能生气，则虚无穷，气有限，体用殊绝，入老氏'有生于无'自然之论，不识所谓有无混一之常。"[②] 张载认为"有无混一之常"才是正确的观念。需要注意的是，这里的"混"与"一"是有差别的。"混"强调一气之化的形态的不同，"一"则着重于不同的形态本质上无非是气。"虚无穷，气有限，体用殊绝"是张载对"有生于无"的哲学理解：如果太虚不是气，那就是完全无规定性的"无穷"者——无，而气则必定有形或有象，[③] 因此是有限定的，无规定者产生出有限定者，处在无的无规定性的阶段，则没有有限定者，有限定者一旦产生，则无规定性的无的阶段也就消失了，这在张载看来意味着体与用的割裂。换言之，在"有生于无"的宇宙论图景里，从虚无到产生出万有的世界有不同的整体性的阶段：从虚无到气、再到万物的出现。张载要避免的正是类似的误解：先是只有太虚之气的阶

---

① 牟宗三：《心体与性体》上册，第 392 页。

② 《张载集》，第 8 页。

③ 在张载哲学里"形"和"象"是很重要的区别，不容忽视。参见拙著《气本与神化：张载哲学述论》，第 27—31 页。

段，然后是充满"蒸郁凝聚"之气的阶段，再到万物客形的阶段，所以不说"太虚不能不聚而为气"。在张载的气本论体系中，太虚、气、万物是同时并存，并持恒地相互作用和转化的。由于太虚之气与"蒸郁凝聚"之气总是并存的，所以要强调"太虚不能无气"。

## 三、清虚一大及相关问题

程颐《答横渠先生书》有"累书所论，病倦不能详说"之语，由于信中已提到"虚无即气则虚无"，且在随后的《再答》中说到"十八叔大哥皆在京师"，则这两封信写作的时间应该都是在熙宁十年。既说"累书"，则张载与程颐的论学书一定是比较详尽的。程颢与张载同在京师，则相互间一定有更深入的讨论。

由于张载在去世前曾就《正蒙》的思想与二程有过充分的交流，所以，二程的批评是我们研究张载哲学的重要参考。对于张载的虚气循环论，程颐说：

> 若谓既返之气复将为方伸之气，必资于此，则殊与天地之化不相似。天地之化，自然生生不穷，更何复资于既毙之形，既返之气，以为造化？①

太虚聚为气和万物，万物又散为太虚，这在某种意义上意味着太

---

① 《二程集》，第148页。

虚反倒来源于万物的"既毙之形，既返之气"了。程颐认为这违背了自然生生不穷的造化之理。这一条语录虽未明白点出，但显然是针对横渠而发的。从程颐的批评看，张载所主张的就是虚气循环。这从侧面印证了我们前面的结论。

对于程颐、朱子一系的理路，牟宗三先生颇多贬抑。而对程颢，则推崇备至。然而，明道于横渠的思理，亦不能契入："'形而上者谓之道，形而下者谓之器。'若如或者以清虚一大为天道，则乃以器言而非道也。"①"清虚一大"的讲法，并不见于《正蒙》，应该是程颢自己的概括。张载明确说"凡不形以上者，皆谓之道"，太虚既是无形的，当然也就在形而上的范畴。②太虚之气既是形而上者，则程颢"清虚一大"的概括以及相关的批评并不是没有根据的。当然，程颢对张载的更为关键的批评在于清与神的关系：

> 气外无神，神外无气。或者谓清者神，则浊者非神乎？③

二程是张载的晚辈，且情谊深笃，因此上述几处批评都没有直接指明针对的对象。

"或者谓清者神，则浊者非神乎"针对的显然也是张载的《正蒙》：

---

① 《二程集》，第118页。

② 关于张载哲学对形而上的讨论，参见拙著《气本与神化：张载哲学述论》，第27—34页。

③ 《二程集》，第121页。

太虚为清，清则无碍，无碍故神；反清为浊，浊则碍，碍则形。

凡气清则通，昏则壅，清极则神。故聚而有间则风行，〔风行则〕声闻具达，清之验与！不行而至，通之极与！①

上引两段材料中，清、通、神与浊、碍、形相对。"聚而有间则风行"是指由太虚之气凝聚而成的客形间有虚空处，这虚空处不是虚无，而是充满了太虚之气，所以有"声闻具达""不行而至"的清通之验。张载这里所讲的清、通、神与他关于感、性、神的思考有关。《乾称篇》说："感者性之神，性者感之体。"②在张载那里，普遍的关联感通的倾向是性的哲学内涵。气未凝聚之时，感通的倾向无所障蔽。凝聚为客形以后，因客形而有的种种个殊的倾向就构成了对普遍感通的阻碍，这也就是张载所说的"形而后有气质之性"的含义。③在张载的概念体系当中，作为感通之极致的神与鼓天下之动的神是有区别的。前者只存在于清通的太虚之气当中，后者则是"充塞无间"的④。对于鼓天下之动的神而言，当然是"气外无神，神外无气"的。在这一点上，程颢的批评错失了对张载的思想旨趣的理解。

横渠于《自道》中说："某学来三十年，自来作文字说义理无限，其有是者皆只是亿则屡中。"又说："譬如既凿一穴已有见，

---

① 《张载集》，第9页。

② 同上书，第63页。

③ 关于感与性的关系，参见拙著《气本与神化：张载哲学述论》，第90—115页。

④ 《张载集》，第16页。

又若既至其中却无烛，未能尽室中之有，须索移动方有所见。言移动者，谓逐事要思，譬之昏者观一物必贮目于一，不如明者举目皆见。"① 以极高明之资为困勉之学，故其旨深、其理实、其辞正，船山所以"希张横渠之正学"，盖深有见于《正蒙》之高致也。

（本文原载《中国哲学史》2020 年第 4 期）

---

① 《张载集》，第 288 页。

# 道体、性命、独体：
# 当代中国思想展开中的相为与相与

丁耘教授的《道体学引论》和吴飞教授的《生命的深度:〈三体〉的哲学解读》（以下简称《生命的深度》）两部著作的出版，是2019年中国哲学界值得注目的事件。丁耘通过对基本问题的呈示，立哲学之本统，并以贯通性阐释判摄中西各宗的理脉，于会通中显明各家的殊胜，规模宏阔，是近代以来中国哲学积累、酝酿的浑然元气的一次绽出。吴飞的著作虽是就科幻文学作品《三体》而发，但其中关于生命的思考，作为其性命论体系的序章，已现上达之机。

真正的对话也许只意味着：因为偶然的契机，某一思想者的工作刚好成了另一思想者必须"克化"的问题。《庄子》所说的"相与于无相与""相为于无相为"（《庄子·大宗师》），大概就是思想交流的极致吧。

## 一、目的与变化

在一个盛行将形式性的论证强调为哲学中唯一重要的事情的

时代,《道体学引论》开宗明义地揭示出哲学史研究的三重性,指示次第,正本末于倒置,理源流于既紊,值得引起格外重视:

> 哲学史研究无非显示了这样一个三重性:揭示问题、把握义理与重建论证。这里对这个三重性是按其重要性,也是按其隐蔽性排序的。今人或将"重建论证"视为哲学史研究中唯一重要的,甚至唯一可见的方式。上文将后二重维度合为"哲学的逻辑"。但仍需区分论证的逻辑与义理的逻辑。论证是阐明义理的,重建论证只是为了把握义理。如果没有这层关切,单纯的重建论证在义理上的迟钝与笨拙将使人误入歧途。这些重建越是苛刻繁琐,它们在义理上就越是无足轻重。①

正是以这一根源性的领会为基础,丁耘看到了牟宗三的最大贡献是将亚里士多德哲学引至儒学义理学视野内。而"重建哲学必始于重解亚里士多德哲学,中西概莫能外"②。因为亚里士多德的四因说不仅是他个人的贡献,更是哲学本身所要求的,即所有的哲学流派都在四因说的内部打转。《道体学引论》既然以"将哲学本身问题化"作为基本任务及致思的起点,则"没有比考查四因说的起源与深意更妥当的进路了"。③

通过对亚里士多德四因说的疏解,丁耘点出其深藏之密意:

---

① 丁耘:《道体学引论》,上海:华东师范大学出版社,2019 年,第4—5页。
② 同上书,第39页。
③ 同上书,第25—26页。

"无论体现为自然生成还是实践智慧，自足活动之精义要在于心之思虑，无论是神心还是人心之思。"① 他进而指出："亚氏哲学是生成论进路的心性论。动力因即生，目的因即成。"② 将动力因、目的因与生、成的关系揭示出来，是丁耘思想中决定性的一步。由此他引入了"大易"的乾、坤之德。这里可以看出牟宗三《四因说演讲录》以乾、坤为动力因、目的因（终成因）对丁耘的道体学建构的深刻影响。然而，牟宗三终是将坤元归入乾元，从而使由《周易》《中庸》开出的哲学根脉落入动力因的系统。这等于是说，牟宗三对自己顺康德、亚里士多德推进下来的旨在承担由性体开出宇宙–道德意蕴的目的论系统予以了瓦解。当然，牟宗三的努力仍是存在转进的可能的。

与牟宗三《四因说演讲录》一样，《道体学引论》亦先揭乾、坤之义。乾、坤虽有主从，可二元归之一本，然其中的张力与偏至仍难以完全消除。更为关键的是，作为目的因的坤元反倒是从属性的。不知统、宗之判，依宗明统往往误入以宗为统之病。丁耘以经学和理学中种种贯通《周易》《中庸》的发明，由《周易》之乾、坤推而进于《中庸》之诚体。《中庸》之诚既主乾元"不息"之德，又鲜明地强调了坤的终成义。诚体"统乾坤、一天人、贯始终、合内外"，为道体之充足朗现。在丁耘的这一判释中，始终蕴含着安放目的因的关切。其最终指向应该还是道德原则的哲学根基。

---

① 丁耘：《道体学引论》，第 37 页。
② 同上书，第 41 页。

道体之诚既显，中国哲学之大统就确立起来。虚静、活动、存有，皆道体之诚的殊相。丁耘以对道体的基源性领会为判摄的标准，乃有道体学之一统三宗；而圆说难成，诸家各取一义以为主，故有诸宗的派分。或以虚静为宗，则为心学；或以活动为宗，则为气学；或以存有为宗，则为理学。义理之学的历史展开，无非是道体学各宗的纷然歧径而已。在这个意义上《道体学引论》既是哲学的创构，又是哲学史的巨制。以中学之统宗为参照，则西学之统宗也入于判摄的视野，在某种镜像式的映照中相互激发和成就的格局也就顺理成章地形成了。《道体学引论》立论深宏、义解丰赡，是"哲学在中国思想中重新开始"的奠基性环节之一。

在对《四因说演讲录》深入理解基础上的转进，是丁耘道体学建构的重要入手处和着力点。牟宗三以中国哲学与亚里士多德的四因说交贯融通，"直接疏通《易》《庸》，下摄宋明"[1]，取径不可谓不高。然而其在发显中国古典思想中有"目的因""动力因"意涵的概念时，其实是有严重的含糊和混淆的。以乾元代表创造原则，以坤元代表终成原则，并通过对《乾·象》"大哉乾元，万物资始……乾道变化，各正性命。保合太和，乃利贞"的阐释，强调乾元、坤元的主从关系，是牟宗三以儒学贯通"四因说"的主要脉络。然而在谈到质料因的时候，他又将其归诸坤元：

---

① 丁耘:《道体学引论》，第11页。

"目的因"是什么？落在粉笔上粉笔就成其为粉笔，成其为粉笔，粉笔就达到它的目的，这是"目的因"。它完成其为粉笔，这粉笔是一个物，不只是质料（matter），形式（form）就在里面。从这里分析，你看它那个形式从哪里表示。中国人没有分析那个形式，但它这里一定有一个形式，这个形式的根源从哪里来？这个形式的根源从乾元来。那么，材料从哪里来？也就是说气从哪里来？气寄托在坤元。所以，matter 的观念很重要。在中国人，它是动态的看法。在乾卦这里只讲"形式因"这一面。"形式因"往后讲通"动力因"，这是通过"大哉乾元"而显的。若往前讲，它便通"目的因"，这是通过"各正性命"而显的。①

在这一节的讲述里，牟宗三明确以乾元统合形式因、动力因、目的因，而将质料因寄托于坤元。这样的阐释亦与《坤·象》相合"至哉坤元，万物资生，乃顺承天。坤厚载物，德合无疆；含弘光大，品物咸亨"。但是坤元的承载义在《四因说演讲录》中被忽略了。牟宗三提及《坤·象》而只说"万物资生"义，其余皆不论。这恐怕是因为《坤·象》与他的整体疏释结构有扞格难通之处。笔者仅举一端：牟宗三认为"坤卦表示保聚原则"，"坤元就在'利贞'这个'贞'的地方"，由此，如何协调《坤·象》的"品物咸亨"就成了问题。当然，更根本的原因应该还是与质料因有

---

①    牟宗三：《四因说演讲录》，上海：上海古籍出版社，1998 年，第 6 页。

关的种种义理和阐释的困难。如果显明坤元为质料因，则四因说中固有的形－质二本问题如何消除？难道要回归到朱子"理生气"的路向上去？牟宗三既以圆顿之义为超卓，自然不能"坎陷"回分解的滞钝之理。

对于质料因，丁耘是通过亚里士多德的"潜能／实现"概念来解决的。当然，这并不是简单地将质料归为潜能就能达到的。丁耘既将亚里士多德哲学理解为"生成的心性论"，则一切问题都转为对心的思考。心之所思不在心外，而心之所思是无质料的形式。作为动力因的心与作为目的因的所思同一。所思既是目的因、是实现的，则作为动力因的心不能不归于潜能。心作为宇宙之不动的推动者，不能是不含质料的潜能，所以必须有本心、习心的区别。本心是"思之整全的纯粹实现"，是永恒当下的纯粹活动，是即存有即活动的。丁耘对牟宗三的转进，实根源于他对亚里士多德的深湛理解。

《道体学引论》下篇用力最多的是对《系辞·继善成性章》的疏解和《中庸》的义解。于《继善成性章》，丁耘主要依船山之"易传"阐而推究；于《中庸》，则宗濂溪之以《周易》解《中庸》，所不同者在于丁耘更强调"循《庸》解诚"，并借之见"性"。丁耘于中西核心经典皆有深入的领会，其思考已成自足的系统，因此在衡论各家之义理和经说时，无回避腾挪处，也不作隐曲两可语。当然，其中胜义固多，亦不无可商榷者。毕竟对于以根源性领会为基础的判摄体系而言，枝节性的小异同，如对一宗一家的义理把握，并不妨碍其整个义理脉络的成立。然而，如果是对核心经典中某一重要维度未能给予足够的关注，那就应该引起格外的警惕，因为其中很可能隐藏有更深的转进之契机。例如，对于《继善成性章》的"阴阳不测之谓神"和《中庸》第二十五章的"其为物不贰，则其生物不测"，《道体学引论》虽都有论及，但相较而言，丁耘没有给予应有的重视。[①]

对于朱子的《中庸章句》，丁耘提出了几点根本性的质疑。其中的疑义之二，与我们前面提到的"不测"有关，在此有必要略加讨论：

> 天能赋理，此赋（命、令）于天，外耶？内耶？用耶？体耶？天必然赋理，则天无外乎命也，天理流行为"莫为"；天任意赋理，则性命偶发也，天理流行为"或使"。《庄子》固云："或使莫为，在物一曲。"于理学，"或使"之曲尤甚，盖以性理为偶在，则裂天与性为二矣。[②]

郭象注"莫为""或使"曰："季真曰，道莫为也。接子曰，道或使。或使者，有使物之功也。"成玄英《疏》曰："季真以无为为道，接子谓道有使物之功，各执一家，未为通论。"[③] 推详郭《注》成《疏》之意，"莫为"强调的是自然无为，"或使"则有

---

① 关于"不测"，丁耘有所论述而未充分展开："不测者，生生故不息，成性故存存。……合无为而成、为物不贰、生物不测三语，即道体学'即虚静即活动即存有'之说也。"参见丁耘：《道体学引论》，第301页。

② 同上书，第269页。

③ 郭庆藩：《庄子集释》，第916页。

自觉主动之义。前者可涵纳不测之偶然，后者反倒是有目的的主宰了。换言之，"或使"才属于中国哲学传统中试图保存目的因的路向。

将"不测"与"成性存存"关联起来，其宗旨还是在安立目的因或终成因。然而，目的因能够完整地吸纳"不测"的变化吗？《论语》《孟子》《中庸》《庄子》言"命"皆有二义：一为命令义，强调的是必然性；二为无法掌控之义，凸显的是不测的偶然。《论语》之"道之将行也与？命也；道之将废也与？命也"，《孟子》之"求之有道，得之有命"，《中庸》之"君子居易以俟命"，《庄子》之"知其不可奈何而安之若命"，都是在言说"命"的不测的偶然义。"命"的这一面含义以及随之而来的问题，与吴飞的性命论体系也有莫大关联。

## 二、宇宙与生命

《生命的深度》一书是对《三体》的哲学思考。作为硬科幻的代表作之一，《三体》以现代科学中关于宇宙的种种理论假说为基础，构造出作为故事背景的时空跨度巨大的生活世界。《三体》的时空尺度甚至超越了大爆炸的起点和终结。值得注意的是，与宇宙的大尺度结构有关的理论仍笼罩在决定论之下。[①]"宇宙是很大，但生命更大"是以有限的宇宙观为前提的。由此产生出至

---

① 参见史蒂芬·霍金：《时间简史》，许明贤、吴忠超译，长沙：湖南科学技术出版社，2015年，第68—81页。

少两个根本性的隔断：无限的生命与有限的宇宙，自由、自主的心灵与决定论的客观铁律。《三体》的结尾是因质量流失，宇宙存亡未决。而宇宙能否在新的大爆炸中重新开启，取决于能自主决断的智慧生命出于道德责任的选择。如果有一部分小宇宙不归还所占用的质量呢？宇宙在无限膨胀中归于寂灭，那么生命不也同样吗？刘慈欣以这样的结尾安顿了他冷酷外表下的人文关怀，同时也在不经意间揭示出无限的生命与有限的宇宙之间的悖论。吴飞直接忽略了《三体》结尾这一宇宙终结的可能，将其转化为生生不息的世界图景："生命在宇宙中不朽，宇宙因智慧而再生。宇宙的最终归宿，仍是生生不息。"①

吴飞注意到《三体》里罗辑所说的"生命"与智子所说的"生活"的不同，并将其与西方古典哲学中可类比的概念关联起来。这一关联既强调了变化世界中不完美的存在与分有了永恒之善的美好生活之间的不同，又将作为善的具体实现的美好生活内置于变化的生命之深层中展开。吴飞既不接受在纯粹生命层次之上有一个绝对善的美好生活的"相"，也不愿落入盲目的生命冲动的蛮荒，而是要在生命的活泼泼的律动中把握人伦秩序的根基以及内在的节序、文理。《生命的深度》是吴飞哲学写作计划之外的一个插曲，但其中的思考仍勾勒出其性命论体系的致思方向。

将生命作为根本问题而展开的哲学视域，当然也需要有与问题相应的致思起点和概念系统。吴飞的思考是以性、命为核心

① 吴飞：《生命的深度：〈三体〉的哲学解读》，北京：生活·读书·新知三联书店，2019 年，第 170 页。

的。性、命在中国哲学传统中是涵摄极广、指涉至深的概念，吴飞以它们为枢纽来展开自己的体系性哲学探索，体现出他对中国哲学基本问题的关键领会。当然，就目前吴飞在相关著作和文章中呈现出的进路看，他似乎无意将性、命这两个概念中蕴含的思的全部结构纳进其性命论的系统，而是将注意力更多地放在了对两者与生命有关方面的强调上。于"性"字，主要凸显其与"生"字的根本关联；于"命"，则是依《左传》《白虎通》等，着重于其与寿命有关的意思。但吴飞过多注意了生命的含义，则其能否充分彰显出性命论的生生之理，至少是不无疑问的。而吴飞舍置经典中大量有关性、命的形而上一面的阐发，恐怕也有陷入气化流行感通的自然之论的危险。仅以《说卦传》为例，已可见理、性、命的贯通："昔者圣人之作《易》也，幽赞于神明而生蓍。参天两地而倚数，观变于阴阳而立卦，发挥于刚柔而生爻，和顺于道德而理于义，穷理尽性以至于命。"这里的性、命概念就有非生命所能涵括的。以生命的观念理解宇宙大化的生生不已，不免有窄化生生之道的嫌疑；而在为人的道德生活确立基础的方向上，又有泛化生命概念的危险。孟子不接受告子的"生之谓性"，是大有深意的。

在中国哲学经典中，强调"命"字的寿命一面含义的，其实是颇为罕见的。《庄子》内七篇里与寿命有关的内容所用的都是"年"字："小知不及大知，小年不及大年。奚以知其然也？朝菌不知晦朔，蟪蛄不知春秋，此小年也"（《庄子·逍遥游》）；"和之以天倪，因之以曼衍，所以穷年也。忘年、忘义，振于无竟，故寓诸无竟"（《庄子·齐物论》）。这里强调的不是遣词命句的细微差别，而是哲学概念的关键界分。"命"是庄子哲学的核心概念，既有不得不的必然以及与之相关的主宰义，也有不测的偶然的含义。值得注意的是，这样的概念内涵不仅与《论语》《孟子》一致，而且能与思孟学派的性理相互发明。

## 三、命物之化者

牟宗三认为将四因说中的"目的因"翻译成"终成因"更符合中文的习惯。这样的翻译一定程度上淡化了其中的"目的"意味，但并不因此就消解了这个方面的基本含义。而且牟宗三的道德哲学依循的是康德的路向，目的的观念是必不可少的。事实上，在中国哲学传统中与目的概念意义相近的其实是"故"，而非《易传》的"终"和"成"。比如，王充《论衡·自然》里有这样的论述："天地合气，万物自生，犹夫妇合气，子自生矣……夫天之不故生五谷丝麻以衣食人，由其有灾变不欲以谴告人也。物自生而人衣食之，气自变而人畏惧之；以若说论之，厌于人心矣。如天瑞为故，自然焉在? 无为何居?"在王充那里，"故"与自然、无为相对，有"为了什么而这样"的目的的含义。王充虽然明确说自己是以道家为主要依据的，但并不意味着他所用的概念是道家专有的。王充所针对的儒学是汉代的天人感应论，与先秦儒学的主流传统无涉。《论语》《孟子》《中庸》《周易》等经典，都没有对"故"的观念的主张。

《庄子·秋水》也提到了"故"："牛马四足，是谓天；落马首，穿牛鼻，是谓人。故曰：无以人灭天，无以故灭命，无以得

殉名。"《秋水》是后世学庄者仿《逍遥游》而作。[①] 其作者对于
《庄子》内七篇应是有充分了解的。"无以人灭天，无以故灭命"
的思想来源应是《大宗师》的"不以心捐道，不以人助天"。与
《论衡》不同，《秋水》篇将"故"与"命"对峙起来。这至少从
一个侧面提示出"命"与"自然"的隐蔽关联。而这一关联正是
郭象以"独化于玄冥"解庄的渊源所在。

与有目的的"故"相反，"命"是无法掌控的不测变化。庄
子哲学中对"命"的这一方面意涵有格外突出的强调。需要留意
的是，道家之名晚至西汉时期才出现。在理解先秦时代哲学家的
思考时，不宜过度使用"道家"这一概念，否则会为各种先入之
见所蔽。对不可奈何的"命"的凸显，是庄子哲学的一个突出
面相：

> 死生存亡，穷达贫富，贤与不肖，毁誉、饥渴、寒暑，
> 是事之变，命之行也；日夜相代乎前，而知不能规乎其始者
> 也。(《庄子·德充符》)

> 吾思夫使我至此极者，而弗得也。父母岂欲吾贫哉？天
> 无私覆，地无私载，天地岂私贫我哉？求其为之者而不得
> 也。然而至此极者，命也夫！(《庄子·大宗师》)

庄子用"命"这个概念涵摄的是个体生命的自我实现和完成
中所遭遇的种种偶然。大化流行的统体的无限变化在有觉性的个

---

① 参见拙著《中国哲学十五讲》，香港：中和出版有限公司，2019 年，第 74 页。

体维持和实现其自体之一的过程中，呈现出根本上的不可支配性。如果将指向无限的自我同一理解为成性的极致，如孔子的"一以贯之"、孟子的"不动心"和庄子的"以死生存亡为一体"，则生命遭际的不测变化并不是以成性作为动因的，反而是成性所要克服和超越的。至于气化生生的整体，由于其变化是无限的、不可重复的，更无法将动力因收摄入目的因。因此，不测的变化与性体的关系中所蕴含的思想转进的可能，仍有待于更多环节的展开。

在庄子哲学里，对至德之所知的理解是一个关键问题。与王骀、哀骀它等早已达到至德之域的人不同，卜梁倚是《庄子》内七篇中唯一一个有明确成德次第的至德者。经由一系列的"外"（即《大宗师·回益矣章》的"忘"）的阶梯，卜梁倚得以造"见独"之境，作为"杀生者"和"生生者"的"不死""不生"的独体由此完整地呈露出来。不知之知作为确定、绝对、普遍的根本知，与由之呈露出来的独体是同一的。唯其如此，我们才能理解庄子借闻道者和知道者之口反复言说的至德者对万化的主宰作用："死生亦大矣，而不得与之变；虽天地覆坠，亦将不与之遗。审乎无假，而不与物迁，命物之化，而守其宗也。"（《庄子·德充符》）独体是无限变化的主宰者。然而，无限变化中不测的偶然不是从根本上无法支配的吗？恒常不变的独体如何能主宰在根本上不能支配的一气之化呢？如果用《道体学引论》的概念来表达，即虚静即活动即存有的道体是怎样发动无穷尽的"天地之一气"，又是怎样在决定的关系里赋予其某种带有"目的性"的秩序的呢？

或许应该这样来理解主宰的含义：主宰者能够给被主宰的一方带来影响和改变，被主宰者却不能影响和改变主宰者。或者说，被主宰者的一切变化都是主宰者的具体实现。而主宰义成立的关键恰在于：被主宰者必须在本质上有不可主宰性。因为如果被主宰者是可以被完全支配的，则被主宰者最终会被收摄进主宰者，从而导致主宰义的瓦解。在这个意义上，生生不已的变化中的不测和偶然，是独体的主宰义得以成立的概念环节。也就是说，不测的变化是根源于作为绝对者的一或独体的。朱子的"理必有气"和"理必有动静"也可以由此获得更深入的理解。当然，这并不是说庄子的独体就是朱子的理体。庄子哲学所强调和凸显的主体性，还是太过偏于否定的一面了。

（本文原载《哲学动态》2020 年第 12 期）